Viktoria Lloyd-Barlow

ALL THE LITTLE BIRD-HEARTS

Виктория Ллойд-Барлоу

МАЛЕНЬКИЕ ПТИЧЬИ СЕРДЦА

Роман

Москва
2023

УДК 82-3
ББК 84
Л 67

First published in Great Britain in 2023 by Tinder Press,
an imprint of Headline Books.

Дизайн обложки Анастасии Ивановой

В оформлении обложки использована иллюстрация
A Perch of Birds (1880) by Hector Giacomelli (1822-1904) / Rawpixel.com

Ллойд-Барлоу, Виктория

Л 67 Маленькие птичьи сердца / Пер. с англ. Юлии Змеевой. — Москва: Лайвбук, 2023. — 384 с.

ISBN 978-5-907428-82-9

Сандей живет в небольшом городке. Ей сложно общаться с людьми, поэтому она ищет подсказки, как вести беседы и принимать гостей, в справочнике по этикету и сицилийском фольклоре. Близкие отношения у нее лишь с дочерью, но Долли уже шестнадцать, она вот-вот выпорхнет из гнезда, и Сандей заранее переживает об этом. Когда рядом поселяется гламурная лондонская пара Вита и Ролло, которая обезоруживает своим обаянием, ее тревога только нарастает. Долли все чаще задерживается у них в гостях, забывая предупредить мать, все реже делится с ней секретами, все более странно ведет себя. Сандей все больше беспокоит вопрос: что кроется за фасадом красивой жизни лондонской пары? Это пронзительная история о родительстве, одиночестве и о том, что цена доверия между людьми всегда высока.

УДК 82-3
ББК 84

ISBN 978-5-907428-82-9

ОЗЕРНЫЙ КРАЙ, 1988

Я впервые увидела Виту всего три года назад. День начался, как начинались тогда все мои дни — я поздоровалась с дочерью, которая с превращением в подростка стала все больше закрываться и все реже и реже показывать мне себя. Я разбудила ее, приняла душ, оделась, потом, естественно, разбудила ее еще раз и спустилась вниз. Тем летом я ела только белое и, по сути, питалась хлопьями, тостами, кашами и оладьями на завтрак, обед и ужин. В дни, когда допускалась несухая пища, белыми также считались яичница и омлет. Однако в разные дни яйца могли считаться белой едой, а могли и не считаться, и понять это можно было, только подержав яйцо в руке. Такая маленькая, но реальная радость: я, взрослый человек, могла решать, никому ничего не объясняя, считалось ли яйцо белым и, следовательно, съедобным, или не считалось. И никто не посмел бы сказать мне, что я выпендриваюсь. Что я истеричка и просто хочу привлечь к себе внимание. Никто не стал бы игнорировать меня, пока я не съем что-то цветное.

Иногда и лишь в присутствии Долли я для вида ела что-то, что не вписывалось в мой реестр разрешенных продуктов. *Так, значит, ты все-таки можешь нормально есть? Можешь делать все то же, что и остальные, и не выпендриваться?* Мать часто так говорила. Я же отвечала про себя и продолжаю отвечать даже теперь, когда она умерла: *да, мама, могу, но у исключений из правил есть цена, и платить ее мне*. Это мое горло и тело пылают, когда я вежливо проглатываю пищу неправильного цвета; моя рука чешется, когда сосед приветствует меня легким касанием. Это мне нести следы этих встреч, этой болезненной сенсорной атаки.

Но нарушение правил ради дочери воспринималось не так травматично. Потому что любовь к ней была сильнее моей приверженности привычкам. Я уже тогда боялась растущего между нами отчуждения, этого откормленного зверя, что стремительно рос вширь и с каждым днем все больше отделял нас друг от друга. Чем сильнее Долли отдалялась, тем старательнее я пыталась поддерживать иллюзию нормальности. Когда могла, подавляла поведение, которое являлось для меня естественным. Так, в белый период я отважно добавляла на тарелку вроде бы бледный, но все же не белый кусок: очищенное и нарезанное яблоко, бледно-зеленый виноград, отварную рыбу или курицу. В период, когда я могла есть лишь фрукты и розовый йогурт, я делала нам сырную тарелку с крекерами, чтобы перекусывать перед телевизором, и тайно содрогалась, когда сухие крошки когтями врезались мне в горло.

В прошлом году наш сад облюбовал местный кот. Это был тощий серый зверь, при приближении нарочно смотревший мимо меня в одну точку; он напоминал мне маленького высокопоставленного чиновника — вежливого, но отстраненного. Несмотря на очевидное отсутствие интереса, он одно время регулярно к нам заходил и приносил маленькие трупики домашних мышей и полевок. Кот аккуратно складывал их у наших ног и садился рядом, всем видом показывая, что находится здесь без особого желания: тельце напряжено, маленькая мордочка повернута в сторону. Поначалу мы пытались его погладить, а он хоть и не убегал, но вздрагивал от наших прикосновений; вскоре мы смекнули, что его лучше не трогать.

Когда я ела не-белую пищу ради дочери, я напрягалась, как тот кот, и ждала, что мою жертву оценят молча и без лишней суеты. Долли благоразумно молчала и никак не комментировала мои попытки бороться со своими странными пищевыми привычками. Я видела в этом проявление такта, хотя на самом деле ей, подростку, было просто на меня плевать. Я в свою очередь не говорила о том, какими тревожными мне казались разнообразные цвета и текстуры пищи, которой она отдавала предпочтение. Теперь я понимаю, что эту теплоту между нами я вообразила. Все, о чем мы молчали, все наши тихие компромиссы я принимала за любовь. Но со временем осознала, что дочь не успокаивают эти недомолвки: они успокаивали лишь меня. Теперь я знаю, что мы с ней разные и совсем не похожи ни в пищевых привычках, ни во всем остальном. Я должна была понять это еще давно, памятуя, как скоро она возненавидела кота.

Вскоре после того, как я тем утром разбудила Долли во второй раз, дверь хлопнула, сообщив, что дочь ушла в школу, и я осталась в доме одна. Я сидела внизу, в холле, а сверху доносилось настойчивое бормотание. Долли забыла выключить телевизор; она часто об этом забывала, и он разговаривал сам с собой в пустой комнате, как заблудившийся в доме пожилой гость. Телевизор недавно подарил ее отец; строгая черная коробка контрастировала с девичьей обстановкой комнаты. Бабушка Долли выбрала эту мебель много лет назад, но рюшечки и цветочки уже давно разонравились Долли, чей вкус теперь стал более утонченным. Летом мы планировали сделать в комнате долгожданный ремонт, но в последнее время она все чаще размышляла, что через пару лет уедет путешествовать или учиться в университете, и тогда часто ли она будет приезжать домой? «Сама знаешь, путешествия... новые друзья... да и работа, наверное», — рассуждала она, подперев рукой подбородок, острый, как у всех Форрестеров, а когда произнесла слово «работа», резко вдохнула и смущенно хихикнула, как школьница на уроке биологии.

Речь Долли нередко была грамматически бессвязной и не имела четкой структуры и темы, но и бессмысленной ее назвать было нельзя. О будущем она говорила обрывками фраз, но в неизменно легком и светлом ключе. Ее речь лилась как прекрасная песнь, и я заслушивалась музыкой слов, но не их смыслом: почти все, что говорила мне дочь тем летом, соответствовало этому описанию. Разговоры были красивым отвлекающим маневром, и я осознала всю глубину своей обиды лишь потом, когда она уехала. Легкость, с которой она говорила об отъезде, ужасала меня, как и сам отъезд.

Тем утром я вошла в ее комнату с намерением выключить телевизор, но так этого и не сделала, заслушавшись фактами, которые обсуждали в передаче. У старого профессора брала интервью бойкая женщина в ярком платье; узор на ткани, казалось, жил своей жизнью, переливался и вспыхивал, как интерференция волн на экране. Профессор считался экспертом по культуре Викторианской эпохи и все лето ходил на круизном лайнере, читал лекции и продавал книги с автографами; одну из них он держал в руках и иногда показывал в кадре.

Ведущая вела интервью бодро и заинтересованно, хоть явно не разбиралась в теме, но беседу затрудняло то, что они с профессором находились далеко друг от друга. Никто не объяснил, что из-за спутникового интервала речь профессора транслировалась с задержкой, поэтому возникало впечатление, что он колебался перед ответом. После каждого вопроса — *когда в Британии возникла традиция наряжать елку на Рождество? Почему романы Диккенса такие длинные?* — профессор некоторое время молча смотрел в камеру, а выражение его лица не менялось. Когда же вопрос наконец долетал до него по спутниковой связи, его лицо преображалось, и по нему пробегала заметная волна оживления. Первоначальная задержка с ответом и отсутствие реакции на лице напомнило мне, как общалась с людьми я сама. Я вспомнила своих смущенных родителей в школе, толкавших меня в спину, пока я молча выстраивала в голове идеальные фразы, но никак не могла заставить себя их произнести, как умелая пловчиха не может выплыть на поверхность, запутавшись в водорослях на дне. Чужие и знакомые люди часто повторяют заданные вопросы, так как я не успеваю ответить на них вовремя, но сама я эту отсрочку не чувствую. При этом они смотрят на меня неподвижным взглядом, словно рассчитывая, что их суровость заставит меня произнести несказанные слова.

После отсрочки профессор отвечал тщательно выстроенными фразами. Если бы в обычной жизни у меня всегда была такая отсрочка, никто не заметил бы, что со мной что-то не так. Задержка в ответе и сопутствующий дискомфорт были мне так хорошо знакомы, что я поспешила выключить передачу. Перед тем как экран погас, бесстрастное лицо профессора застыло в ожидании — одинокий лик в бескрайнем и беззвучном океане, сквозь который к нему спешили произнесенные слова.

Я начала прибираться в комнате Долли, наслаждаясь установившейся в своем доме тишиной. Раздвинула шторы — и в комнату хлынул яркий утренний свет, ударил мне в глаза и засветил раскинувшиеся за окном поля. Мы жили в городе на дне долины. Позади нашего дома тянулась улица, упиравшаяся в фермерские угодья, расположенные на крутом холме, резко взмывавшем вверх и ведущем прочь от города. Я прожила здесь всю жизнь и знала, что в конце лета эти поля поджигали. Каждый год мне нравилось смотреть, как после сбора урожая работники ферм разводили маленькие костерки, и те разгорались, стимулируя урожайность земли. Гнилостно-сладкий дым опускался в сады на дно долины. И каждый год я мысленно повторяла: *брукка ла терра, брукка ла терра*. «Горит земля»: этими словами итальянцы описывают усердие, с которым сицилийцы возделывают землю. Я шептала их тихо, как молитву; костры казались благом и приносили очищение. Сжигание земли после сбора урожая научило меня, что горение можно ошибочно принять за сияние; то, что горит, увлекает, как и то, что сияет.

Когда глаза привыкли к солнцу, я увидела, что на лужайке соседнего дома лежит невысокая темноволосая женщина. Дом сдавали отпускникам, а хозяева — Том и его жена — приезжали только летом и иногда на долгие выходные среди года. Местные, как правило, недолюбливали отпускников, которых в последние годы в городе прибавилось, но Том, по натуре дружелюбный, не входил в эту категорию. У него было трое детей, все погодки, и одно время мне казалось, будто он несколько лет носил на руках одного и того же младенца, а потом вдруг откуда ни возьмись появлялись выросшие дети, неуверенно ковылявшие за ним следом, и именно они были его новыми детьми. Его жена была светловолосой, рыхлой и миловидностью сама напоминала ребенка. Женщина в саду являлась ее полной противоположностью.

Она не замечала моего взгляда, и меня это сразу встревожило. Она лежала на спине, раскинув руки и ноги под неестественными углами, будто упала с большой высоты или кто-то специально уложил ее так, пока она была без сознания. Я имела удовольствие наблюдать за ней без двусмысленного визуального контакта, который всегда сулит надежду или отказ, но не дает никаких гарантий, что вы верно его интерпретировали. Однажды я точно так же смотрела на свою маленькую дочь, когда та лежала на спине в компьютерном томографе. *Я первой тебя полюбила*, говорила я Долли в приступе сентиментальности, прибавляя сама себе очков в соревновании, в котором та даже не собиралась участвовать. *Я первой тебя узнала*, повторяла я дочери снова и снова; *я смотрела на тебя и любила тебя за-*

долго до того, как ты меня увидела. Я произносила эти слова, обращаясь сначала к ее внимательному младенческому личику, затем ко взрослому строгому женскому лицу; произносила ласково и с ложным ощущением собственничества. Ее глаза с возрастом не изменились; во взгляде всегда в равной степени смешивались подозрительность и пристальное внимание.

Женщина, которой предстояло стать моей Витой, лежала на полосато-зеленой лужайке Тома, раскинувшись на солнцепеке в неподвижной неге, подобно окружавшим ее плодовым деревьям. В прошлом году лето выдалось долгим, продленным теплой весной и ласковой осенью; в разгар жары духота, как строгий отец, приговорила нас к домашнему аресту. Но в год Виты солнце появлялось лишь для вида, а лето было летом лишь по внешним признакам, без настоящей жары. Первые его дни запомнились мне утренней дымкой, сулившей тепло, которое так и не наступало. Теперь я понимаю, что они были своего рода репетицией перед тем, что последовало потом, когда внезапно наступивший зной прокатился по нашим сонным улицам с застывшей ухмылкой на лице и раскинутыми в стороны огненными руками.

Вита лежала, раскинув руки в стороны ладонями вверх, точно ждала, что с неба на нее посыплются дары. Ее волосы, красиво заколотые шпильками, и чернильно-синий аккуратный приталенный костюм меня испугали; я решила, что женщина такой элегантной наружности не могла просто так разлечься на лужайке по своей воле и наверняка очутилась там в результате падения или насильственного вмешательства. Я сбежала вниз и выскочила в сад, громко хлопнув стеклянными дверями, а потом открыла скрипучую дверь сарая, чтобы проверить ее реакцию. Она повернула голову и открыла глаза, и мы взглянули друг на друга поверх низкого деревянного забора; она доверительно посмотрела на меня, на миг впустив меня в свой мир. Ее прелестное лицо было спокойным; она встала и зашагала к дому ничтоже сумняшеся, как будто была одна на всем белом свете и никто на нее не смотрел.

Потом мне в дверь позвонили, я открыла и увидела *ее*. Она стояла на пороге моего дома, сонно моргая, сцепив руки за спиной и потягиваясь на обманчиво ярком солнце.

— Ммм, — тихо пропела она себе под нос, а увидев меня, рассмеялась. — Я еще… не до конца… проснулась! — сказала она.

Не до конца пра-а-аснулась, молча повторила я про себя. *Пра-а-аснулась!*

Я часто подражаю чужому произношению и научилась делать это мысленно. Мне нравится улавливать ритм чужой речи, рисунок ударных и безударных слогов. Вита тянула гласные, это свидетельствовало о том, что передо мной иностранка с безупречным, старательно натренированным произношением. Я очень внимательный слушатель; таким образом я с детства защищалась от чужих глаз, что всегда, при любой беседе и социальном контакте, стремились встретиться с моими. Я пришла к выводу, что мимика едва ли сообщит мне больше, чем слова. То ли дело манера речи, тон, секундные паузы, акценты — этим языком я владела в совершенстве.

— Здравствуйте! Я Вита, — поздоровалась маленькая женщина, стоявшая на моем пороге. От нее приятно пахло.

Та-да-да! ТААА дииии-да, молча повторила я про себя, выискивая в ее речи ритмический рисунок, который указывал бы на принадлежность к другой национальности, происхождению или социальному слою. Слушать чужую речь мне помогали движения пальцев, наподобие тех, что совершает дирижер, но я пришла к выводу, что собеседников это отвлекает и даже настораживает. При первой встрече собеседник обычно акцентирует приветствие или свое имя, но Вита намеренно акцентировала личное местоимение «я», отчего у меня возникло ощущение, что передо мной звезда, которую давно ждали: *вот она я, наконец-то!*

Мой бывший свекор водил давнюю дружбу с одним актером средней известности, жившим здесь у нас неподалеку, и неизменно упоминал об этом при любом удобном случае. Я встречала актера несколько раз дома у свекров, и каждый раз тот здоровался со мной как впервые, соблюдая один и тот же ритуал: кланялся и скромно поднимал взгляд, а потом называл свое имя с краткой лукавой улыбкой, как будто все это было игрой в формальности, а на самом деле никому не надо было сообщать, кто он такой. Но Вита была не из таких; восторженным тоном своего приветствия она словно признавала, что между нами уже существует некая связь, а акцент на «я», казалось, включал и меня. Как будто я ждала ее или догадывалась о ее существовании до нашей встречи; как будто мы уже были близкими друзьями.

Попытки наладить дружеское общение всегда должны исходить от старожилов квартала. Если соседи не инициируют знакомство, новоселы должны соблюдать правила вежливости при случайных встречах и не требовать сближения, а также не сообщать о себе лишнего. Свои познания по теме соседского общения я черпала из зачитанной книжки, которая появилась у меня еще в подростковом возрасте, когда я начала попадать в различные запутанные социальные ситуации и не знала, как себя вести. «Дамский этикет: путеводитель по поведению в обществе» принадлежал перу Эдит Огилви, дамы почтенных лет, написавшей огромное количество любовных романов и надевавшей бриллианты и розовый шифон даже за завтраком. Эдит, с одной стороны, щепетильно следовала светским правилам, а с другой, была в меру эксцентрична — труднодостижимый баланс, к которому я сама однажды надеялась прийти. Леди Огилви, мир ее праху, дважды побывала замужем, и оба мужа подарили ей аристократические титулы и возможность жить в роскоши; о своих удачно сложившихся жизненных обстоятельствах она не раз писала в своих книгах; об этом же свидетельствовали и ее фотографии. По причине отсутствия иных забот Эдит занимали исключительно тонкие материи: как управлять прислугой загородного дома и с какими титулами обращаться к заезжим высокопоставленным лицам. Но в целом ее советы относительно поведения в обществе были довольно полезны. Соседям и новым знакомствам Эдит посвятила целую главу. Однако в ней ничего не говорилось о том, что делать, если ты случайно увидел соседку спящей, а потом та проснулась и явилась к тебе домой без приглашения.

— Я вас увидела и решила представиться. Захотела познакомиться. Муж говорит, что я слишком нетерпелива, всегда первая напрашиваюсь в гости, люди не успевают нас пригласить, — рассмеялась Вита.

Она смеялась громко и непринужденно, не прикрывая рта и не пытаясь скрыть своей радости, как большинство людей, а напротив, широко открывала рот, демонстрируя мелкие блестящие зубы.

Успокойся, успокойся, тихо, тихо, тихо, твердили мне в детстве, когда я слишком шумела. *Громче, повтори, ну чего ты так тихо*, постоянно одергивали меня, когда я стала постарше. Но Вита первая нарушила правила этикета, и сама в этом призналась; наше знакомство произошло задом наперед не по моей вине, и я была ей благодарна. В ее произношении я услышала спокойную уверенность роскоши; то звучала речь человека, в чьей жизни были уроки тенниса, частные школы и летние каникулы за границей. Она говорила властно и успокаивающе, словно заказывала коктейли у неопытного бармена. Я поняла, что никогда не слышала такого правильного английского произношения, как у Виты, и, пожалуй, она все-таки не иностранка. Она тараторила так бойко и безупречно, что даже я с моим талантом замечать несоответствия решила, что столь беглое произношение не может быть настоящим, что это пародия, искусная игра. Но ее речь была чистой и лилась непринужденно.

— Почему вы остановились у Тома? Вы дружите? — спросила я.

Из-за тонкой изящной фигуры издалека она казалась моложе, но, увидев ее вблизи, я поняла, что она намного старше меня. Судя по неглубоким морщинам, ей было около пятидесяти пяти; у нее были внимательные глаза и кожа, которая выглядит свежо лишь под солнцем, умасленная средством для загара. *В наших краях загар сойдет уже в сентябре*, подумала я. *И щеголять загаром тут не выйдет: большую часть года мы ходим в куртках, замотанные шарфами*. Я повторяла это про себя маминым голосом, но даже ругая Виту про себя, знала, что та отыщет способ быть загорелой круглый год и найдет повод выгулять платье, в котором этот загар предстанет в лучшем виде. Кожа Виты сияла, как атлас; такой кожи я прежде ни у кого не видела. И неудивительно: второй такой Виты я не встречала. Она была как драгоценный камушек в форме человека, добытый в недрах земли и поднятый на поверхность, чтобы жить среди нас, обычных серых камушков, своим блеском напоминая о том, какие мы серые и скучные. По сравнению со мной, бледной и невзрачной, Вита — смуглая, с точеными формами — казалась прекрасным мраморным изваянием. И на ощупь была холодной, как мрамор. Я по сравнению с ней была шепотком, трепещущей искоркой, дуновением ветерка, едва заметным в знойный летний день.

— У Тома? Ах да, у Тома! Мы с ним хорошие друзья. Что за милый, милый человек, правда? Чудесный человек. А вас как зовут?

Ее внезапное появление на моем пороге в тот день само по себе было социальной неловкостью, и я мысленно пролистнула свод правил поведения при первой встрече. Хотя Вита смотрела на меня, я не ощущала привычного давящего ожидания; она, казалось, не испытывала ни любопытства, ни беспокойства. Ее пристальный взгляд ничего от меня не требовал; я к такому не привыкла, но это успокаивало. Наконец я представилась, попытавшись сымитировать ритм ее приветствия: *та-да-да! ТААА дииu-да*.

— Здравствуйте! Я Сандей, — назвав свое имя, я отошла на шаг назад, увеличив промежуток между нами. Я постоянно пячусь; весь мир — бесконечная череда комнат, куда я захожу по ошибке. И ни в одной из этих комнат мне не удается задержаться надолго; меня срочно вызывают в другую, где я должна вести себя уже иначе, а как — непонятно. Иногда я пячусь, пячусь и упираюсь в стену, пытаясь сбежать от кого-нибудь из знакомых, а потом отползаю и пячусь вбок, как крабик на несгибаемых ножках. *Скажите «как поживаете» и никогда — никогда — не говорите «рада знакомству»*, шепнула мне невидимая Эдит. — Как поживаете?

— Сандей?* — ответила Вита. — Какое прекрасное имя, дорогая! Чудесное. А вы как поживаете? — она одобрительно смотрела на меня, будто мы условились назваться вымышленными именами и мое вымышленное имя пришлось ей по душе.

Я не стала интересоваться, почему мое имя не вызвало у Виты никаких вопросов и нареканий; давным-давно я заставила себя смириться с тем, что люди могут быть непредсказуемыми. Но, приняв непредсказуемость этого мира, я обрекла себя на жизнь в одиночестве в кроличьей норе. С тех пор мне приходилось цепляться за любую твердую реальность и незыблемые факты, за особенности произношения и рисунок речи, которые никогда не врали. Моя жизнь превратилась в карикатуру, где невозможное и не имеющее научного объяснения никогда не ставилось под сомнение, несмотря на всю свою странность. Скажем, начальник нашей местной почты никогда не здоровается со мной

---

* *Сандей* — воскресенье, *букв.* — солнечный день (англ. *Sunday*).

веселым «доброго денечка!», как с другими гражданами. Когда я захожу на почту в пасмурный день, он спрашивает: «Куда ты дела солнце?» Он произносит эти слова грубо и без тени улыбки, как будто я лично ответственна за плохую погоду и украла у него то, что принадлежит ему по праву. В другие дни он спрашивает, почему я принесла дождь, снег или ветер; я, по его мнению, виновата в любой погоде, кроме солнечной. А в качестве прощания он произносит столь же бессмысленную фразу: «В следующий раз, дорогая, будь добра, принеси с собой солнце». Таким образом он заранее благодарит меня за хорошую погоду вежливым и будничным тоном, как будто отсчитывает сдачу.

Для тех, кто шутит со мной такие шутки, я отрепетировала звук, похожий на резкий выдох: *ха!* Звук призван показать, что шутка кажется мне смешной и я ее понимаю. Звук «*ха!*» — мой ответ на все загадки общения, которые нельзя разрешить, сказав, к примеру, «это интересно». Последнее людям тоже нравится, но оба ответа можно произнести лишь во время паузы в речи собеседника и ни в коем случае не во время говорения, даже если собеседник повторяется. Не следует указывать собеседнику, что он повторяется, даже если заметили фактическую ошибку. Кроме того, люди любят, когда им смотрят в глаза. Но не слишком пристально. Как для всех ситуаций, связанных с общением, у меня есть целая система, как поддерживать визуальный контакт. Я смотрю в глаза ровно пять секунд, отвожу взгляд на шесть и снова смотрю в глаза в течение пяти секунд. Если не выдерживаю пять, пробую выдержать хотя бы три.

Людям также не нравится, когда собеседник ерзает, стучит пальцами или совершает другие лишние движения; они любят неподвижность. И любят, когда им улыбаются. Эдит Огилви утверждает, что *улыбка способна облагородить любое, даже самое невзрачное лицо. Человек, обделенный красотой, должен стремиться выражать благодушие и радость. Улыбка приведет к успеху в обществе, а угрюмость не поможет завести друзей и новые знакомства даже писаной красавице.*

Пытаясь слушать собеседника и изображая сосредоточение, я думаю лишь о том, что скоро это закончится. Так много правил, так много всего нужно упомнить, что слова собеседника чаще всего пролетают мимо ушей.

Заметив, что я попятилась, Вита восприняла это как приглашение войти и тут же вошла, воскликнув, что у нас совершенно одинаковые дома. Проходя мимо меня, она похлопала меня по руке; темно-синяя ткань ее костюма оказалась на удивление мягкой. Ее уверенность обволакивала, как аромат, и я ее вдохнула. Вита похвалила одинаковые белые стены, которые были у меня во всех комнатах, но похвалила походя, как хвалят увиденный мельком пейзаж или скульптуру в музее. Я почему-то сразу поняла, что ее дом, где бы тот ни находился, пылает многоцветьем красок и всегда полон гостей, картин, шума и гама. Эдит Огилви отличалась большой строгостью в отношении интерьеров и настаивала, что обстановка дома должна быть невычурной, комфортабельной и выдержанной в натуральных тонах. *Хороший вкус не позволяет держать в доме ничего броского, к примеру, слишком новые или необычные предметы или фотографии, единственным назначением которых является демонстрация социальных связей.* Насчет последнего мне можно было не переживать.

Наши с Томом дома располагались на тихой улице, как два одиноких близнеца: единственные два особняка ранней Викторианской эпохи среди домов середины века, разделенных на две части, для двух семей. Дом Тома построили раньше; он стоял в конце улицы и из всех домов нашего квартала был наиболее защищен от посторонних глаз. Застройщик обанкротился, не успев реализовать свой план застроить всю улицу добротными особняками из красного кирпича с элегантными крылечками. Поэтому наши два викторианских особняка, внушительные и строгие, выделяются на фоне стоящих вокруг небольших типовых домов, и эта видимая разница противопоставляет нас соседям. Меня с моим домом связывают болезненные чувства; я ощущаю себя женой, чей муж значительно выше ее по социальной лестнице, а к любви постоянно примешивается леденящий страх быть брошенной и остаться ни с чем. Я никогда не смогла бы купить дом сама и часто представляю параллельную жизнь, в которой живу в приюте или на улице, грязная, пугающая и себя, и окружающих. Мои родители много работали, жили скромно и выплатили полную сумму по закладной незадолго до десятого юбилея свадьбы — поразительное достижение, которое я с моим жалким доходом никогда не смогла бы повторить.

Мы с Витой зашли в кухню, где все еще висели бирюзовые кухонные шкафчики с янтарным рифленым стеклом, которые повесил мой отец, когда я была маленькой.

— Какой красивый цвет! — воскликнула Вита и робко провела рукой по дверце шкафчика, как делала я сама.

Но было уже поздно менять то, что я собиралась сказать. Я привыкла, что при первой встрече люди обычно спрашивают, «где вы живете» и «кем работаете». Поскольку Вита уже знала, где я живу, я подготовила реплику, в которой кратко описывала свою работу на ферме. Я не ожидала, что разговор уйдет в сторону дизайна интерьеров, а ведь мне стоит большого труда и времени перенаправить разговор в другое русло и сосредоточиться на чем-то новом. При этом я не завидую способности других людей быстро перестраиваться; меня она пугает. Их ум, как пойманная рыбка, трепыхается и постоянно и бессмысленно кружит. Я же плыву дальше, не замечая смены течения.

— Я работаю на ферме. В теплицах, — слова слетели с языка непроизвольно; сказав то, что планировала, я могла продолжить разговор на дальнейшую тему. Но я знала, что мой ответ покажется ей странным, поэтому нарочно произнесла его тихо, почти про себя. А потом добавила громче: — Мой отец сам сделал эти шкафчики. Они тут с моего детства.

Эти шкафчики были единственным выделяющимся цветовым пятном в моем белоснежном доме. Мать не интересовалась интерьерами. Она любила лишь воду, что ждала за порогом и мягко покачивалась за окном ее комнаты, отделенная от дома лишь дорогой. Отец спрашивал, в какой цвет покрасить стены в той или иной комнате, но мать всегда отвечала: «В белый».

А если он предлагал подумать, отвечала: «Сам выбери, Уолтер» и больше ничего не говорила.

Он не выносил ее молчания. Поэтому покрасил дом так, как она сказала, и дом получился белым, а мебель и другие предметы обстановки он выбрал сам и расставил по своему разумению. Бирюзовую кухню он строил молча, а моя восьмилетняя сестра и я, всего на год ее младше, часами следили за ним из коридора. Тихими строгими голосами, как антропологи, наблюдающие за странным древним ритуалом и пытающиеся уловить его смысл, мы сообщали друг другу, чем он занят. *Он рисует на стене карандашом. Берет молоток. Тихо, он меня увидел!*

Вита одобрительно кивнула, оглядев папины шкафчики, и принялась с энтузиазмом перечислять, что у наших домов было общего. Архитектор и строитель любили лепнину, и Вита с восторгом отмечала все завитушки, резные арочные проемы и камины, которые у нашего дома и дома Тома были одинаковыми. Схожесть, кажется, ее радовала, а не огорчала; она сама в этом призналась, оглядываясь и рассеянно похлопывая меня по руке, как близкую подругу. На кухне я предложила ей сесть за маленький столик, но не предложила чаю. *Принимая незнакомого гостя, не стоит вести себя так, как вы обычно себя не ведете*, предупреждал «Дамский этикет». *Хозяйка должна вести себя сообразно своим привычкам, а не стремиться исполнить претенциозные новые ритуалы, которые затем не сможет повторить*. Я представила Эдит в пене розового шифона, обволакивающей ее рыхлое тело (*физические нагрузки для дам нежелательны, если речь не идет о благородных играх вроде тенниса или крокета*); она рассуждала о том, как опасна показуха, являющаяся худшим из нарушений для дам. Она также весьма строго ограничивала спектр тем, на которые дозволено беседовать с новыми соседями: *рекомендую говорить об окрестностях, местных магазинах, домах и так далее. Никогда не обсуждайте личные качества, поведение и привычки других соседей; это признак дурного вкуса*.

Я рассказала Вите историю наших одинаковых домов и застройщика, обанкротившегося из-за своего оптимизма. Я всегда представляла его серьезным джентльменом с тонкими усиками; он мечтал построить добротные дома для граждан из своего квартала и стыдился своей неудачи. Вита в ответ хмыкнула, не открывая рта: так часто делала и Долли. Мол, описываемая ситуация настолько предсказуемо смешна, что даже смеяться не стоит.

— А мне кажется, это очень грустная история. Вы так не думаете?

Вита ответила, не раздумывая:

— Грустная? Нет! Думаю, этот застройщик был таким же идиотом, как я. У меня тоже каждый день возникают новые идеи, как заработать миллионы. К счастью, муж указывает на недостатки в моих грандиозных планах, — она произносила «миллионы» как «мильёны», а «идиотом» как «идьётом»; я попробовала проговорить это про себя: *мильёны*, *идьёты*, а она тараторила дальше: — Наш застройщик никогда не обанкротился бы, будь он замужем за Ролсом, и мы сейчас жили бы на улице, где все дома были бы как наши. А получается, мы такие одни. Но мне так больше нравится, а тебе, Сандей? — то, как она произнесла мое имя и включила меня в свой эксклюзивный круг, мигом лишило меня сочувствия к оптимистичному джентльмену с тонкими усиками, построившему мой дом и из-за этого потерявшего все свое состояние. Благодаря его потере мы теперь были «такие одни». — Ролс тоже занимается домами. Он на этом собаку съел. Он очень хорош. Даже слишком: наш таунхаус купили в тот же день, когда мы выставили его на продажу. Иностранцы; что с них взять, — последние слова она произнесла театральным шепотом, оттопырив губы.

Я бесшумно повторила эту новую для себя фразу, повернувшись немного в сторону: *иностран-*

цы; что с них взять. Я произнесла ее в точности как Вита, стараясь не касаться зубов губами, словно мне не нравился вкус слов. *Иностранцы; что с них взять.*

— И даже недостроенные дома у него все под бронью. Но милый Том предложил пожить здесь, чтобы мы не остались бездомными. Очень любезно с его стороны. Его жена опять ждет ребенка, слышала? Опять! И в этот раз у нее постельный режим. *Осложнения*,— последнее слово она произнесла тем же доверительным шепотом и так же выпячивая губы, как «иностранцы, что с них взять».— Этим летом они не приедут,— она сделала преувеличенно скорбную мину, опустив уголки губ, как мим, дополнявший преувеличенной мимикой все свои слова. *Смотри! Видишь, как грустно мне оттого, что жена Тома вынуждена соблюдать постельный режим и не может приехать в свой летний дом? Видишь?* Потом так же быстро ее лицо озарилось улыбкой.— Вот почему он сдал нам дом,— последовало молчание.— А у тебя есть дети? — наконец спросила она и окинула взглядом комнату, словно ища приметы присутствия детей; ее желтые глаза напомнили мне глянцевые стекляшки с черной точкой в середине, которые были на месте глаз у дорогих кукол.

Я представила бесконечные ряды этих круглых и немигающих глаз на складе магазина игрушек.

— Дочь. Но ей уже шестнадцать,— стоило мне это сказать, как кукольные глаза Виты изменились; взгляд то ли смягчился, то ли ожесточился, я не поняла, увидела лишь заметную перемену.

Лица новых знакомых сбивают меня с толку: невозможно понять, о чем они думают. То, что удается прочесть по выражению их лиц, нередко оказывается бесполезным; все равно что знать национальность иностранца, но не понимать его язык.

— Уже взрослая, значит. Ну и хорошо, маленькие дети — это капец, — ее благородный выговор смягчил резкость, прозвучавшую совсем не грубо. Тогда я еще нервничала, услышав ругательство; по опыту, ругательства обычно предваряли ссору или скандал. Но Вита бранилась не так, как все; разница между ее тоном и произнесенными словами обеспечивала необходимую дистанцию и звучала отрадой для ушей. Она бранилась как бы между прочим и бросалась резкостями, как окурками; те падали к ее ногам, не задевая ее. — В городе в нашем районе было столько детей! И все друзья размножались беспрерывно. Даже моя лучшая подруга... — она не договорила, замолчала впервые с тех пор, как зашла в дом, и закрыла глаза. Потом ее глаза открылись снова, и она вернулась, улыбка вновь засияла на лице, почти не померкнув — *почти*. — Теперь мы вернулись в мир взрослых, Сандей. Наконец!

— А у тебя нет... — я заговорила, но осеклась, поняв неуместность столь личного вопроса.

Эдит никогда бы не одобрила столь прямых расспросов при первой встрече; беседа должна касаться лишь общих тем. Материнство же входило в длинный список «вопросов, которые нельзя задавать никогда», как и все остальные вопросы, которые мне хотелось задать. Например, *какого вы роста?* Мне хотелось спросить это у всех, кого я встречала на улице. *Вы умеете водить машину? Как, по-вашему, повлияло объединение Италии на южные регионы? Вы любите ездить на автобусе? А эта книга? Вам она нравится?* Я никогда не задаю эти вопросы, но проглатываю их каждый день, и они ползают внутри, как муравьи, щекочут, кусаются и не находят себе места. Тихонь считают странными, но молчание не так донимает, как бесконечные расспросы. А я пока не вычислила идеальное число вопросов, которые можно задать; мне кажется, я всегда задаю слишком много. В итоге все недовольны: и я, и тот, кого расспрашивают.

— ...детей? — договорила Вита за меня. — Нет, дорогая, спасибо большое, но нет. С детьми шизануться можно, а я не хочу.

С детьми шизануться можно, повторила я про себя и улыбнулась. *Шизануться*. Мне нравилось, как Вита выражалась, хотя «капец» понравилось больше.

— Но ты же замужем, — я догадалась бы об этом, даже если бы она не упомянула мужа.

Когда она говорила, ее руки со сверкающими кольцами нетерпеливо отплясывали в воздухе, словно торопя ее речь. Думаю, Вита ничуть бы не смутилась, если бы я начала отстукивать речь пальцами, так как сама, считай, делала то же самое.

— Да, а ты? — эти три слова слились у нее в одно и прозвучали как *«дааты?»*.

Я отстучала ритм по коленке, сложив три пальца — указательный, средний и безымянный, — и уловила легкое повышение интонации в конце; пальцы подсказали, что интонация означала спокойное любопытство, а не надежду услышать подтверждение, что я тоже замужем.

— Нет. Уже нет, — ответила я и нарочно произнесла это как *«нетуженет»*; мне понравилось, как ее слова сливались в одно длинное слово.

Но у меня так красиво не получилось, согласные царапнули слух, не получилось мягкого бормотания на французский манер, как у нее. Однако в ответ лицо Виты заметно смягчилось, а любопытство в глазах погасло. Замужних женщин часто интересует мой развод, они тревожно допытываются, как все было, словно ждут, что я расскажу о своих ошибках и таким образом уберегу их от повторения моей судьбы. Но Вита была слишком вежлива и не опустилась до уровня сплетен.

— Ролс никогда не хотел детей, — продолжала она, ненавязчиво уводя нас от тревожной темы моего бывшего замужества. Она уставилась в окно с краткой и сияющей улыбкой, словно снаружи стоял невидимый фотограф, попросивший ее позировать. — Он предупредил об этом с самого начала. Всегда говорил, что не захочет делить меня с ребенком. Такой уж он сентиментальный. Хотя мне кажется, теперь он не так в этом уверен, — она потупилась и стала разглядывать свое обручальное кольцо, повертела рукой, и крупный камень тускло блеснул на свету.

Я подождала, но она не уточнила, в чем теперь не уверен муж — в том, что не хочет детей или в своей сентиментальности по отношению к ней.

Она снова перевела взгляд на меня, и я вовремя спохватилась и не стала повторять ее слова бесшумно, одними губами. Я подумала о том, что хотела сказать, а я хотела сказать, что жизнь без детей открывает большой простор для самореализации. Вита села на стул и молча повела плечами, словно стряхивая маленького безобидного жучка. Под горлом у нее был небрежно повязан бантик, блузку из тонкой ткани было почти не видно под пиджаком, и сейчас она поправила болтающиеся концы бантика и ласково их разгладила.

Пальцы у нее были тонкие, а ручки маленькие, как у ребенка, хотя ногти были накрашены темно-вишневым лаком, и тот поблескивал, когда она жестикулировала, а она делала это непрерывно. Я не люблю дотрагиваться до людей, но в тот момент мне захотелось взять маленькую руку Виты в свою ладонь, легонько сжать и успокоить ее пальцы, теребившие бантик на шее. Позже я так и сделала, и ее кожа оказалась холодной, как я и подозревала. Многое о Вите я угадала инстинктивно, как наверняка угадываете и вы, общаясь с окружающими. Поначалу мне казалось, что это чутье сверхъестественное, потом я поняла, что так же угадываю, какими окажутся на ощупь растения или земля, прежде чем их коснуться. Однако все, что я угадала про Виту, как оказалось, не имело никакого значения. И вместе с тем легкость, с которой я ее понимала, можно было принять за любовь.

— Ролло работает в городе. Сейчас он там, — она говорила об этом с деланым безразличием выигравшего в лотерею, словно постоянное отсутствие ее мужа было большой удачей, а не необходимостью. — Раньше мы работали вместе, но я постарела, а он нет. Мужчины не стареют, верно?

Еще как стареют, раздосадовано подумала я. *Как это не стареют? Что за ерунда.*

Тут, видимо, впервые за время нашего разговора недоумение отразилось на моем лице, потому что она поспешила объяснить:

— Они все еще могут выбирать, когда мы уже не можем. У Ролса по-прежнему может быть полон дом детей, — она обвела жестом комнату, словно эти призрачные несуществующие дети бегали вокруг. — А я вот уже не смогу, — она сложила ладони, показывая, что больше не хочет говорить на эту тему, и широко улыбнулась. — А как зовут дочку?

— Долли, — всякий раз называя ее имя, я улыбалась. До сих пор улыбаюсь.

— Мне нравится это имя, — пропела Вита. — Какое красивое! Вита — имя старой бабки.

Я догадалась, что в обычной жизни она никогда бы не сказала «бабка», что она кривлялась, а обычно она говорит «бабушка», и каждый слог звучит четко, как выдох пловца. Я догадалась об этом, потому что моя собственная речь пориста и подражает чужой манере. Пространство между мной и речью, между мной и другими людьми хрупко и изменчиво. Я заметила, что при мне Вита стала мягко тянуть гласные, вероятно, чтобы казаться мне ближе. Я предпочитала звук ее настоящего голоса; она говорила, как одна из сестер Митфорд, как дебютантка в белых перчатках из черно-белой хроники. Я представила, как расскажу Долли о новой соседке вечером после работы. «Вита не говорит; она щебечет», — так я про нее скажу. Щебечет. Как маленькая птичка.

Вита все еще щебетала:

— ...и если бы я могла выбрать себе новое имя, я бы так и назвалась! Долли.

Она выглянула в сад, будто на самом деле решила сменить имя на новое. *Дол-лей*. Я была готова сколько угодно слушать, как она произносила имя моей дочери. Даже когда она называла ее Доллз. Даже в самом конце. Я бы и сейчас хотела это услышать.

— Вообще-то, это ее краткое имя. А полное — Долорес, как у моей сестры. Моей сестры Долорес, — я повторила это имя, надеясь, что Вита произнесет и его.

Долли назвали в честь тети, а мою мать — в честь ее покойной бабушки по отцу, Марины. Та была старшей из семи детей, считавших ее своей второй матерью; детям было сложно произносить ее полное имя, и ее называли Ма. Я не стала рассказывать это Вите. И не хотела, чтобы она произносила имя моей матери.

— Твоей сестры? Как мило, а они близки? Она здесь живет? — спросила она.

— Нет... и не жила... то есть... моя сестра... ее больше нет. И родителей. Остались только мы с Долли, — я снова не договорила и немедленно пожалела, что вообще начала этот разговор, который неизбежно повлек бы за собой расспросы, возгласы сожаления и — самое неудобное из всего — попытки меня утешить. — В семьях Южной Италии, — проговорила я голосом учителя, отвечающего на вопрос ученика, — издавна существовала традиция называть ребенка в честь недавно умершего родственника, сестры или брата, а все потому, что люди верили в переселение душ. Поэтому в семье нескольким детям могли дать одинаковые имена, называя новорожденных именами их недавно умерших братьев и сестер. Выживших считали баловнями судьбы, ведь в них воплотились души многих, и любили их тоже за двоих или за троих.

Вита терпеливо меня слушала. Когда я наконец замолчала, она повторила мои последние слова.

— Любили за двоих и за троих? Что ж, этих родителей можно понять, — она наклонилась ко мне и взглянула мне в лицо пристально и без малейшего стеснения. Тут мне показалось, что я перешла некую невидимую черту приличий, которую переходить не следовало, сошла с размеченной тропы и ступила на запретную территорию. Я отвела взгляд и выглянула в сад. А она снова подхватила нить нашей беседы с ловкостью матери, подхватившей споткнувшегося ребенка: — Что ж, чудесно, что ты дала дочери семейное имя. Правильно сделала. И я вижу, что ты любишь Долли за двоих.

Ее слова уняли сомнения, которые прежде никогда меня не покидали. Они не принесли полной и безоговорочной уверенности и не окутали меня безмятежным спокойствием, но пробудили во мне что-то спящее. То, что спало, сколько я себя помнила.

Рыба со сверкающей чешуей

На следующее утро после нашей первой встречи, вскоре после того, как Долли ушла в школу, Вита снова возникла у меня на пороге, на этот раз в пижаме. Она не стала говорить: «Привет, это снова я», не извинилась за раннее вторжение. Непринужденно и изящно она прошла по коридору в кухню, как будто приходила ко мне каждый день. Заговорила без приветствия и предисловия, словно продолжив нашу беседу с того места, где та вчера оборвалась. Я давно перестала хотеть и даже разрешать себе верить в то, что смогу с кем-то сблизиться. Но в тот момент мне этого захотелось, и жажда близости затрепыхалась во мне, как встревоженный маленький зверек с крошечным сердечком, бьющимся быстро и четко.

— У тебя есть молоко? У нас в холодильнике вообще ничего, кроме вина. Я ужасная хозяйка. Ролс твердит, что в городе мы бы умерли с голоду, если бы не друзья и рестораны, — сказав «друзья и рестораны», она приставила ладони к внешним уголкам глаз, отгораживаясь ими, как ширмой, посмотрела вниз и медленно покачала головой. Как мим, изображающий стыд для невидимой аудитории. Вита все свои слова сопровождала преувеличенными театральными жестами, и тогда мне это нравилось. Она торжествующе взглянула на меня, блеснув улыбкой и по-прежнему закрывая руками лицо и свои большие глаза: — А что мы тут будем делать?

— Тут есть кафе. И китайский ресторан. Китайский ресторан, где можно заказать еду навынос. Вам понравится, — я успокаивала ее, как успокаивала бы Долли.

Я молча проговорила про себя ее слова: *«ни-чиво-о-о, кроме вина»*, *«ужа-а-асная хозяйка»*; *«умерли с го-о-олоду»*. Я пока не понимала, акцентирует ли она слова случайно или в зависимости от их смысла. Сама я говорила монотонно, и Долли иногда передразнивала меня, начиная говорить как робот; мы обе смеялись. «Доб-ро-е-ут-ро-ма-ма», — чеканила она в ответ на мое безжизненное приветствие, и размахивала негнущимися руками и ногами, изображая, что сделана из металла.

Вита ничуть не стеснялась того, что холодильник ее пуст и хозяйка из нее никудышная; напротив, она была этому рада. Я поняла это, взглянув на ее лицо: она широко улыбалась, явно довольная тем, что не ведет такую же жизнь, как большинство женщин на нашей улице. Лицо Виты читалось как открытая книга; она обладала идеальным для этого набором — симметричными чертами и полным отсутствием стремления угодить окружающим. Поэтому читать ее было на первый взгляд легко, как ребенка. На самом деле эта детская непосредственность была личиной, но прекрасно сконструированной. Ее слова тоже пленяли; я раньше и не подозревала, что кто-то может радоваться своей хозяйственной никчемности. Эдит Огилви считала, что *высочайшей и наиболее ценной заслугой любой женщины является умение быть хорошей женой*, хотя мой опыт этого не подтверждал. Вита села за стол на кухне и откинулась на спинку стула, точно делала это каждый день уже не первый год.

Тогда я еще не знала, что у соседей можно попросить любую вещь, даже если это не вещь первой необходимости, а, например, вы просто забыли что-то купить. В книге Эдит об этом ничего не говорилось. Вита вальяжно зевнула, глядя, как я открываю большой белый холодильник, который дед Долли подарил нам на прошлое Рождество. Он проводил инвентаризацию в магазине и заменил устаревшие выставочные модели на более современные, со стеклянными дверцами, окантовкой серебристым металлом и острыми углами. Я обрадовалась подарку, так как не любила покупать дорогие вещи. У меня на счету по-прежнему лежала приличная сумма, но сама я столько не зарабатывала. Тем летом от моего наследства осталась ровно половина, и сложно было сказать, как скоро кончились бы деньги, если бы я вела более расточительный образ жизни. Я живу по принципу «чтобы хватало на самое необходимое», исключения делаю только для Долли.

Я протянула гостье холодную бутылку молока, и та схватила ее обеими руками со счастливым и благодарным видом, какой иногда бывает у людей, когда протягиваешь им чашку теплого чая. Домой она явно не собиралась. Она получила то, о чем просила, но не ушла и продолжала говорить. Я села напротив нее за маленький скромный столик, оставшийся еще от родителей, как и большинство мебели в моем доме. Я не пью ни чай, ни кофе; Долли с малых лет сама научилась заваривать себе и чай, и кофе. Если Вита рассчитывала получить горячий напиток, ее ждало разочарование. На ней была повязка и голубая полосатая пижама с инициалами «Р. Д. Б.», вышитыми темно-синей нитью на груди. Пижама была из тонкой летней ткани, которая почти не скрывала того, что под ней. Я видела, как под легкой тканью приподнималась и опускалась грудная клетка, как колыхались ее маленькие груди, мягкие и ничем не поддерживаемые.

Раньше ко мне никогда не приходили гости в пижамах, и я не знала, входит ли замечание о внешнем виде гостя, явившегося в пижаме, в список запретных тем по Эдит Огилви. Поэтому на всякий случай я ничего говорить не стала. Но, когда Вита сравнила свой растрепанный вид с моей простой и практичной рабочей униформой, покраснела отчего-то я, словно, тактично не упомянув ее пижаму, я солгала или утаила что-то в секрете. На руке у Виты был шрам, довольно большой, во всю кисть, — серебристо-розовая кожа напоминала рыбью чешую и переливалась на свету, когда она вращала в руках бутылку.

Я вспомнила — я часто об этом вспоминала, — что, когда мои родители были живы, вся эта кухня была завалена рыбой; рыбины лежали на всех столах, раскрыв рты, как доверчивые пациенты. В туристический сезон отец каждое утро возил отпускников на рыбалку на своей лодке и привозил улов домой, а мать чистила и потрошила рыбу, чтобы жены или кухарки этих мужчин могли ее потом пожарить. Мама любила наблюдать за отцовской лодкой из окна своей комнаты; если та возвращалась рано, значит, туристы уже наловили достаточно.

В нашем маленьком доме постоянно пахло озером и рыбой со сверкающей чешуей, что каждый день билась в родительских руках. Мама чистила и разделывала рыбу так же ловко, как местные женщины вязали и шили, хотя ее никто этому не учил, и обращалась с ножом так же искусно, как они с иглой и спицами. Вся кухня была усыпана косточками, тонкими и белыми, как молочные зубы, и выглядела как место недавней трагедии.

— Мои родители ловили рыбу, — сказала я Вите. — Отец был местным рыбаком.

— Мой отец тоже ходил на рыбалку! — восторженно воскликнула она, словно рыбалка была редким и удивительным занятием и очень странно, что оба наших отца этим занимались. — Но больше любил охоту. А твой охотился?

— Нет. Только рыбачил, — ответила я.

Но она уже снова заговорила и принялась рассказывать о том, что сама была метким стрелком.

Пока она тараторила, я разглядывала перламутрово-розовый шрам на тыльной стороне ее кисти; из-за этого шрама Вита почему-то казалась мне хрупкой и уязвимой. Дочь никогда не понимала, каким образом я делала выводы, и предупреждала, что цепляясь за детали, я упускаю из виду самое важное. Но мой ум — неуправляемая сила, движущаяся со скоростью электричества; в моем представлении все между собой связано, и лишь поняв эти взаимосвязи, эти точки пересечения, можно понять мир. Я уже знала, что, когда расскажу Долли об утреннем визите Виты, та рассердится, если я заговорю о ее блестящем шраме и о том, как тот напомнил мне родительскую рыбу, и если скажу, что его нежно-розовый цвет навел меня на мысли об уязвимости нашей новой соседки и о том, что та очевидно в нас нуждается. Моя дочь была прагматиком и не терпела подобных разговоров. Она хотела знать только факты, а не домыслы, и вечером дома я пыталась рассказывать ей только факты. Но никогда не знала, какие из моих ответов ей не понравятся и в какой момент она вздохнет и уйдет наверх в свою комнату.

Долли стыдилась моей одержимости на первый взгляд незначительными деталями и отказывалась обсуждать это со мной, таким образом, как ей казалось, отучая меня от этой привычки. Она вела себя как муж, который хмурится и пинает жену под столом, когда та наливает себе второй бокал вина. Или заводит речь о сицилийских ритуалах. Мой муж был из таких. Он пинал меня под столом, а над столом все это время мило улыбался, и это было хуже пинка, а действовало даже эффективнее. Именно его красивая лучезарная улыбка, а не пинок, заставляла меня замолкнуть.

Я должна была узнать, откуда у Виты этот шрам, потому что та казалась неуязвимой, но кто-то или что-то ее ранило, оставив эту отметину. Я не могла — и до сих пор не могу — представить, как она ломается, как некая сила осмеливается обрушиться на нее и оставить этот след. Когда я думаю о Вите сейчас, первым делом на ум приходит именно шрам, а потом уже остальные части, из которых она состояла. Ведь именно такие детали, выбивающиеся из общего образа, раскрывают суть человека, а не части картины, гармонично складывающиеся в единое целое. Шрам рассказал мне больше о Вите, чем ее благородное произношение, уверенная манера и красивое лицо. Чтобы понять человека, мне нужно лишь собрать ключи, а Долли этого не понимала. Я часами молча сопоставляю услышанное и размышляю, что значила та или иная фраза; почему в тот момент она говорила быстро — сердилась или просто торопилась?

В ходе подобного анализа я редко прихожу к ясному выводу, но по-прежнему убеждена, что существует некий общий код, который можно взломать, система, которую можно постичь. Иногда я пытаюсь представить, какое оно, незатрудненное общение, как общаются с миром Вита и Долли. Потрясенная простотой коммуникации, я воскликнула бы — *о! Так вот в чем дело, понятно! Теперь мне ясно, что вы имеете в виду, я понимаю, чего вы хотите!* Каково это — жить, не утруждая себя трудоемким переводом с языка на тот же язык, слышать и мгновенно понимать, что услышала?

То, что я приняла за повязку, на самом деле оказалось зеленой шелковой маской для сна, сдвинутой на макушку и удерживающей темные волосы Виты. Они падали ниже плеч блестящими плавными волнами, а не мелкими завитушками, отчего Вита выглядела роскошной светской львицей даже в пижаме. Маска для сна казалась еще более интимным предметом, чем ее полупрозрачная пижама; это была настолько личная вещь, что, пожалуй, никто, кроме меня и ее мужа, никогда ее не видел. Вита открутила крышку с молочной бутылки и стала пить прямо из горлышка. Я никогда не видела, чтобы женщина вела себя столь непринужденно и естественно; такой была только Долорес. Моя сестра тоже делала что хотела, открыто и не таясь, не пыталась скрыть удовлетворение и не терпела голод, жажду или зуд, а почесавшись, тихо стонала с облегчением. Я завороженно смотрела на Виту; та поставила на стол полупустую бутылку, над верхней губой остались молочные усы. *Если вы видите, что человек испачкался, уместно сделать деликатное замечание, только тихо и не привлекая внимания окружающих*, писала Эдит.

— У тебя... тут... — я посмотрела куда-то мимо нее и начертила полукруг над своей верхней губой.

— Усы? — спросила она. — Мне идет?

Я взглянула на нее и увидела, что она улыбается, округлив глаза и подперев ладонями подбородок, как кинозвезда. Она картинно захлопала ресницами и даже не попыталась стереть усы. Затем к ней вернулось ее обычное выражение; ей быстро надоело притворяться, что кто-то может усомниться в ее красоте. Она была так хороша собой, что подобное притворство наверняка ее не интересовало. Мне очень нравилось ее лицо; я рассматривала его с удовольствием, как когда-то лицо своего бывшего мужа.

— У тебя очень красивые волосы, — сказала она и спокойно встретила мой пристальный взгляд. — Это твой натуральный цвет? — я хотела ответить, но она предостерегающе подняла руку. — Нет, дай угадаю, я обычно хорошо угадываю, — она вгляделась в мое лицо. — Натуральный, да? — я кивнула. Она потянулась через стол и потрогала прядь моих волос; опершись локтями на стол, принялась внимательно рассматривать прядь, словно оценивала товар. — По ресницам видно. Очень красивый цвет.

Мне понравилось, как она произнесла это «о-о-ощень краси-и-и-вый свет», растягивая гласные и смягчая согласные. Казалось, она говорит на незнакомом экзотическом языке, и я молча повторила одними губами: *о-о-ощень краси-и-ивый свет, о-о-ощень краси-и-ивый свет.*

— Удивительно, — продолжала она, — у дочки тоже такие?

Я снова кивнула. Белокурые волосы Долли были одной из немногих моих черт, которые она была рада унаследовать.

Наши волосы казались мне бесцветными и какими-то незаконченными, скорее, серебристыми, чем белокурыми, с холодным голубоватым подтоном, как у моей матери. Дочь всегда гордилась семейной чертой — бледными необычными волосами и кожей, а я боялась, что, начав учиться в школе, Долли поймет, что серебристые волосы и блеклые глаза далеко не все считают красивыми. Но ее одноклассники, видимо, соглашались с ее собственной оценкой, как будто в те несколько лет, что прошли между моим окончанием школы и появлением Долли, где-то провели конвенцию и официально постановили, что отныне наша бледность и белокурые волосы являются не только приемлемой чертой, но и признаком статуса и красоты. А может, в этом была заслуга дочери: окружающие всегда во всем с ней соглашались и сами не понимали, почему не пытались возразить. Она не боялась быть собой и этим притягивала людей.

— А Долли на тебя похожа? — спросила Вита.

Я представила дочь, ее спокойное непроницаемое лицо, как у отца; это лицо с рождения вызывало у всех симпатию. В нашем доме до сих пор много ее фотографий, и мне приятно, что мои редкие гости путают Долли с сестрой и считают, что это одна и та же девочка. Моя сумка лежала на столе, и я показала Вите одно из свежих фото Долли, которые всегда носила с собой. Ношу до сих пор. Фотографии было два года, Долли на ней улыбалась и выглядела румяной и счастливой, хотя на ней была серая школьная форма, а волосы стянуты в строгий пучок. Она смотрела не в кадр, а в сторону, и даже не улыбалась, а смеялась, глядя на что-то или кого-то, оставшегося за кадром. Что именно так ее насмешило, оставалось загадкой.

— Нет, — ответила я, имея в виду, что не стоит судить о Долли по ее матери. Мои свекровь со свекром не уставали это повторять. — Она очень умна. Собирается поступать в университет. На математику. В Кембридж.

Вообще-то я не должна была обсуждать Кембридж ни с кем, кроме бабушки и дедушки Долли, но при Вите почему-то не удержалась. В ее присутствии самое невероятное казалось возможным. В ее мире девочки поступали в университеты каждый день, ходили на балы в длинных пышных платьях, путешествовали с дорогими чемоданчиками и верили, что в жизни с ними может случиться только хорошее.

— Это же прекрасно! Красива и вдобавок *умна*, — последнее слово Вита произнесла восторженным шепотом, словно речь шла о каком-то экзотическом и даже неприличном качестве. — В тебя, наверное?

— Нет. Я даже школу не закончила. Бросила накануне выпускных экзаменов. Я осталась одна и... не было у меня таких способностей, как у Долли.

— А я училась в Кембридже. На истории искусства, — ее голос вдруг стал выше и тоньше, чем был, а с губ слетел маленький бесцветный смешок.

Я вежливо посмеялась за компанию — *ха!* — словно соглашаясь, что нет ничего смешнее, чем изучать историю искусства в Кембридже. Вита пристально посмотрела на меня и нахмурилась; ее засохшие молочные усы потрескались. Я перестала смеяться. Если бы я закончила университет и могла похвастаться образованием, я не стала бы смеяться. Обсуждая университетское будущее Долли, мы всегда говорили об образовании уважительно, по крайней мере, я. Сама я обычно притворялась, что образование не для меня. Несложно перечислить все причины, почему я не смогла бы учиться в университете: много народу, шумно, постоянные социальные контакты, ученая среда, и в итоге меня неизбежно отчислили бы. Но иногда я думаю обо всех книгах, которые могла бы прочитать, и обо всех возможностях, и понимаю, что есть вещи выше и важнее моих страхов. Университет вызывал у меня те же чувства, что отец Долли, Король. Ярость, оттого что мое желание не могло быть удовлетворено, и стремление обладать чем-то, что явно было мне не по зубам. Я желала обладать этими прекрасными вещами, но из-за своего внутреннего устройства была не в силах совладать с их последствиями.

— ...а вот Ролс тоже учился на математическом, — говорила Вита, чья улыбка стала более осторожной. — В Кембридже мы и познакомились. Ему было девятнадцать, а мне — двадцать восемь. Я была уже *старой студенткой*, — последние слова она произнесла медленно, словно не своим голосом, и рассмеялась их абсурдности.

— Но почему? — спросила я.

Она улыбнулась.

— Что почему?

— Почему тебе тоже было не девятнадцать?

Она вздохнула и затихла на секунду.

— Я была помолвлена, дорогая. Очень долго... но ничего не вышло. И я... я очень расстроилась, — произнеся последнее слово, она поморщилась, и промелькнувшая на лице боль мгновенно испарилась. Словно маленькая невидимая рука тихонько ее ущипнула. Она широко улыбнулась и продолжила: — Папа сказал, что мне нужно поехать в Европу залечить душевные раны; у нас родственники во Франции и Голландии. Но моя двоюродная сестра училась в Кембридже, и так я оказалась там. *Старая студентка*, — последние слова она снова произнесла другой, не своей интонацией. — А Ролс был обычным студентом. Самым что ни на есть. Он даже пропустил выпускные экзамены ради скачек, но никогда в этом не признается. Я скажу, чтобы он поговорил с Долли при встрече. Он обожает математику и может говорить о ней часами. Бедняжка Долли! Что ее ждет? — она перестала улыбаться и посерьезнела, хотя молочные усы по-прежнему белели над верхней губой.

Она подняла руку, пригладила волосы и положила руку на грудь. Похлопала по пижамной рубашке, словно нащупывая в карманах потерянный предмет, потом вдруг словно вспомнила, что неподобающе одета, и тяжело вздохнула, как от усталости. Снова указав на свой наряд, тихонько и безнадежно взмахнула длинными пальцами:

— Я даже вещи еще не разобрала, Сандей. Не хочу, и все. Нет настроения. Даже одежду никак не разберу. Так что у меня есть только костюм, в котором я приехала, но он грязный, — она задумалась, словно прикидывая, кто должен чистить ее костюм. — Ролс решил остановиться у Тома... хотя нам предлагали дом на юге Франции... но он решил ехать сюда, и я сказала: вот сам и разбирай вещи, — на миг мне показалось, что передо мной Долли: та часто вот так капризничала вслух. — Мы взяли с собой только одежду и несколько любимых вещей, наши картины; остальное отправили на склад. Хотя теперь, увидев дом изнутри, я даже не знаю... А грузчик вчера оказался очень милым, даже предложил задержаться и помочь все распаковать.

Естественно, подумала я; кто не захочет остаться в компании этой женщины? С ней хотелось находиться рядом и помогать даже бесплатно.

— Но я отказалась, — продолжала она, доверительно понизив голос. — Не хочу, чтобы Ролс расслаблялся, дорогая. Поеду сегодня в город и куплю все новое. И буду покупать что хочу, пока он не приедет и не разберет вещи.

Она выпрямилась на стуле, потерла ладони и улыбнулась мне — точь-в-точь довольный ребенок.

— А когда он приедет?

— Надеюсь, нескоро, дорогая, иначе я не успею купить кучу новой одежды.

Она снова перестала улыбаться, брови вытянулись в две прямые темные линии, а молочные усы так никуда и не делись. Рот у нее был маленький, бантиком, верхняя губа слегка выступала вперед, и я представила, что на фотографиях это должно выглядеть очень эротично — и оказалась права. Резко очерченный клювик-рот делал ее похожей на птичку.

Когда мне удавалось завладеть полным вниманием Виты, я словно погружалась в озеро с холодной водой, окутывающей меня со всех сторон. В озеро, чьим именем был назван мой городок и куда приезжали туристы с фотоаппаратами и корзинами для пикника. В озеро, где я регулярно плавала, пока оно, невидимое и непрошеное, не разлилось и не накрыло мою семью. Когда-то я была с этой водой на «ты», как может только умелый пловец; я знала, что при погружении сперва испытываешь легкий шок, сообщающий о внезапной смене температуры, а потом все тело немеет под водой, и ты уже перестаешь понимать, холодно тебе или жарко; через некоторое время организм привыкает, и к конечностям возвращается чувствительность, разливаясь приятным теплом, как от укола морфия. Однажды утром мы с сестрой стояли на берегу и готовились окунуться; к нам подошел мужчина. Он шел по берегу, спотыкаясь на крупной гальке, но не сводил с нас глаз, словно у него была цель. Он сказал, что в первые секунды после погружения в холодную воду нельзя плыть, нужно просто парить в воде, пока тело не привыкнет к температуре. Мы кивнули и ушли, ничего не ответив. Незнакомец просто сообщил нам важную информацию коротко и профессионально, как полицейский, предупредивший автомобилиста, что у того не работают тормозные огни.

Общаясь с Витой, я поняла, что он имел в виду; я замирала и отдавалась первоначальному шоку — и это получалось у меня естественно. Вита окутывала меня как ледяная вода. Под ее взглядом я парила в невесомости, как когда-то парила в холодных темных водах озера с сестрой. Это было сродни чувству безопасности.

Вита по-прежнему тараторила:

— ...поехать со мной? Но ты, наверно, *работаешь?* — последнее слово она произнесла как незнакомое иностранное имя, которое ей было сложно выговорить правильно.

— Да. И я уж лучше пойду на работу, чем по магазинам за одеждой.

Ее взгляд был прикован ко мне, но она замолчала, и я заметила, как прервался привычный ритм ее речи. До сих пор она делала лишь краткие паузы в разговоре, когда ждала ответа, а слова выстреливали из нее, как залпы фейерверков, с небольшими промежутками — *та-та-та-та-та-та-та* — пауза — *та-та-та-та-та-та-та*. Я невольно задумалась, встречалась ли эта очаровательная женщина когда-либо с отказом.

Потом она улыбнулась и хлопнула в ладоши, как старлетка в немом кино.

— Ах, как мне нравится! — воскликнула она. — Обожаю честность, дорогая. Гораздо проще говорить, что думаешь, верно? Спорим, среди местных это редкость? В маленьких городках все такие вежливые. Сидят у себя дома и думают, что скажут соседи, — она округлила глаза и сложила губы буквой «О», изображая шок и прижав к щекам ладони. Затем рассмеялась и похлопала меня по колену, мягко накрыв его своей ладонью. — А мы не такие, да, Сандей? — она убрала руку, снова взяла бутылку и заговорщически мне улыбнулась. — Другие соседи наверняка не такие, как мы.

Ответа она не дождалась, и хорошо, потому что в книге Эдит было черным по белому написано, что критиковать соседей недопустимо. Она допила молоко из бутылки, поставила пустую бутылку на стол и развела руками, как гость на вечеринке, опрокинувший стаканчик. Нет, подумала я, другие соседи не такие, как мы с Витой. Не такие, как *мы*. Мы отличались от них, и это делало нас похожими друг на друга. Я никогда раньше не встречала человека, который радовался бы сходству со мной. До знакомства с Витой я считала себя чем-то вроде старого кривоватого глиняного горшка. Но если

Вита ценила человеческие странности, почему бы мне тоже их не ценить? Мне казалось, что в Вите я встретила человека своего племени, а прежде считала, что оно вымерло и я — его единственный оставшийся представитель.

Она встала и снова улыбнулась мне своей чудесной улыбкой с молочным краем. Тут я заметила, что она принесла с собой строгую сумочку и усадила ее на отдельный стул, как любимую собачку. Одним легким движением она притянула сумочку к груди и ласково погладила мягкую кожу.

— Так, — сказала она, — значит, я иду по магазинам. Ролс оставил мне свою дурацкую машину. Я ее терпеть не могу, но он говорит, что это единственная в мире вещь, которую он любит так же крепко, как и меня. А тебе хорошего дня на *работе*, — последнее слово она нарочно подчеркнула и бросила на меня многозначительный взгляд, словно это был эвфемизм для чего-то неприличного, и мы, как старые подруги, договорились использовать его из вежливости, а на самом деле я ни на какую работу не ходила.

Я проводила Виту до двери и с порога проследила, как она подошла к красной машине мужа и открыла багажник. Я тоже с первого взгляда возненавидела эту дурацкую машину. Она достала из багажника ботинки со шнурками на плоской подошве и тонкий розовый свитер, села на тротуар и надела ботинки, а потом свитер прямо поверх пижамы. Она держалась с непосредственностью ребенка, которого заботит лишь удобство. Долли всегда говорила, что выходить на улицу в пижаме неприемлемо, даже на минутку в магазин, даже если накинуть сверху пальто. А мне казалось, в этом нет ничего такого. Сейчас мне даже нравилось, как выглядела Вита. Она встала, весело мне помахала и ничуть не удивилась, что я стою на пороге и все еще смотрю на нее. Я вернулась в дом, лишь когда ее машина скрылась из виду.

Несмотря на мой интерес к Вите, я знала, что даже в ее компании не смогу получить удовольствия от похода по магазинам. В душных магазинах одежды я думаю лишь о том, где ближайший пожарный выход, в то время как другие женщины в них становятся спокойными, как домашние питомцы. Яркий верхний свет заставляет их смотреть вниз, где так удобно расположены вешалки с одеждой. Ощупывая вещи своими тонкими мягкими пальцами, женщины раздумывают, покупать или не покупать, но я никогда не понимала, как они делают выбор. Как не понимала и их удовольствия от обладания новой вещью, которую кассир кладет в пакет; и покупательница выходит из магазина, прижимая пакет к груди с таким видом, будто в нем хранится заветная тайна.

Когда мне было семнадцать, я пошла в магазин выбрать платье для похорон сестры и засмотрелась на другую покупательницу, худенькую темноволосую женщину. Та выбирала одежду, поглаживая, казалось, случайные вещи быстрыми порхающими движениями рук, затем отходила на шаг назад и пристально смотрела на них в молчаливом раздумье. Я ходила за ней между полок и тоже поглаживала каждый предмет одежды, до которого она дотронулась, а потом отходила в сторону и пристально смотрела на него. В конце концов женщина выбрала блузку с пестрым узором и поспешно зашагала к кассе. На ткани были изображены маленькие петушки в зеленых шляпах набекрень; они плясали среди накренившихся бокалов с мартини, а в каждом бокале торчала оливка с сердцевинкой из красного перца, и именно в эту сердцевинку в форме сердца была воткнута зубочистка. Я приложила ладонь к такой же блузке на вешалке и закрыла глаза в ожидании чуда. Но гладкая ткань под ладонью не шелохнулась, холодная и мертвая в беспощадной духоте магазина. Я все равно купила эту ужасную блузку и надела ее на похороны сестры, а потом и на похороны обоих родителей в том же году. Это был первый из четырех моих прыжков веры; вторым стал Король, материнство — третьим. Последним стала Вита.

ЗИМНИЕ ПЧЕЛЫ

После первой встречи Вита ни разу не спрашивала об отце Долли, и я засчитала это ей в плюс. Она поняла, что упоминание о нем для меня болезненно, и не стала допытываться. Сталкиваясь с нежеланием собеседника говорить на какую-либо тему, она мгновенно теряла интерес и чувствовала это нежелание заранее, до того, как собеседник выказывал его явно. Эта деликатность в общении, видимо, объяснялась ее принадлежностью к высокому социальному классу, потому что местные женушки замучили меня расспросами, почему я не замужем, и я уже привыкла от них отбиваться. Тактичность Виты полностью соответствовала описанным Эдит Огилви подробным *правилам деликатного общения с женщинами, пережившими такую неприятность, как развод*.

После моего первоначального краткого ответа она просто ни о чем не спрашивала, и я была благодарна ей за это. У меня давно были заготовлены фразы общего характера, которыми я отвечала на любые вопросы об окончании моего брака, — *это случилось давно, я привыкла быть одна, все в прошлом*. Если меня спрашивали, я отвечала только так и больше ничего никому не говорила. Даже Вите необязательно было знать мою историю от начала до конца. Кому-кому, а ей я не хотела сообщать, какую сильную обиду мне нанесли. Я влюбилась по уши в отца своей дочери, влюбилась в восемнадцать и совершенно потеряла голову. И до сих пор не оправилась. Если бы на момент нашей встречи я уже не была странной, если бы меня окружали люди, которым было до меня дело и которых заботило ухудшение моего состояния, можно было бы сказать, что он меня околдовал. Но он был обаятельным мужчиной, которого все любили. И наш роман все воспринимали только с его точки зрения; поэтому в общепринятой истории о нашем браке я была настолько ущербной, что даже такой человек, как Король, не смог сделать из меня нормальную жену.

Мы познакомились вскоре после того, как его семья переехала в город горящих полей. Его родители унаследовали крупнейшую в районе ферму и открыли магазин, где продавали фермерскую продукцию — настоящую деревенскую лавку в большом амбаре. Лавка пользовалась популярностью и у местных, и у туристов; там я впервые и познакомилась с Алексом, вернувшимся домой из университета на летние каникулы. Его родители сказали, что я была единственной, кто откликнулся на написанное от руки объявление о поиске работников, лежавшее у них на прилавке, и взяли меня на работу в теплицы без собеседования.

Я проработала на ферме три года, Алекс закончил университет и вернулся домой. По вечерам после работы я проигрывала в голове все приятности, которые он говорил мне в теплице. На юге Италии существовала традиция: в гостях у любимой девушки мужчина мог сесть, только если она сама предлагала ему стул. Это имело символический смысл: если жениху предлагали стул, значит, его рассматривали в качестве будущего мужа. Когда Алекс приходил ко мне в теплицу, он садился на один из крепко сколоченных деревянных столов. Я обычно стояла, ведь я работала, но, ухаживая за молодыми саженцами, садилась на стул, напоминая себе, что с саженцами надо быть ласковой и не надо торопиться. Старый деревянный стул за годы отполировался, как стекло, и сиял, как камень, до гладкости омытый водами озера. Когда Алекс приезжал домой, я прятала стул под рабочим столом в глубине теплицы. Я не предлагала ему стул, но он и не просил.

Иногда я приносила в подсобку саженцы, предназначавшиеся для продажи, и подслушивала, как он разговаривал с покупателями. Тогда-то я и придумала ему прозвище «Король». Я до сих пор не называю его по имени. Мне никогда не нравилось, как люди беспечно бросались этим именем. «Алекс-Алекс-Алекс-Алекс», — вставляли они через слово, требуя его внимания, вертя его имя на языке, присваивая его себе. Когда я рассказала Королю о его тайном прозвище, тот восторженно рассмеялся без тени смущения. В первые годы нашего брака он даже обыгрывал это прозвище, возвращаясь домой после работы и крича суровым театральным басом: «Встречайте Короля! Где мои подданные?» Дочка визжала от радости, стоило ей только услышать этот бас. Показательно, что именно эта игра была у них любимой: он говорил не своим голосом, а она восторженно бежала навстречу этому притворному образу. Я же лишь посмеивалась, стоя в сторонке. Сейчас я смеяться не стала бы.

Король был фильмом, который я каждый вечер смотрела одна. В том году, когда он окончил университет, в конце лета я принесла в магазин саженцы. Расставляя их на столе, он заговорил со мной, не поднимая глаз.

— Я решил путешествовать. Уезжаю в следующем месяце.

Тон у него был доверительный и виноватый, словно прежде он дал мне обещание и теперь собирался его нарушить. Я не вымыла руки, к пальцам прилипли теплые комочки земли, и я сжала кулаки, сосредоточившись на ощущениях в ладонях. Король что-то говорил, но я уже не слушала. Он коснулся моего плеча — легко, без нажима, словно показывая наблюдателям, как играть героя, сдерживающего свои чувства. Он выжидающе смотрел на меня, а я ответила, по-прежнему концентрируясь на теплых комочках земли в своих ладонях:

— Нет, — сказала я, не совсем понимая, к чему относилось это «нет» — к его плану уехать путешествовать или невесомому касанию его руки.

— Нет?

— Нет, — с этим словом я вышла из лавки, по-прежнему ощущая в ладонях вибрации теплой мягкой земли. Та наполняла мои руки и голову тихим угрожающим гулом, жужжа, как пьяные от сна зимние пчелы.

Он пошел за мной. Король никогда не бегал за девчонками — те сами к нему приходили. Ждали его безропотно и безысходно, как пациенты в приемной дантиста, раскрасневшиеся от предчувствия боли. За мной он бегал, потому что до встречи со мной никогда ничего не хотел, и я была единственным, что не преподнесли ему на тарелочке.

Он так и не отправился путешествовать. Я напоминаю себе об этом сейчас, глядя, как он с хозяйским видом расхаживает по родительской ферме рука об руку с красивой второй женой. Вместо этого менее чем через год я родила ему дочку. И, как положено добропорядочной сицилийке, которой я, увы, не являлась, назвала ее в честь тети, которую ей не суждено было узнать, в честь девочки, утонувшей не в воде, а на суше. В честь моей любимой Долорес.

В детстве наши пожилые соседи ловили сорок на живца: держали сороку в клетке, другие сороки прилетали к ней, а клетка была устроена так, что туда можно было влететь, но не вылететь. Артур и Фрэн считали сорок вредителями, так как те кормились яйцами более слабых птиц, а то и их птенцами. Сорока-приманка жила у них много лет, они даже имя ей дали, как домашнему питомцу, — Роберт. Каждый день Роберт зазывал своих друзей на смерть и пел заливистую песнь не потому, что в клетке ему было одиноко, а потому, что хотел угодить своим хозяевам, с которыми вступил в преступный сговор. Его злой умысел не преуменьшал красоты этой песни, но в его сине-черной груди билось жестокое сердце. Артур и Фрэн душили пойманных сорок на еженедельной церемонии казни, кульминацией которой было сжигание их маленьких трупиков на костре; иногда мои родители присоединялись к этому ритуалу, и четверо взрослых стояли неподвижно и смотрели в огонь, не вздрагивая, даже когда пламя охватывало очередную тушку и разгоралось сильнее, а искры сыпались в глаза.

Когда мне было четырнадцать, Артур умер от сердечного приступа. В день похорон Фрэн выпустила Роберта. Мои родители стояли в саду; притихшие, в черных костюмах, они шепотом обсуждали, стоит ли ее навестить. Позже отец тихо и обеспокоенно сообщил нам с сестрой, что они слышали, как Фрэн плакала, трясла ловушку и прогоняла Роберта, но тот не хотел улетать, а пытался залезть обратно в клетку. После смерти Артура Фрэн запустила сад и лишь иногда соглашалась на уговоры отца, предлагавшего постричь ее лужайку. Он окликал ее из-за забора, а она безразлично поводила плечами, сидя в пластиковом садовом кресле. Не глядя на отца, она делала равнодушный жест рукой, в которой всегда была зажата сигарета. Она словно говорила *«как хотите»*, будто оказывала ему услугу.

Пустую клетку закрыли, но сорока часто садилась на ее изящную решетчатую крышку и обиженно смотрела исподлобья, как пьяница смотрит на закрытую дверь бара. Только Фрэн могла с уверенностью сказать, была ли эта сорока их Робертом. Прилетавшая сорока всегда была одна, а на голове и крыльях у нее виднелись проплешины от драк; возможно, это был Роберт, за свою бытность тюремщиком растерявший, видимо, навыки дикой птицы и полюбивший неволю.

Томление, с которым девушки смотрели на красивое лицо Короля, когда тот манил их своей песнью, и легкость, с которой он их околдовывал, были не чем иным, как хитростью сороки. С высоты перья сороки, сидящей в ловушке, должно быть, тоже казались другим сорокам необычайно блестящими. Лишь потом, оказавшись рядом с ней в тесной клетке, те понимали, что ее крылья не блестели, а лоснились от жира, потому что она никогда не летала.

ГОВОРИТЕ ГРОМЧЕ, ГОВОРИТЕ НОРМАЛЬНО

Из-за того, что Вита неожиданно зашла за молоком, я пропустила первый автобус и опоздала на ферму, хотя никогда не опаздывала. Я всегда отрабатывала больше положенных рабочих часов. В теплицах всегда царит чудесная тишина, в них не заходит никто, кроме меня, иногда еще Дэвид, но тот сам по себе тихий. Когда я работаю, темная шелковистая земля в моих руках действует на меня успокаивающе, как сила земного притяжения, утешает и ложится в ладони приятной тяжестью, словно желанное объятие. У меня беспокойные руки. Шероховатый кирпич, глянцевые листья растений, холодные дверцы машин — все жаждет моего прикосновения, когда я иду по улице. В очереди в магазин дребезжащая музыка тонет в темных курчавых волосах женщины, что стоит передо мной, так и хочется провести пальцем по кудрям-червячкам, ползущим по спине ее толстого шерстяного пальто. Выходя на люди, я обычно сжимаю руки в кулаки и игнорирую молчаливые призывы всех тех вещей, к которым нельзя прикасаться. Призывы звучат особенно громко, когда в глаза бьет яркий свет и вокруг очень шумно. Я родилась нетерпимой к шуму и свету и жадной до запахов и прикосновений — работа с растениями помогает временно исправить этот сенсорный дисбаланс.

Заходя в теплицы, я оставляю свое состояние под дверью. Когда работаю одна, мое состояние спит снаружи, положив темную голову на лапы. В теплице отсутствует стимуляция, здесь никто не говорит загадками и не смотрит на меня странно. Это волшебное место, лишенное социального контекста и бремени общения. Но в обществе людей этот зверь сопровождает меня неотступно — улыбчивый спутник, чья железная хватка похожа на заботу, но на самом деле напоминает, кто я на самом деле. Царапая кожу жесткими усами, мой волк-жених шепчет мне в ухо: *говори об Италии, говори, и не смотри им в глаза, о нет, им это совсем не нравится; смотри на пол, на стену, а не слишком ли громкая музыка, Сандей, не слишком ли яркий свет?* В сицилийском фольклоре полно таких волков, и женщины знают, что в определенные дни, например, в канун Рождества, не следует пускать мужа за порог после первого стука в дверь, а следует дождаться третьего. Говорят, одна женщина поздно ночью спросонья открыла дверь после второго стука. Муж ее съел, так как не успел еще принять человеческое обличье и оставался оборотнем — лишь после третьего стука он вновь становился человеком. Будь я сицилийской женой, меня никогда бы не съел волк: я люблю четкие правила и умею им следовать. Но я вышла замуж за английского Короля, и волк сожрал меня на пороге моего собственного дома.

Я все еще открывала двери теплиц, когда Дэвид пришел на утреннюю смену. Сегодня он работал полдня: родители пригласили его на обед. На следующий день ему исполнялось двадцать пять лет, и им хотелось поздравить его по пути в аэропорт — они уезжали в двухнедельный отпуск в Италию. Несмотря на мою одержимость Италией, я никогда там не была и надеялась расспросить Дэвида, где его родители планировали остановиться и что хотели увидеть, но Дэвид не мог мне об этом рассказать. К моменту возвращения их младший сын должен был от них съехать и поселиться в коттедже, который молодые рабочие фермы снимали вскладчину у родителей Короля. Родители Дэвида никогда раньше не были на ферме; их маленький черный автомобиль остановился в бетонном дворике у теплиц ровно в час дня. На наших проселочных дорогах трудно поддерживать чистоту черного автомобиля, и я невольно восхитилась тем, с каким упорством родители Дэвида это делали.

Дэвид по-прежнему часто опаздывает минимум на десять минут, и, по идее, это должно меня волновать, и волновало бы, будь на его месте кто-то другой. Но мне нравится, как он приходит: заходит тихо и, если я его не замечаю, начинает работать, не здороваясь. Король или Вита всегда заходят в какое-либо помещение с помпой, ожидая, что их заметят, как фокусники с лучезарной улыбкой и кроликом в затянутой в перчатку руке — *та-дааам!* Когда я вышла за Короля, он вздрагивал, увидев меня, — *чего ты крадешься? Неужели не можешь зайти, как все нормальные люди?* Мать часто говорила то же самое. Тем же тоном. Мне становилось не по себе оттого, что всю мою жизнь меня каждый день критиковали две версии, по сути, одного и того же человека — муж вторил неодобрению матери.

Тем утром я оторвалась от посадок и восхитилась умелыми и осторожными руками Дэвида и зеленью за его спиной, которую он высадил безупречно ровными рядками.

Я помахала ему, он поднял вверх большой палец и описал полукруг перед грудью: *доброе утро*. Его жест выглядел, как всегда, весело и легко, словно пожелание доброго утра было лишь одной из многих приятных мыслей, крутившихся у него в голове.

Если бы кто-то говорил вслух так, как Дэвид на языке жестов, его речь можно было бы назвать убаюкивающей и мелодичной, как речь мистера Ллойда, валлийца лет пятидесяти с хвостиком, постоянного покупателя фермерского магазина. Когда мистер Ллойд начинает говорить о сезонных овощах и влиянии прогнозируемых осадков на сельское хозяйство, его спокойная музыкальная речь звучит как песня. Я закрываю глаза, слушаю его, и, кажется, готова его полюбить. Ему часто приходится повторяться, потому что я заслушиваюсь колдовским звучанием его слов и не улавливаю их смысл. Но мистер Ллойд никогда не сердится, когда я прошу его повторить еще раз. А если ему кажется, что другие покупатели говорят слишком тихо или нечетко, он вежливо им об этом сообщает.

На языке жестов я говорю так же кратко и невыразительно, как вслух; однажды я спросила у Дэвида, правильно ли жестикулирую, и тот указал мне на эту особенность, как всегда, деликатно и с улыбкой.

Но я так говорю! Вслух я так же говорю! — сердито заметила я однажды, когда он снова сделал мне то же замечание. *Долли меня за это дразнит. Еще не хватало, чтобы ты дразнил.*

Он серьезно посмотрел на меня. *Я знаю, как ты говоришь. Я,* — он дотронулся до глаза двумя пальцами, а потом указал на меня, — *вижу тебя. Я вижу тебя, Сандей, я все еще тебя вижу.*

Все еще сердясь, я сжала крепкий кулак и ткнула себе в лоб большим пальцем. *Я знаю!* Потом повернулась к растениям, с которыми работала.

Дэвид резко постучал по столу, и я подняла голову. Моя угрюмость, как всегда, никак на нем не отразилась; он широко улыбался.

Хорошо, что на языке жестов ты говоришь намного лучше, чем вслух. Он бойко жестикулировал и напоминал человека, неосознанно пританцовывающего под звуки далекой песни; его движения были легкими и свободными, округлыми, в отличие от моих.

Дэвид по-прежнему работает со мной почти каждое утро, а после обеда уходит на ферму. В период сбора урожая он нужнее на поле, и, бывает, не приходит в теплицы по несколько недель. В это время мне не хватает его молчаливой компании. Он умеет читать по губам и четко говорит, потому что лишился слуха через несколько лет после рождения. Однажды он мне об этом рассказал. В пять лет он заболел менингитом и очнулся в больнице в новой реальности: все вокруг было таким же, как раньше, только без сопровождающих звуков. Персонал больницы и его родители открывали двери, ходили по комнате и наливали воду в стакан в тишине, как призраки. А когда наклонились к его кровати и заговорили, их губы шевелились гораздо быстрее, чем он привык, и наконец он понял, что это не обман: их голоса тоже сломались.

Говорите громче, велел он. *Говорите нормально!* Но своего голоса он тоже не услышал.

Все это он объяснил мне однажды утром в теплице, после того как поссорился с родителями (его отец был врачом, а мать домохозяйкой) — те не хотели, чтобы он работал на ферме, а хотели, чтобы он поступил в университет, как двое его братьев. Но Дэвид не доверял им и их намерениям и относился к родителям с подозрением, словно все еще оставался ребенком и верил, что это они нарочно отобрали у него звуки действительности.

Родители Дэвида не стали учить язык жестов и настаивали, чтобы в их присутствии он читал по губам и говорил вслух. В детстве, когда ему хотелось показать, как он научился говорить на новом языке, они иногда заставляли его садиться на собственные руки, чтобы он не изъяснялся жестами. Моя мать установила такое же правило в нашем доме, чтобы я не щелкала пальцами и не хлопала в ладоши, а потом, когда ей почти удалось отучить меня делать это при всех, следила, чтобы я не теребила волосы, по крайней мере, в ее присутствии. Я прекрасно понимаю, почему Дэвид предпочитает говорить на языке жестов, а не голосом, которого не слышит и даже не знает, как он звучит, ведь это уже не голос пятилетнего мальчика, а голос взрослого мужчины. Мы оба любим работать в тишине, а в большой теплице изъясняемся на языке жестов, глядя друг на друга поверх рядов саженцев.

Родители Дэвида зашли в теплицу и громко поздоровались:

— Здравствуйте-здравствуйте! Мы здесь!

Я вздрогнула от их чрезмерной громкости и поняла, что ожидала увидеть их такими, какими они были в детстве Дэвида, — думала, они будут шевелить губами, притворяясь, что произносят слова, при этом издевательски не произносить ни звука. Я поймала себя на том, что пристально разглядываю их лица. Дэвид унаследовал их самые привлекательные черты. Круглые карие глаза матери вместо блеклого застывшего взгляда отца, благодушную открытую улыбку последнего вместо поджатых недовольных губ и маленького выпяченного подбородка матери. Седовласые, одетые в темно-синий и бежевый, его родители могли бы сниматься в рекламе роскошных круизов или частной медицинской клиники, сыграв пару богатых пенсионеров. На шее матери Дэвида висело ожерелье с остроконечными подвесками; оно растянулось от ключицы к ключице, как спящая сторожевая собачка. Мать и отец Дэвида направились ко мне, синхронно протягивая руки; я подняла запачканные землей ладони в предупредительном жесте. Они тут же остановились и помахали мне издалека.

Дэвид мыл руки в маленькой раковине у входа. Отец подошел к нему и крепко похлопал его по спине. Раковина висит низко, как будто рассчитана на детей, и Дэвиду приходится наклоняться, чтобы вымыть руки. Мы с ним придумали легенду, что раньше в теплице работали маленькие человечки; легенда постоянно обрастала красочными и абсурдными деталями. В тот день, однако, поза Дэвида — сутулые плечи и согнутые колени — скорее свидетельствовала о капитуляции, чем о необходимости наклониться из-за высокого роста.

— Чем планируете заняться в отпуске? — спросила я, стараясь говорить громче, так как они стояли в другом конце теплицы.

Я нарочно повторила тот же вопрос на языке жестов, хотя Дэвид меня не видел.

— Мы едем в Италию! В Италию! — хором ответили они и улыбнулись.

— Я знаю. А куда именно в Италию? — в этот раз я повторила на языке жестов лишь отдельные слова: *куда*, *вы*, *Италия*.

— Мы едем на... озеро Комо! — проговорил отец Дэвида с интонацией человека, произносящего праздничный тост. Его жена внимательно смотрела на него, словно он сказал что-то очень умное.

Я пожала плечами.

— Что ж, — повторять свое «что ж» на языке жестов я не стала.

Они ехали не на юг, но, кажется, были довольны своим выбором. Я задумалась, не рассказать ли им немного об истории Сицилии. Потом взглянула в их счастливые лица и вернулась к своим посадкам.

— Мы очень рады, — сказала мать Дэвида.

Я ничего не ответила и продолжила заниматься саженцами. Что можно ответить людям, которые рады побывать на озере на севере Италии, но решили не ехать на юг этой страны? Я сожалела об их ошибке, но они сами сделали этот выбор, пусть сами с ним и живут.

— Дэвид, пойдем, — сказали его импозантные родители своими громкими голосами. — Нам пора, — при этом они не сдвинулись с места — остались стоять лицом ко мне, словно договорились об этом заранее.

В этот момент говорящий человек должен был показать на дверь или на машину, но эти двое, казалось, нарочно не шевелили руками. А Дэвид стоял у них за спиной и не догадывался, о чем речь. Тогда они обратились ко мне и заговорщически произнесли:

— Вечно он задерживает, да?

Они выжидающе смотрели на меня, и я выдохнула: *«Ха!»* и вернулась к своим посадкам. Мне не нравились эти двое с их рекламными костюмами и равнодушием к собственному сыну. Наконец они отвернулись от меня, Дэвид помахал мне рукой и пошел за ними к машине. Я радушно помахала ему в ответ.

Он натянуто улыбнулся и нарисовал на груди большой круг: *извини*.

Тут я впервые заметила, как хорошо он одет. На нем была темно-синяя рубашка в клетку, совсем не мятая, видимо, новая — я знала, что Дэвид не пользуется утюгом. И брюки такого же глубокого синего цвета, темные, свежие, совсем не похожие на остальной его гардероб. Он принарядился для родителей, и от этого я невзлюбила их еще сильнее.

Я улыбнулась ему и четко проговорила на языке жестов, чтобы он точно увидел: *все в порядке*. А потом вернулась к работе.

Под вечер я вернулась в дом, где царила тишина, и сразу догадалась, что Долли еще не пришла. Летом костяк дома ссыхается и деревянная дверь открывается без скрипа. А в дождливое время года двери и окна разбухают от влаги, как человек, страдающий отеками, или съевшая волшебный пирожок Алиса, чьи туфли уменьшились, а кольца врезались в пальцы. Зимой двери не открыть без усилия; сквозняки дуют в щели в подъемных окнах, которые как будто никто не замерял перед установкой. Я погладила теплый кирпич крыльца и зашла в дом, затем поднялась наверх принять душ перед приходом Долли. Из окна комнаты увидела на лужайке Витиного сада какой-то белый пушистый предмет; тот лежал неподвижно, как несколько дней назад лежала сама Вита. Я решила, что кто-то бросил мягкую игрушку, но игрушка вдруг подскочила и забежала в дом, словно спасаясь от невидимого преследователя, и тогда я поняла, что это маленькая собачка с острой мордочкой и шелковистой длинной шерстью.

Вечер был теплый, и я оставила стеклянные двери открытыми. Я готовила ужин и пекла торт на день рождения Дэвида. Этот торт был нашей традицией, и я до сих пор ее соблюдаю, так как Дэвид счастлив моим тортам, какими бы они ни вышли. Я никогда не пеку торты на день рождения дочери; куда им до впечатляющих произведений искусства, которые ее бабушка с дедушкой каждый год заказывают в местной пекарне. На шестой день рождения Долли взглянула на торт, который я испекла, и велела больше не утруждаться. А надо было не слушать ее и продолжать.

Взбивая сливочный крем для именинного торта Дэвида, я слушала Виту, которая тараторила в саду.

Сначала я решила, что ее муж вернулся домой, потому что она явно с кем-то разговаривала. Но вскоре, прислушавшись к словам — «ковер испорчен», «непослушное животное», — я поняла, что она отчитывала свою собачонку. Вита, впрочем, обращалась к ней не так, как обычно говорят с малышами и питомцами, — она говорила серьезно и не делала пауз, ее четкая интонация вопросительно взмывала вверх, после чего она отвечала на собственный вопрос.

Я услышала, как пришла Долли, но подождала, пока она сама окликнет меня из пустого коридора, а потом позвала ее на кухню. Тем летом она была очень хорошенькой; я часто представляю ее такой, как в тот день: в школьной форме, с бледными волосами, стянутыми в небрежный хвостик, и сумкой с учебниками на плече. Она редко красилась, одевалась проще своих подруг и оттого выглядела моложе своих лет. Я льстила себе, считая, что она подражает мне, ведь меня тоже не сильно заботил внешний вид, хотя на самом деле ей просто было некогда краситься и наряжаться из-за школьной нагрузки — уроков и подготовки к экзаменам.

— Доллз, ты опоздала. Как прошел день? — я обняла ее и почувствовала, как она напряглась, нехотя вытерпев мое объятие, но не ответив на него.

— Все хорошо. Без сюрпризов. Ну, знаешь. Экзамены. Ужинать будем? Мне надо готовиться. Торт к чаю?

Она неосознанно продублировала последнюю фразу жестом «торт»: сложенная чашей ладонь поверх другой. Тогда мы уже редко пользовались языком жестов, но мне казалось таким трогательным, когда она это делала, пусть даже неосознанно; она прибегала к языку жестов только для обозначения слов, связанных с детством — *обниматься, мама, пирог, спокойной ночи, любовь*.

Когда Долли была маленькой, а Король уходил на работу, мы часто проводили в уютном молчании целые дни. Нам нравилось общаться жестами; мы выучили язык жестов по библиотечному учебнику и могли только с помощью рук договариваться, чем заняться или что приготовить на обед. Одевая дочку в пальто и перчатки, я не говорила, что мы идем в магазин покупать ей новые резиновые сапоги, а объясняла жестами. Становилась на колени и показывала: *мы поедем на автобусе. За сапогами*, а потом добавляла: *дождь. Гроза. Лужи*.

Долли же с надеждой показывала: *мороженое, мама? Шоколадное! Я люблю мороженое! Ты любишь мороженое!*

У сицилийцев, которых часто завоевывали другие народы, некогда был свой язык жестов, который знали только на острове. Тот, видимо, возник в результате исторической необходимости: местные жители хотели иметь возможность тайно переговариваться в присутствии колонизаторов. Король не позволял нам секретно общаться между собой, не хотел, чтобы мы скрывали от него свои мысли. Впрочем, он скоро обнаружил, что как раз наши мысли его и не устраивают.

Если дочь замолкала и отказывалась говорить, как делала я, он заставлял ее, отняв любимую вещь; рано или поздно она не выдерживала и просила вещь вернуть. «Скажи словами. Если хочешь, чтобы я отдал, скажи словами», — это была его любимая присказка, и мы с Долли обе заметно напрягались, когда ее слышали. Он, разумеется, не хотел, чтобы она говорила *своими* словами, он хотел, чтобы она говорила *его* словами. Но главное — он не мог допустить, чтобы она ушла в комфортное молчание, как я. Этот подход был мне хорошо знаком, со мной в детстве поступали так же. Среди вещей, которыми Долли сильнее всего дорожила, был мягкий белый кролик, подаренный ей на четырехлетие, перчатки в черно-желтую полоску и большеголовая кукла с огромными глазами, такими же пронзительно-голубыми, как ее собственные. Король регулярно прятал эти вещи и ждал, пока она прекратит игру в молчанку и станет меньше похожа на меня.

Я накрыла на стол и принялась раскладывать еду по тарелкам; поставила тарелку перед Долли. Долли села за стол с царским видом и стала ждать, когда ее будут потчевать. Я ожидала ее к ужину еще час назад и держала его на подогреве все это время; еда засохла и скукожилась, как кальмар, выброшенный на солнце.

— Торт на день рождения Дэвида. Завтра принесу кусочек... — но она меня уже не слушала.

Я убрала торт и села напротив нее за стол.

— Великолепно, — процедила она, глядя в свою тарелку. — Белая еда. Опять. Ням-ням.

Теперь, когда мы обе сидели за столом, я заметила, что еда действительно белая, точнее, кремовая, но дело было в четверг, а в четверг мы всегда ели рыбу с рисом. Обычно я подаю салат или зелень, но, когда много дел, забываю; чем больше у меня дел, тем белее наша еда. Белая еда для меня — естественная отправная точка, к которой я всегда возвращаюсь, и лишь отвращение в глазах Долли напоминает, что с этой привычкой что-то не так. Я предложила поджарить ее кусок рыбы на гриле до золотисто-коричневой корочки.

— Но это все равно будет белая еда, — возразила она. — Просто подгоревшая, — она начала есть, но без энтузиазма.

— Утром опять приходила соседка, — сказала я. Долли не отреагировала и по-прежнему уныло смотрела в тарелку. — Вита. Я рассказывала, — добавила я.

— Кто?

— Вита, — я кивнула на соседний дом. — Помнишь, я говорила, что они переехали в дом Тома? Ты ее еще не видела? Это их красная машина на улице.

— Не видела, — она встала и достала из холодильника бутылку томатного соуса.

— Она сказала, что ее муж тоже учился на математическом и мог бы как-нибудь с тобой поговорить.

— О боже, мам. Как интересно,— ее тон был равнодушным, но она улыбнулась. Мое состояние сильно зависело от выражения лица Долли и ее настроения, и, когда она улыбалась, я тоже чувствовала себя счастливой. Я подумала о том, как она, наверно, устала после очередного дня экзаменов, к которым готовилась несколько месяцев. Она густо полила соусом еду и удовлетворенно вздохнула, оглядев ярко-красное дополнение к белой еде на тарелке.— Ну вот. Больше не белая,— впрочем, свой порозовевший ужин она все равно не доела и открыла морозилку.— Пора за уроки,— сказала она вместо прощания и вышла из кухни с ведерком ванильного мороженого.

— Мороженое тоже белое,— заметила я, повысив голос, чтобы она услышала.— Нельзя есть столько мороженого! — крикнула я.

Но Долли меня не слышала, она уже поднялась в свою комнату, а я разговаривала сама с собой в пустой кухне.

Наутро я открыла коробку с тортом на работе, чтобы презентовать его Дэвиду, и мы увидели, что от торта отрезан большой кусок.

Я нахмурилась, Дэвид вскинул брови и показал: *Долли*, покачав на руках невидимого младенца. Я не так обозначала имя дочери, ему это было известно.

Я проговорила ее имя по буквам: *да, ты прав. Это Д-О-Л-Л-И.*

Он взглянул на торт, на аккуратную глазурь и круглые коржи с оттяпанным треугольным куском. *У Д-О-Л-Л-И хороший вкус. Не ругай ее.* В этот раз он тоже показал каждую букву по отдельности, и мы улыбнулись друг другу. Лицо Дэвида читается как открытая книга; он хочет, чтобы его понимали, в отличие от отца Долли и ее бабушки с дедушкой, чья мимика трудноуловима и изменчива. Мы несколько раз пропели жестами «С днем рождения», как всегда, синхронно размахивая руками и словно исполняя танец, который придумали вместе.

Дэвид сказал, что мы должны съесть по куску торта во время перерыва и еще по куску в обед. Торт был высоким, двуслойным и густо покрыт белой глазурью; все равно осталось бы что взять домой. Кусок, съеденный Долли, тоже погоды не сделал. Но я все равно не отложила ей еще один, как обещала.

В тот день Долли делала уроки с друзьями и не планировала возвращаться до позднего вечера. Я съела тарелку холодных хлопьев с молоком, приготовила ей куриный салат и поставила его в холодильник. Я убирала на кухне, когда в дверь позвонили. На пороге стояла Филлис, наша бойкая пожилая соседка, которая жила в конце улицы; она выжидающе смотрела на меня. Когда мои родители умерли, Филлис вызвалась быть моей опекуншей по суду до достижения мной восемнадцатилетия. Каждый день она ненадолго заглядывала ко мне в гости, и благодаря ее визитам я продолжала жить в доме родителей, а могла бы попасть в приют. По правде говоря, Филлис подходила на роль опекунши гораздо больше моей собственной матери. Она была не без странностей, держала небольшую ферму, и ей было некогда беспокоиться о том, как я жила, но при необходимости она всегда помогала в практических вопросах — записаться к доктору, оплатить счета. А еще она в меня верила и часто говорила об этом, особенно в присутствии других людей, например, соцработника, назначенного мне судом. Она продолжала верить в меня, несмотря на то что мое состояние оставляло желать лучшего и я часто путалась, но по ее просьбе мы никому об этом не рассказывали. Уже тогда я понимала, какую огромную ответственность она на себя взвалила; думаю, мы обе испытали облегчение, когда мне исполнилось восемнадцать и наша договоренность подошла к концу. Хотя мне до сих пор приходилось напоминать ей, что уже не обязательно заглядывать ко мне, справляться о моем самочувствии и спрашивать, не нужно ли мне чего. Я напоминала ей об этом несколько раз и в конце концов зачитала письмо, в котором Филлис официально освобождалась от своих обязанностей; я прочла его вслух от начала до конца, а она стояла, слушала и кивала. А потом сказала, что получила такое же письмо. Но мое прочтение вслух, глаза в глаза, кажется, помогло ей осознать, что мы освободились друг от друга, и она прекратила ежедневно меня навещать, а если приходила, то больше не спрашивала, можно ли войти, а оставалась на пороге.

Каждую неделю Филлис разносит овощи со своей фермы и бежевые яйца от своих кур по нашей улице, и в тот день был наш черед. Филлис бережно вручила мне тонкий целлофановый пакет с морковкой и помидорами, коробку яиц и многозначительно улыбнулась, словно намекая, что мы обе знали, как я ждала этой доставки и теперь радуюсь. Подарок она всегда сопровождает словами: *мне столько не съесть, жалко будет, если пропадет*. Она и впрямь не смогла бы съесть все овощи, которые выращивала, и все яйца, которые откладывали ее куры — их у нее было пятнадцать, а жила она одна с тех пор, как овдовела много лет назад.

Мне не были нужны ни овощи, ни яйца: когда Долли еще жила со мной, свекры разрешали брать фермерскую продукцию бесплатно в их лавке. Я, впрочем, не злоупотребляла их щедростью и регулярно напоминала дочери, чтобы та следовала моему примеру. Долли же иногда водила в лавку подруг, и те набивали рюкзаки домашним печеньем, тортиками с глазурью и дорогими шоколадными конфетами, чего я с моими скромными еженедельными запросами никогда себе не позволяла. При разводе мы с Королем не договаривались о выплатах и алиментах; дом принадлежал мне, а у него в то время почти ничего своего не было. Но его родители были очень щедры к нам с Долли, и особенно к Долли, давая ей все, что мог бы давать отец. Однако я понимала, что, как только Долли уедет в университет, никто меня кормить бесплатно не станет. Ричард уже начал заранее готовить меня к этому — когда мы с ним встречались в лавке, он задавал риторические вопросы: *ты же станешь реже к нам заходить, когда останешься одна? Наверно, когда Долли уедет, тебе будет удобнее ходить в супермаркет?* Впрочем, так, видимо, было правильно; я не могла зависеть от них вечно, раз их внучка больше со мной не живет, — кто я, собственно, им такая.

— Спасибо, Филлис, — ответила я, — ты очень добра.

Я не стала повторять известный ей факт, что свежие овощи и яйца мы берем на ферме. Я уже несколько раз ей об этом говорила, но она все равно упорно таскала мне яйца, и проще было взять, чем спорить. Я начала закрывать дверь, держа в одной руке пакет с продуктами.

— ...познакомилась? — донесся до меня конец ее вопроса.

— Что? — я снова открыла дверь.

— Говорю, ты уже с ними познакомилась? С новыми соседями? — осторожно проговорила она и указала на дом Виты.

Тут я — как покупатели в лавке, произносившие имя Короля, потому что им нравилось его приятное и интересное звучание, как дети, топившие на языке кусочек шоколадки, — захотела произнести имя Виты и повторить его несколько раз, дабы оно перестало казаться экзотичным и начало казаться обычным, чтобы присвоить себе ее кусочек. *Что на языке, то и в сердце,* предостерегала в детстве мать. Это была ее любимая поговорка, звучавшая за семейным столом чуть ли не каждый день во время моих периодов тишины. Мать считала, что мое молчание — признак, что в сердце у меня пусто, зато в груди моей разговорчивой сестрицы, натурально, билось сердце, полное дочерней любви. Говоря о моем пустом сердце, мама верно угадала одно — ей в этом сердце не было места. Она не знала, что однажды у меня родится дочь и будет неожиданно и сладко засыпать на моей груди во время обедов и ужинов, разговоров и игр, словно сраженная внезапным бессилием. Долли могла уснуть, даже разворачивая подарки, и оберточная бумага колыхалась у ее лица в такт тихому сопению. Ее привычка засыпать в любой момент растопила что-то у меня в груди и ранила мне сердце, но я не хотела, чтобы рана затянулась. Эти ежедневные детские акты доверия хлынули в сердце, которое моя мать считала пустым и приучила так думать и меня, и заполнили его, как вода. Что касается моей матери, та знала все о пустых сосудах, лишенных любви. Даже Уолтер знал, что в сердце моей матери нет ничего, кроме озерной воды, текущей холодной и одинокой струйкой. Птичье сердце Уолтера тоже было жестоким, но по-своему: в нем жила любовь, но предназначалась она только для жены.

Филлис на пороге терпеливо ждала моего ответа.

— Да, познакомились, — ответила я. — Ее зовут Вита. Она... — тут я замялась, поняв, что ничего про нее не знаю, хотя за последние два дня разговаривала с ней больше, чем с любым другим человеком на протяжении долгого времени. Впрочем, я кое-что вспомнила. — Она училась в Кембридже. На истории искусства, — я говорила о ней как гордый родитель.

За спиной Филлис возникла Долли, похлопала старушку по плечу и проскользнула мимо нас в дом.

— Филлис! — тепло проговорила она уже из прихожей. — Надеюсь, вы принесли нам вкусные яйца от ваших курочек!

Филлис довольно заморгала:

— Какая милая девочка твоя Долли. И так на тебя похожа. Ничего общего с отцом. Совсем ничего, — Филлис — одна из немногих, на кого чары Короля не производят ни малейшего действия, и она не боится об этом говорить. Она подождала, пока Долли скроется в конце коридора, словно мы говорили о чем-то тайном и, возможно, не предназначенном для детских ушей. — Я к ним заходила, к твоим соседям, приносила яйца, но мне никто не открыл. Ни разу. Уже несколько дней хожу. Даже когда спортивная машина стоит перед домом, никто не открывает, — она округлила глаза и нахмурилась; загадочное отсутствие соседей не давало ей покоя, а морщины, и так довольно глубокие, залегли глубже. — А я еще помню то время, когда тут жили Фрэн с Артуром. Помнишь их? Милая была пара. Но сейчас-то, конечно, все по-другому. Все изменилось,— она беспомощно развела руками и бессильно уронила их вдоль туловища. На самом деле на нашей улице не изменилось ничего; тут жили почти все те же самые люди, что и в моем детстве, а на фотографиях, сделанных моими родителями вскоре после их свадьбы, изображены те же деревья, ровно подстриженные живые изгороди и дорожки, что сейчас могли лицезреть вокруг мы с Филлис. — Слышала, «Лейквью» собираются продать. Вместе со всеми детьми!

«Лейквью» был местным детским домом, расположенным в красивом строгом здании на краю города. Я могла бы оказаться там дважды: сразу после рождения, если бы желание матери осуществилось, и в шестнадцать лет, если бы Филлис не предложила стать моей опекуншей. Из ее слов я поняла, что дом собираются продать вместе с детьми, то есть там по-прежнему будет интернат. Видимо, она сообщила мне этот шокирующий факт как приманку для продолжения разговора; Филлис любила поболтать.

— Не может быть. Уверена, Филлис, ты что-то напутала,— сказала я и приготовилась закрыть дверь. Еще раз.

Но она не собиралась уходить.

— Мне пришлось убить Флоренс,— как ни в чем не бывало сказала она.

Я неохотно открыла дверь. *«Ха!»* тут не отделаешься.

— Так,— сказала я.

— Она стала жрать яйца, на нее не было управы. Потом Мэри стала ей подражать, и другие наверняка стали бы, если бы я ничего не сделала. Мэри удалось отучить — я наполнила яйца разведенной горчицей, — но Флоренс уже вошла во вкус, ее было не остановить.

— И ты ее убила? — я не могла поверить, что Филлис прикончила одну из своих курочек, которых носила на руках по саду, как младенцев, называла человеческими именами и представляла всем прохожим, даже если те не проявляли к ним интереса.

— Удавила, и Мэри удавлю, если она снова возьмется за свое, — Филлис сжала костлявые пальцы, видимо, вспомнив, как душила курицу.

Вены на бумажно-тонкой коже вздулись, отчего ее руки сами стали как куриные лапки. Ее крысиное личико навострилось пуще прежнего; она словно ждала, что я осужу ее за ее поступок. А я еще не решила, что об этом думаю и изменилось ли мое мнение о Филлис теперь, когда та стала птицеубийцей.

— Что ж. Ну удавишь и удавишь, — ответила я невпопад, как начальник почтового отделения, обвинявший меня в ухудшении погоды, и наконец закрыла дверь.

Долли окликнула меня с дивана, где сидела с банкой колы и салатом, — *это ты приготовила, мам? Цветная еда!* Она хотела, чтобы мы вместе посмотрели телевизор. Показывали наш исторический сериал, дурацкий, плохо снятый, но он казался смешным нам обеим, а смеялись мы так редко, что ради этого стоило смотреть любую ерунду. Молодые актеры становились знаменитыми и покидали сериал, найдя более высокооплачиваемую работу, поэтому по сюжету все время кто-то умирал. А на следующей неделе в диалогах всплывали новые герои, о которых раньше никто ни слова не слышал — *моя сестра живет на побережье, муж ее викарий…* — и уже в следующей серии этот викарий появлялся в кадре, разумеется, вслед за трагической внезапной кончиной супруги. Главная героиня была молодой и хорошенькой, но очень сильно красила глаза, хотя дело было в девятнадцатом веке; даже утром она просыпалась уже накрашенная. Она любила повторять: «Папа не допустил бы такого в своем доме!» Каждый раз, услышав эту фразу, мы с Долли соединяли мизинчики в миниатюрном рукопожатии и сами повторяли ее при любом удобном случае: за грязным столиком в кафе; когда я забывала помыть голову; когда она возвращалась домой в неурочный час; когда ужин получался переваренным или я неуместно одевалась.

Мы уютно устроились, сидя на диване; Долли положила ноги мне на колени. Она была высокая, намного выше меня, и ее длинные ноги казались и родными, и чужими. Их тяжесть успокаивала; я водила пальцами по выступающим косточкам на ее стопах. Когда-то я знала эти стопы, это тело лучше своих собственных, ведь я носила ее на руках и кормила, когда она была еще мягкой и кругленькой. Я купала ее, одевала и бережно клала в кроватку каждый вечер с благоговением жреца, совершающего выверенный священный ритуал.

Потом пухлая малышка превратилась в тонконогого эльфа и оставалась такой несколько лет. Эта дочка ковыляла по дому как маленький пьяница, и считала меня естественным продолжением себя. Каждый день ей открывалось что-то новое, незнакомое — от блинчиков до светофоров, и она встречала эти новшества презрительным смешком и косо брошенным на меня взглядом — мол, какая нелепость, да? В те годы мы каждое утро с любопытством наблюдали, как живший напротив школьный учитель захлопывал дверь, а потом начинал остервенело дергать ее, пытаясь попасть в свой дом без ключа. Следя за ним, мы ели тосты и указывали маленькими треугольничками в окно на особо важные детали. *Как он сегодня приоделся. Новый портфель?* — спрашивали мы друг друга за утренними посиделками. *Подстригся, что ли? Никуда не годится. Слишком коротко.* В магазинах мы изучали привычки и предпочтения соседей и обсуждали их покупки — что кто полезного купил, что странного. Иногда категорично и вслух, иногда молча, на языке жестов.

Потом эта дочь снова стала другим человеком, а еще через два года ей предстояло снова измениться и уехать от меня в университет. Она сбрасывала старую кожу с легкостью, которой я никогда не обладала. Я бы хотела, чтобы она не менялась, оставалась всегда одинаковой и моей, как тот некогда безупречный крошечный младенец. Ведь когда-то давно мы создали друг друга из ничего, но я с тех пор не менялась, а она менялась регулярно и с каждой новой трансформацией все сильнее от меня отдалялась. В тот момент я поняла, почему Филлис убила свою любимицу Флоренс и почему наверняка убьет и Мэри. И решила, что в следующий раз с благодарностью приму ее яйца и буду слушать ее болтовню на пороге столько, сколько понадобится.

ПРОПАВШЕЕ СЕРДЦЕ

Через неделю после переезда Виты я вернулась домой с работы и обнаружила ее на крыльце ее дома. На ней было красное платье с пышной юбкой из тюля, а поверх накинут мужской твидовый блейзер. Волосы блестели и казались темнее, чем в прошлый раз, и, подойдя ближе, я поняла, что они мокрые. Она неуверенно сжимала в пальцах сигарету, точно собиралась ее выбросить, и сосредоточенно разглядывала свои маленькие босые ноги. Мне нравились ее аккуратные загорелые стопы; они были очень хорошенькие. Я стояла молча, решая, прерывать ли ее задумчивость. Но она посмотрела на меня, прежде чем я успела заговорить, и легкая хмурость мгновенно прояснилась, сменившись широкой улыбкой.

— Ты! — воскликнула она, как будто так меня звали. Как будто больше ни к кому нельзя было обратиться «ты». — А я надеялась, что тебя сегодня увижу! Иди сюда! Садись.

Она похлопала по каменному крылечку рядом с собой, и я послушно села. Она слегка подвинулась, а тюль красиво колыхнулся и улегся поверх моих рабочих брюк. Он был как живой, и я еще раз убедилась, что Вита питала слабость к красивым вещам. Она выбросила сигаретный окурок, щелкнув пальцем, и не сразу убрала вытянутую руку с растопыренными пальцами, смотревшими в сторону брошенной сигареты.

— Ты почему такая нарядная? — спросила я.

Вита взглянула на свое платье, словно только что вспомнив, что на ней надето. Задумчиво коснулась мокрых волос:

— Вот еще! Просто Ролс наконец сдал вещи в химчистку. Я вышла из душа, и на вешалке висело только это платье. Пришлось выбирать: надеть его или теннисное. Ты играешь в теннис?

— Нет. Но ты все-таки нарядная, — поправила я.

Она пожала плечами и расправила юбку обеими руками в знак согласия.

Мы молча наблюдали, как напротив припарковалась одна из сестер Фрейзер, выгрузила из машины нескольких маленьких детей и повела их в дом матери.

— Кто это? — спросила Вита. Но я не успела ответить; Вита встала, мерцающая ткань всколыхнулась, и пышная юбка под коричневым пиджаком раскрылась как зонтик. — Схожу за сигаретами. Никуда не уходи. Жди меня здесь. Или хочешь зайти?

— Не хочу, — ответила я. Долли на днях потеряла ключ и я должна была следить за входом, чтобы не пропустить момент, когда она придет. Я положила обе ладони на полочки твидового пиджака; одна коснулась атласной подкладки, вторая — более грубой шерсти. Ощущения были приятные. — Пиджак мужа?

Она кивнула, а я убрала руки; Вита взбежала по крыльцу и скрылась в доме.

Пока Вита была в доме, я раздумывала, стоит ли рассказывать ей про Фрейзеров, и если да, что именно. Я знала о них слишком много. Как, наверно, и они обо мне. Дом Фрейзеров стоял между домом мистера Аткинсона и фермой Филлис. У Фрейзеров пять дочерей, и все появились на свет в результате тщательного планирования; когда Долли была маленькой, мы засматривались на этих симметричных матрешечек: каждая следующая была ровно на голову выше предыдущей, а старшая на голову ниже матери. Девочки ходили в школу в соседнем городе и с местными детьми не общались, видимо, предпочитая — возможно, в приказном порядке — компанию друг друга. Мистера Фрейзера мы видели редко, но его жена и дочери попадались нам на глаза постоянно. Они выходили из дома и шагали по дорожке парами. Тротуар на нашей улице вмещает только двоих. Миссис Фрейзер обыкновенно выступала впереди со старшей дочерью; дальше девочки становились по возрасту, а замыкали процессию две младшие, которые шли, взявшись за руки. Когда к ним присоединялся отец, он шел один впереди. Мать и девочки одевались одинаково — в длинные пальто и широкие юбки; единственное, что было у них различного, — туфли. Пара во главе процессии вышагивала на высоких каблуках, следующие две девочки носили каблучки чуть ниже, и, наконец, младшим полагались скромные туфельки на плоской подошве. Привычка Фрейзеров расхаживать парами напомнила мне сказку, которую я любила в детстве: в ней домашние животные решили стать похожими на людей. Они нарядились в человеческую одежду и вели себя так, как, по их мнению, должны вести себя люди. В сказке подробно описывались новые привычки и платье животных, но, что удивительно, животные становились гораздо больше похожи на людей, когда переставали притворяться и вели себя, как им свойственно. Так и сестры Фрейзер — их милые маленькие особенности, легкая пружинка в шаге и растрепанные косички со временем все больше сглаживались, и младшая сестра превращалась в неотличимую копию старшей. И в конце концов все, естественно, становились копией матери.

Дольше всего я возлагала надежды на младшую. Она всегда немного выбивалась из семейного ряда — то пальто не застегнет, то перчатки забудет. Она имела обыкновение останавливаться и замирать, подставив лицо солнцу или дождю, таращиться на домашних животных на нашей улице или даже — один раз — на порнографический журнал, видимо, выпавший из мусорного бака у дома мистера Аткинсона. Мистер Аткинсон был, бесспорно, самым уважаемым и старым жителем нашей улицы, и, говоря о нем, соседи изъяснялись подчеркнуто высокопарно. У Филлис были свои представления о том, как звучит *язык состоятельных людей*, как она выражалась, а мистера Аткинсона она называла *джентльменом, который живет по соседству с этими симпатичными девочками*, как будто он специально выбрал себе дом с подозрительными и неприличными целями, и Филлис считала, что за ним нужен глаз да глаз.

Вернулась Вита и села рядом, держа в одной руке зажженную сигарету, а в другой — шкатулку. Ее прелестное лицо выражало сосредоточение, когда она затянулась, выдохнула дым, слегка поежившись, и посмотрела в пустоту, точно пытаясь осмыслить то, что не поддавалось осмыслению. Потом снова глубоко затянулась и указала на дом Фрейзеров, напоминая о заданном вопросе.

— А что именно ты хочешь знать? — спросила я Виту. — Это одна из сестер Фрейзер. Всего их пять. Я их путаю, только младшую могу отличить от остальных, — но я зря опасалась, что Вита начнет дальше меня расспрашивать.

Она находила темы для разговора сама и на ровном месте. Ее слова ласково увлекали меня за собой, и я готова была полюбить ее только за это.

— Пять? *Пять?* — она рассмеялась, выдыхая дым; в ее смехе сквозило крайнее изумление. — А у Тома сейчас сколько, четверо? Мне трудно представить, как можно отвечать за одного человека, но за четверых? За пятерых? Только представь, что им нужно пять пальто, пять пар туфель, даже… То есть перед выходом из дома мне надо будет найти пять пар перчаток! Да я никогда бы не вышла из дома! Полагаю, в этом вся проблема. Хотя вышла бы. Одна, — она прыснула и уткнулась лбом в согнутые колени, словно прячась от своих воображаемых пятерых детей. Потом повернулась и посмотрела на меня, прижавшись щекой к красной сетчатой юбке. — А ты думала заводить еще детей? После Долли?

— Я и Долли заводить не думала, — ответила я, и она похлопала меня по руке, а дым от ее сигареты тонкой вертикальной струйкой поднялся к моему лицу. Я отвернулась, а она помахала рукой, развеивая дым. — Но так уж вышло, а потом я поняла, что на самом деле хочу ее. Очень. До боли.

— Ты сразу это поняла? Как только родила? — ее щеки раскраснелись, в вопросах не было привычной беззаботности: они сыпались из нее, как из переполненного шкафа, — она нервничала.

— Думаю, да.

Через четыре часа схваток невидимые силы, заставлявшие мою матку болезненно сокращаться, резко остановились. Словно могучий шторм, в центре которого я находилась, внезапно утих. Но за тучами оказалось не солнце и не черное ночное небо, а лишь зловещая тишина и стыд, оттого что все на меня смотрели. Адреналин, побудивший меня схватить другую женщину за руку, покинул мое тело, зато дала о себе знать родовая боль, прокатившаяся по костям ударом молота. Сердцебиение ребенка не прощупывалось. «Сердца нет?» — сообщили медсестры друг другу вопросительным тоном, словно одна из них могла случайно вспомнить, куда дела пропавшее сердце, и вернуть его на место.

— Что ж, — сказала старшая сестра и по-хозяйски положила руку на мой зловеще-неподвижный живот, который во время схваток был твердым, как кость, а теперь снова стал мягким и водянистым.

Медсестра была высокой женщиной с холодными чуткими пальцами. Ее тонкие изогнутые брови, большие глаза и круглый рот словно застыли в постоянном удивлении. Я подумала, что такая гримаса может показаться неуместной во многих ситуациях, равно как и мое слишком сдержанное лицо. К примеру, постоянное выражение удивления могло сыграть с сестрой дурную шутку, если бы кто-то заметил, что ее муж и ребенок похожи, или подруга сообщила бы новость о своей помолвке.

Но иногда выражение ее лица попадало в точку, и мои роды оказались как раз такой ситуацией; она провела ладонями по моему расслабленному животу и склонила набок голову, как большеглазая птица.

— Такое не каждый день увидишь, — сказала она, взяла папку, висевшую в изножье кровати, и что-то в ней записала. Затем коротко и быстро встряхнула круглой, как яблоко, головой. — Нет, не каждый.

Она оставила меня одну на полчаса; в это время в больницу приехал Король навестить меня и моего не спешившего появиться на свет ребенка. Он пробыл у меня недолго и сказал, что вернется после ужина; свекровь предупредила, что первенцы не спешат, и мои роды могут продлиться несколько дней, а не часов. Когда он ушел, вернулась медсестра с птичьей головой и привела с собой улыбчивого коротышку. Тот нахмурился, когда она сообщила ему о пропавшем сердце, и жестом велел приложить стетоскоп к моему круглому животу. Она же преувеличенно драматическими движениями показала, что не смогла нащупать сердцебиение ребенка. Глядя в удивленное лицо медсестры, а потом в мое, непроницаемое, врач наверняка решил, что я не заинтересована в появлении ребенка на свет.

— Стетоскоп новый, — пояснила сестра, разглядывая свой стетоскоп, — на последней роженице он работал.

Врач посмотрел на часы и развел руками, показывая, что разговор окончен.

— Кесарево, — он произнес это как гость ресторана, заказывающий знакомое блюдо в меню и знающий заранее, что оно окажется невкусным.

Перед уходом он рассеянно похлопал меня по плечу. Услышав указание врача, сестры не засуетились, а, напротив, громко завздыхали и как будто перестали куда-либо спешить, словно предсказанный кризис уже миновал.

На столе в операционной, убедившись, что я не чувствую нижнюю часть тела, анестезиолог поздравил меня с этим фактом. У меня возникло ощущение, что от наркоза я уменьшилась и за несколько минут мое большое беременное тело сжалось до туловища и рук. Две медсестры вкатили в операционную большую металлическую раму и, не говоря ни слова, прикрепили к ней зеленую занавесочку, которая загородила от меня нижнюю часть тела. Закончив устанавливать занавесочку и убедившись, что все сделано правильно, они переглянулись, молча кивнули друг другу и синхронно отступили назад, как помощницы фокусника.

Пропавшее сердце во время процедуры обсуждали походя, без особого интереса. Старшая медсестра обратилась к женщине в деловом костюме: *код для мертворожденных в верхнем левом углу. Видишь?* Женщина в костюме взглянула на страницу и кивнула: *да, вижу*. Потянулась ко мне и коснулась моего плеча. *Простите. Это ваши первые роды?* Я вежливо кивнула, а она сделала сочувственное лицо и опустила уголки губ. Что-то записала и взглянула на сестру; та одобрительно ей улыбнулась. Я представила, как сестра рассказывает мужу за ужином: *сегодня взяли на стажировку такую хорошую девочку. Я взяла ее под крылышко, Редж, ну ты меня знаешь. Меня просить не надо*. Я представила, что у Реджа такая же маленькая птичья головка, как у жены; он так же склонил ее набок и моргнул черными птичьими глазками-бусинками, торжественно подтверждая:

да, ты у меня такая добрая, а жена его скромно и еле заметно повела своими острыми птичьими плечиками, словно стряхивая капли дождя.

Коротышка, который заходил ко мне в палату и объявил об операции, сунул руку мне в живот; анестезиолог, стоявший над моей головой, тем временем пытался развлечь меня неловкой беседой. Коротышка щелкал языком, щелкал, щелкал и наконец извлек крохотного человечка и торжествующим жестом поднял его над зеленой занавесочкой. Малышка сразу не заплакала, сперва громко ахнув, как от возмущения, что ее важное занятие посмели прервать.

— Девочка. У вас дочь, — произнес коротышка тоном на удивление строгим для человека, который только что копался в моих внутренностях и сейчас собирался аккуратно вернуть их на место.

Но я была благодарна ему за краткость и отсутствие подробностей. Я представила, как он, будучи еще студентом медицины, тренируется произносить эти слова в одиночестве, держа в руках свернутое полотенце, а после эти слова становятся частью его повседневной жизни. Вначале карьеры он наверняка произносил их с благоговейным трепетом, держа ребенка в руках, как приз, который выиграл сам. Но постепенно понял, что куда драматичнее в столь судьбоносный момент оставаться бесстрастным, как актер, которого учили говорить тише в моменты высочайшего сценического накала.

— Ну вот мы вас и починили. Снова целехонькая, — сообщил он мне через несколько минут, одновременно напугав и успокоив.

Малышку осмотрели, вымыли и положили мне на грудь. Она уставилась на меня лучистыми глазками и для порядка один раз вскрикнула. А я и не подозревала, что желание оберегать своего ребенка может быть одновременно столь яростным и нежным. Что впервые увидев дочь, я узнаю ее, как будто мы знали друг друга раньше. Я пожалела, что сердце мое билось так быстро и громко и могло ее потревожить. Мое странное полуспящее тело испытало шок, когда я все еще держала спокойную малышку на руках, и меня начало отчаянно трясти. Я вся дергалась, как при землетрясении. Словно задумала растрясти все здание. Резиновые бесчувственные ноги подпрыгивали, будто ими овладела неведомая сила. Медсестра с птичьей головой забрала у меня ребенка. Она сделала это молча и не взглянув на меня; в молчании и быстроте ее движений читался глубокий укор. Материнство всегда казалось мне загадкой, ведь сама я была лишена материнской любви. Но я и представить не могла, что оно окажется таким.

— А это сильное чувство к новорожденному — когда оно стихает? — спросила Вита.

Мне не надо было думать, как описать свои чувства к Долли. Как увлеченная студентка, я могла говорить о своем любимом предмете часами:

— Оно не стихает. Разница лишь в том, что она больше не хочет видеть проявлений моих чувств. Но чувства не изменились, — тогда мне впервые стало жаль свою мать из-за того, что я не смогла внушить ей эту внеземную любовь, которую мне внушила Долли, а матери, видимо, Долорес. — Одного ребенка проще любить, наверно. Мои родители вообще детей не хотели. А у них было двое.

Наши родители были безоговорочно честны, что для родителей их поколения являлось редкостью; они напрямую сказали нам с сестрой, что детей не хотели. Хотя мы и так рано или поздно об этом догадались бы, ведь нам доставалась лишь маленькая порция их любви: у папы была мама, а у мамы — озёра. Не думаю, впрочем, что они признались нам в этом по своей инициативе; полагаю, об этом их спросила Долорес, которая до сих пор оставалась для меня реальной, во плоти, как теплый младенчик; она задала этот вопрос, не думая, как ответ повлияет на ее дальнейшее существование. Случись мне поставить под сомнение свою желанность, ответ неизбежно заставил бы меня почувствовать себя еще менее желанной.

Отец свыкся с поздним родительством легче матери и вел себя с нами как дальний, но добрый родственник. Когда он встречал нас в доме, его лицо выражало удивление; наткнувшись на нас на кухне, он заметно вздрагивал, словно мы были нарушителями, которые проникли в его дом без спроса и теперь сидели на его стульях и ели печенье из его буфета. Увидев нас, он вежливо улыбался, показывая себе и нам, что узнал непрошеных гостей и ничего против них не имеет. *Ой. Вот вы где*, добродушно говорил он, желая показать, что не забыл о том, что у него есть дети, а все это время нас искал. С этими словами он торопливо уходил, словно в других комнатах дома его ждали другие маленькие человечки.

Вита смотрела на меня пристально и задумчиво — точно так на меня смотрела Долли. Она сочувственно погладила меня по руке; сигарету она переложила в другую руку и осторожно отвела ее в сторону, словно показывая, что заботится обо мне.

— Может, твои родители просто любили вас с сестрой по-разному,— мягко, но отчетливо проговорила она и протянула последнее слово, точно задумавшись: *по-рааазному*. Она продолжила говорить уже более резким и уверенным тоном: — Такое бывает, знаешь, даже в одной семье. Ты такая смешная, Сандей, — она заговорщически мне улыбнулась, точно мы обе давно согласились, что я смешная.— И тебе очень повезло. С Долли. Я хотела бы иметь дочь, если бы у меня были дети, конечно. Но Ролс…— она на миг закрыла лицо ладонями, и сигаретный дым при этом не полетел ей в глаза, а послушно заструился прочь и вверх. — А мне бы, наверно, понравились дети… не целая орава, как у Тома, конечно, или…— она обвинительно ткнула сигаретой в сторону дома Фрейзеров и отвернулась от меня.— Но одного ребенка я бы хотела. Собственного. Как у тебя.

Ролс всегда пытался мне внушить, как это романтично, что нам не надо ни с кем друг друга делить.

Она сильно и шумно затянулась сигаретой, как будто долго не дышала и наконец вынырнула на поверхность.

— Что ж, — ответила я, — это правда романтично. — Я не представляла, чтобы Король сказал то же самое обо мне.

Вита выдохнула и коротко закашлялась; кашель почти напоминал усмешку. Почти. Потом она заговорила будто не своим голосом, тихо и отрывисто:

— Вот только знаешь, мне же все-таки пришлось его делить, — она покачала головой и снова заговорила, на этот раз голосом, больше похожим на ее собственный. — Но что ни делается, все к лучшему. К тому же у меня мог родиться мальчик. Мальчик, брр, — она резко затянулась, вздернула подбородок и выпустила маленький клубочек дыма. — У меня уже есть один мальчик, я с ним живу, и больше мне не надо. Ролс, конечно, душка, но по своим подругам я скучаю *стра-а-ашно*, — последнее слово она растянула для пущего эффекта и сделала преувеличенно грустное лицо, склонив голову набок и опустив уголки губ. Я понимала, что она кривляется, но сердце все равно дрогнуло от зеркальной грусти. — Я его предупредила, что иногда буду ездить в город, пока мы будем здесь жить. Иначе они будут слишком по мне скучать. Слишком, — она широко улыбнулась. — Но теперь у меня есть ты, соседушка. Прошлой ночью ты мне приснилась. Мы вместе принимали солнечные ванны, вон там, — она указала на садик за домом. — Я обожаю загорать! А ты?

— Ненавижу солнце. И яркий свет. Прямо ненавижу, — я тренировалась подражать ее интонации, но даже когда полностью копировала строение ее фраз, это звучало нелепо. — И уж точно не хочу с тобой загорать!

На этот раз Вита не рассмеялась, а спросила меня моим же прямолинейным тоном:

— А что тебе нравится, Сандей? И что тебе снится?

Я не могла рассказать ей о своих снах; те были скучными и совсем не красивыми, а Виту интересовали только красивые вещи. Я не стала говорить ей, что часто просыпалась по ночам, задыхаясь от тяжести в груди; мне казалось, что я где-то оставила свою маленькую дочь. В моих снах малышка Долли растерянно ковыляла по длинным дорогам, вытянув ручки, но не могла до меня дотянуться: на ее пути вставала Долли-подросток. В год, когда мы с Витой познакомились, я уже начала проживать материнское горе и пока отказывалась смириться с тем, что потеряла самую большую любовь в своей жизни, хотя та по-прежнему жила со мной бок о бок.

Ведь достигнув подросткового возраста, Долли, естественно, начала пристальнее наблюдать за мной и замечать мои странности, которые то ее забавляли, то тревожили — причем тревожили все чаще по мере того, как она приближалась к порогу самостоятельной жизни. Я словно жила с бывшим возлюбленным, который уже забыл о прежних чувствах и вел себя как сосед по дому: дружелюбно подмигивал и приводил домой новых девушек. Как будто вы оба договорились, что между вами все кончено. А любое упоминание недавней близости встречалось с вежливым и равнодушным терпением, как при общении с человеком с неустойчивой психикой, которого лучше не поправлять, даже если он не прав.

— Мне нравится твое платье, Вита, — ответила я. — Хотя я бы такое не надела. Но это платье убережет тебя.

— Неужели, дорогая? — она затянулась, губы вытянулись в тонкую трубочку, и их окружила тонкая паутинка морщинок, мгновенно разгладившихся на выдохе. — Почему?

— Дело в цвете. Кораллы защищают от *il malocchio**, завистливых взглядов. Но если нет кораллов, можно просто надеть красный, — я легонько коснулась ее тюлевой юбки, край которой лежал на моих брюках, и тут же отдернула руку: ткань выглядела мягкой, а на деле оказалась колючей, как проволока. — В детстве я привязывала красную ленту Долли на коляску. С той же целью можно использовать подвеску с глазком. Советую чаще носить красный, — у такой, как Вита, наверняка было много завистников: *il malocchio*, должно быть, окружали ее со всех сторон.

---

* дурной глаз (*ит.*).

— Я люблю красный, — она выбросила окурок, снова вытянув руку с растопыренными пальцами и задержав ее в воздухе после того, как окурок упал на дорожку.

Жест напомнил мне лучника, чей локоть оставался натянутым уже после того, как он выпустил стрелу, пока лучник смотрел, удалось ли ему попасть в цель.

— Хорошо. Красный — твой цвет.

Мы еще немного посидели в спокойной тишине, и наконец я встала и пошла готовить ужин к приходу Долли.

Мягкая игрушка

После встречи на крыльце я не видела Виту несколько дней и обнаружила, что часто о ней думаю. Выходя из дома, я нарочно громко хлопала дверью, а возвращаясь, нарочно медленно шла по дорожке, идущей параллельно дорожке к ее дому, чтобы она увидела меня и выглянула. Что же нужно сделать, чтобы она вышла на крыльцо и закурила? Как выманить ее на улицу?

Я постоянно ее представляла: вот она лежит на спине на лужайке, крепко уснув на теплом солнышке; вот весело смеется над нашим обанкротившимся застройщиком; вот она за моим столом в пижаме и с молочными усами; вот сидит на тротуаре и надевает ботинки на босые ноги с очаровательным сосредоточением ребенка; вот я касаюсь пальцами ее тюлевой юбки. Позже тем вечером Вита постучала мне в дверь; я словно притянула ее своими мыслями.

— Мне одиноко, — сказала она, когда я ее впустила. Я была босиком и в пижаме, а Вита — в длинном платье, массивном ожерелье и серьгах. Она не поздоровалась: с порога заявила о своих чувствах и намерениях. Как ребенок. — Мне не нравится оставаться в доме одной, а Ролс пропадает по несколько дней. Я ни с кем не разговариваю. Иногда по несколько часов молчу! Хочу побыть здесь, с тобой.

Виту было так легко понять. Вот что она имела в виду, когда сидела у меня на кухне с молочными усами и отмечала наше сходство — мы обе были прямолинейны. Если бы все разговаривали, как Вита, а не говорили загадками — мол, ты украла погоду, а я убила курицу, — мне не пришлось бы бесконечно переводить с языка на тот же язык. Долли уже спала; ей осталось сдать всего два экзамена, и по вечерам она бродила по дому, не находя себе места. Впрочем, чаще она пропадала у подруг. Она стала напоминать мне моего отца, который тоже ходил по дому кругами с хозяйским видом и словно что-то искал, но что — непонятно; так же, как отцу, мое присутствие в доме теперь казалось дочери необъяснимым.

Тем вечером Вита была неразговорчива, вела себя тихо и деловито. Опершись о мои плечи, она сбросила туфли на высоких каблуках и оставила их в коридоре. Затем с материнской беспрекословностью велела мне идти в гостиную:

— Иди, найди что посмотреть. Я приготовлю ужин.

Я слышала, что она роется в моих шкафах на кухне как у себя дома; вскоре она принесла тарелку с тостами и мармеладом. Впервые за много лет я смотрела телевизор с кем-то, кроме Долли. Мы засиделись допоздна. Ели тосты, смеялись над передачами, которые совсем не задумывались как смешные. Иногда смеялись просто так, потому что другой смеялся. Потом Вита внезапно и сладко уснула, точь-в-точь как Долли, когда та была маленькой, и я тихонько накрыла ее одеялом, чтобы ничто ее не потревожило. А когда через несколько часов сама проснулась на диване, ее уже не было. В стародавние времена на Сицилии мужья, бывало, просыпались среди ночи и не находили жен рядом в кровати; тогда становилось ясно, что они взяли в жены ведьму, «странную женщину» или *стрию*; для разрешения этой супружеской проблемы прибегали к помощи *тада*, колдуна. Правда, лекарство от нечистой силы иногда убивало не только ведьму, но и женщину, в которую та вселилась.

Кажется, в ту ночь я ненадолго проснулась от холода — внезапного холода, что наступает летом в промежутке между полуночью и восходом солнца. Мягкое одеяло по-прежнему лежало на диване там, где уснула Вита. Дрожа, я забралась под одеяло, как верная собачка; там меня Долли и обнаружила утром. На тарелке лежали недоеденные тосты. Телевизор работал, и мы стали смотреть на крошечные головки репортеров; те мрачно кивали и описывали страшный пожар, случившийся накануне ночью. В море у побережья Шотландии взорвалась нефтяная платформа «Пайпер Альфа»; зернистые кадры показывали горящую нефть, стремительно разливающуюся по Северному морю. Гигантские языки пламени на черной воде напоминали картину апокалипсиса; не верилось, что вода могла гореть. Долли сидела, завороженная этим зрелищем, а я не смогла смотреть.

Целую неделю Вита не заходила, но однажды вечером я пришла домой и обнаружила в своей почте адресованное ей письмо. Сначала я не поняла, почему так ему обрадовалась, но потом догадалась, что у меня появилась причина к ней зайти. Я несколько минут постояла у нее на пороге, а потом она открыла, оживленно тараторя, словно мы и не переставали разговаривать. Я протянула ей большой конверт и хотела было произнести заготовленную речь, но она взяла конверт и положила его на столик в прихожей без всякого интереса. Я по-детски верю, что в любом письме могут содержаться важные новости, поэтому при виде почты начинаю страшно волноваться и бояться. Я понимаю, что такая реакция неадекватна, и тем не менее письма вызывают во мне животный страх, и каждое утро несет с собой потенциал обернуться трагедией. Король иногда не распечатывал письма по несколько часов, а то и дней; так же поступает Долли. Когда я напоминала ему о необходимости открыть письмо, он равнодушно отмахивался и говорил: *сама открой, раз тебе так хочется, только не говори, что там*. Но распечатывать чужую почту незаконно, и я никогда этого не делала, хотя хотела.

— Ты! — снова поздоровалась она; кажется, «ты» стало моим ласковым прозвищем, и я вполне ожидаемо покраснела от удовольствия. — Ты очень хорошая жена, гораздо лучше меня. Ты приносишь мою почту, угощаешь молоком и весь вечер слушаешь мой бред, пока я не засыпаю. Я буду называть тебя Жена, — ее сообщение звучало так торжественно, словно мне была оказана великая честь, поэтому я не рассмеялась и не сказала *«Ха!»*. Она громко чмокнула меня в обе щеки и ушла в глубь дома, продолжая говорить удаляющимся голосом. — Никогда раньше не встречала никого с именем Сандей. Кажется…

Я так и стояла на пороге ее дома в ожидании приглашения.

— Жена! Заходи! — позвала она.

Я тихонько закрыла за собой дверь, а она, оказывается, уже начала рассказывать мне историю *об одном нахале*, которого недавно встретила в фермерской лавке.

— Он все спрашивал, что мне нужно. На самом деле, он указывал, что я *должна* купить, но формулировал это как вопрос. «Вам нужен бифштекс, да? Так и я думал». Нет, спасибо, ответила я. А он: «Мужчины любят хорошее мясо! Вы, наверно, хорошо готовите? Как же иначе. По вам видно». А я говорю — нет, не поверите, но я отвратительно готовлю и умею делать только одно блюдо — бараньи отбивные. Но муж не жалуется: все, что не удается на кухне, я компенсирую ему в спальне. С лихвой! — произнеся «с лихвой», она чуть не вскрикнула на последнем слоге: «с ли-и-их-*вой*!» Я попыталась повторить ее интонацию, послушно шагая за ней по коридору. С ли-и-их-*вой*!

Она по-прежнему насмешливо пересказывала разговор в лавке, когда мы зашли на кухню. Там стояли неразобранные коробки для переезда, но в доме было уютно, и мебель Тома мне понравилась. Прибежала пушистая белая собачка, замельтешила под ногами Виты и посмотрела на нее блестящими, как пластиковые бусинки, глазами. Вита взяла ее на руки и прижала к груди; у нее на руках собачка застыла и стала как каменная, будто боялась пошевелиться. Собачка была такая маленькая и хорошенькая, что умиляться ей было даже стыдно — все равно что попасться на самую грубую уловку. Она была смешная и радовала глаз, как мягкая игрушка, сконструированная специально, чтобы вызывать умиление. Я представила, как группа ученых в лабораторных халатах собирают данные о том, какие собачьи черты люди считают наиболее привлекательными, выводят формулу и запускают собачек в производство.

А Вита все рассказывала:

— ...и наконец он покраснел и перестал задавать дурацкие вопросы. Он сказал: «Ну ладно. Тогда заверну вам бараньи отбивные», — она рассмеялась над его смущением.

Везет же, подумала я, она может наблюдать за людьми со стороны. Сама я впитываю чужие эмоции как губка; те беспардонно атакуют меня со всех сторон, как дети, не дающие взрослым спокойно поговорить. Нарочито шумно пляшут у ног, как ряженые, на которых не получается не обращать внимания. *Я здесь, я здесь!* — кричат они, *ты должна чувствовать то же, что и я!* Чужие стыд, страх и другие эмоции просачиваются в мой организм и, театрально щелкая пальцами, заставляют краснеть, а сердце биться быстрее. *Раз-два, раз-два, раз-два. Вот так, вот так*, говорят они. Собачка так и сидела совершенно неподвижно у Виты на руках, но когда Вита рассмеялась и грудь ее заколыхалась, собачка затряслась, печально моргнула и уставилась мимо меня в одну точку.

— А я там работаю. На ферме. Не в лавке, а на самой ферме. Ну, иногда и в лавке, — сказала я.

Банни и Ричард откровенно не одобряли, когда я общалась с покупателями, но иногда народа было очень много и у них не оставалось выбора. В такие дни кто-то из них заходил за мной в теплицу, как правило, Банни. Она приносила чистое полотенце, взяв его из шкафа в лавке, и смотрела, как я мою руки и приглаживаю волосы у раковины. Стояла у меня над душой, как будто я была чумазой двухлеткой.

— Так вот где ты работаешь! Тогда ты наверно его знаешь. Коротышка такой, типичный деревенский житель в вельветовых брюках, твидовом пиджаке, ну... короче, ты поняла. В молодости наверняка был симпатичным.

— Это Ричард. Он мой... — кем он приходился мне сейчас? Уже не свекром, но мы вроде как по-прежнему были семьей. — Это дедушка Долли. Ферма принадлежит Форрестерам. Долли тоже Форрестер.

На Сицилии невыразительных людей пренебрежительно называли «рыбья кровь», и я знаю, что кровь, что когда-то текла в жилах моих родителей и течет в моих жилах, существенно отличается от той, что течет в жилах Короля и его родных. Долли — единственный оставшийся у меня кровный родственник, но с точки зрения характера и всего, что формирует человеческую личность, она — Форрестер. Моя дочь не кровь от крови моей, не *sangu du mi sangu*. В моей семье умирают от пустяковых инфекций и тонут в сухих кроватях; Банни и Ричарду никогда не понять, как можно умереть такой глупой смертью. *Форрестеры не сдаются*, часто повторяли они, купив очередной участок земли или поощряя Долли учить таблицу умножения. *Форрестеры все доводят до конца*. Вывеска на их лавке гласит: «Фермерская лавка Форрестеров. Специализированная продукция». Я однажды спросила Банни, какая продукция у них специализированная. Та улыбнулась и снисходительно ответила: «Вся, Сандей. Форрестеры — специалисты во всем». Моя дочь тоже говорила о себе в третьем лице и гордилась принадлежностью к клану Форрестеров.

— Ох, вот это да. Только познакомились, а я успела оскорбить одного из твоих родственников. Сандей, прости. Теперь он считает меня ненормальной. Или нимфоманкой.

На ее лице возникло знакомое мне выражение. Очаровательная непокорность, в которой она вполне отдавала себе отчет: такое же выражение было у Долли, когда та надела новое платье и перепачкалась в грязи; когда пришла домой поздно в будний день; когда я застукала ее с сигаретой в саду в день экзамена по французскому. Зазвонил телефон, и Вита мгновенно сняла трубку, словно натренировалась делать это быстро. Неудивительно: ее телефон наверняка звонил весь день.

— Алло! — бойко ответила она. — Дорогой! Не могу говорить, у меня в гостях Сандей, — она замолчала. Широко мне улыбнулась. — То есть Жена. У меня в гостях Жена, — она рассмеялась, услышав его ответ, и коротко произнесла: — Да. До встречи. Пока! Это Ролс, — кивнула она на телефон. — Приедет завтра.

После того, как она признала, что обидела моего родственника и, видимо, решила, что извинилась, выражение ее лица снова поменялось и смягчилось. Она без предупреждения вручила мне собачку, как сверток, который я пришла забрать.

— Так, Жена, посиди со Зверем, — суетливо проговорила она и указала мне на деревянный стул за маленьким столиком. — Он не любит, когда кто-то держит его на руках стоя, он очень маленький и боится высоты. Что тебе предложить? Чаю?

Зверь застыл в моих руках, и я села за столик, но он по-прежнему пребывал в оцепенении, как будто притворялся мертвым. Под пушистой шерстью он был очень хрупким, легко прощупывались все его странные маленькие косточки. Я нащупала торчащие ребрышки, напомнившие мне младенческие пальцы ног, и тихонько опустила его на пол. Он встал на пол совершенно беззвучно: маленькое тельце было слишком легким и не производило шума. Лишь когда он побежал прочь, когти легонько застучали по дереву, как длинные ноготки секретарши по клавишам печатной машинки: *цок-цок-цок*.

— Нет, спасибо, не хочу,— ответила я.— Я не пью горячего… и не пью негазированные напитки.

— Значит, ты пьешь шампанское и лимонад? У меня есть и то, и другое! — она коротко и музыкально рассмеялась.

— Да. Это я пью. И тоник.

Я понимала, как нелепо выгляжу. Такие ситуации были неизбежны; мне приходилось сообщать окружающим о своих предпочтениях, и именно поэтому меня так пугало общество других людей.

— Великолепно. Тогда сделаю коктейли. Шипучие.

Вита радостно порхала по кухне и доставала из коробок разные бутылки. Потом встала ко мне в профиль, замолчала, и я вспомнила день, когда впервые увидела ее спящей в саду. Повысив голос, чтобы перекричать шум, я спросила, где работал Ролло и долго ли его не было.

— Подожди, дорогая, не могу. Мне надо сосредоточиться, — ответила она.

Наконец она с удовлетворением поставила на стол напитки голубого цвета. Я поднесла стакан к губам, и крошечные пузырьки ударили в нос, словно кто-то ткнул меня в лицо маленькими неловкими пальчиками.

— Погоди. Погоди! — воскликнула Вита, подняла ладонь одной руки, встала из-за стола и порылась в одной из больших коробок, на которой жирными заглавными буквами было написано «ГОСТИ». Она вернулась и принесла два маленьких бумажных зонтика, желтый и розовый, и бросила их в наши стаканы. — Нашла! Твое здоровье! Давай выпьем за то, чтобы вы с Долли пришли к нам в пятницу на ужин. Приедет Ролс, он очень хочет с вами обеими познакомиться. Придете?

Частный дом

На следующий день Долли сдала последний выпускной экзамен, и всю неделю отмечала или взволнованно болтала по телефону с одноклассниками. В пятницу вечером она надела свое любимое зеленое платье и коричневые сандалии на плоской подошве; она выглядела прелестно, и я сказала об этом, восторженно поцеловав ее в щеку и не заботясь о том, как бы ее этим не рассердить. Платье было очень короткое, но такое простое, что казалось наивным и милым, как детский костюмчик, который стал ребенку мал, но был дорог как память. Вся одежда Долли была однотонной — так было с тех пор, как она сама начала выбирать себе платья. С раннего детства, увидев, что я надела платье с узором, она закрывала глаза руками и часто моргала, словно узор слепил ей глаза. Поэтому мой собственный гардероб со временем стал напоминать однотонный гардероб моей дочери; в некотором роде можно было сказать, что у нас имелся свой стиль.

Сегодня я выбрала черную юбку и свободную белую блузку, и, видимо, оделась уместно, потому что Долли ничего не сказала. Нас позвали к восьми, и мы вышли за пять минут. *Приходить раньше времени так же невежливо, как опаздывать*, сурово предупреждала Эдит в книжке по этикету. *Приходите вовремя и не смущайте хозяев ранним появлением.*

— *Если вас пригласили в частный дом к восьми вечера*, — напомнила я Долли, когда мы подошли к двери дома Виты, — *будьте готовы уйти в половине одиннадцатого*. Примерно в это время надо объявить, что нам пора; хозяева должны согласиться или убедить нас побыть еще немного, если им самим захочется. Все поняла?

Долли кивнула и, стоя на пороге, спросила:

— Мам, а что будет, если не станешь соблюдать «Дамский этикет»? — она часто слышала, как я цитировала эту книгу, и иногда зачитывала мне отрывки из нее суровым тоном, грозя пальчиком, пока мы обе не начинали хохотать; и смеялись так, что она не могла читать дальше. — Какая страшная кара нас ждет? — она улыбнулась и громко постучала молоточком по двери.

Глянцевую красную дверь дома Виты открыл высокий мужчина. Он был очень худощав, как подросток, и из-за этого выглядел моложе своих лет; дорогой костюм на такой мальчишеской фигуре смотрелся странновато. Он пригладил свои без того гладкие темные волосы, потянулся и пожал руку сначала мне, потом дочери. Когда он наклонился к нам, я ощутила исходивший от него пудровый запах, заполонивший весь коридор. Нейтральный мыльный аромат: так пахнут младенцы, которых усиленно посыпают тальком. Так пахнут и мужчины с чистыми розовыми ногтями и отутюженными пижамами, которые носят шелковые галстуки и платки с вышитыми монограммами. Я покраснела, вспомнив Виту в то утро, когда она пришла ко мне за молоком; пижама с монограммой принадлежала ему. Странно было осознавать, что я видела его домашнюю одежду до того, как мы познакомились. Он носил тонкие усики — именно такие усики я представляла у своего викторианского застройщика — и круглые очки в изящной оправе. Лицо у него было открытое, привлекательное и доброе.

— Сандей и Долли, как поживаете? Я Ролло, — так же как его жена, он акцентировал «я», словно его мы и ждали, его и надеялись увидеть. — Как хорошо, что вы обе смогли прийти. Прошу.

Он пригласил нас в дом широким элегантным жестом. Долли с ходу поняла его и пошла по коридору к двери кухни. Ролло подождал, пока я ступлю за порог, и я послушно зашагала между ними, как ребенок между родителями.

Виту я услышала еще в коридоре.

— Ты, значит, Долли! — громко проговорила она. — Ох, какая ты красавица! И тебе всего шестнадцать?

Я поморщилась: мне даже не надо было видеть реакцию дочери, я знала, что такой вопрос смутит и разозлит ее. Но войдя в открытую дверь, увидела, что они с Витой дружелюбно обнимаются. Они смеялись, и Вита, которая была значительно ниже Долли, потянулась к ее бедрам и сделала вид, что хочет одернуть ее платье.

С притворным неодобрением она щелкнула языком:

— Ох уж эти девчонки и их мини-платья! Хотя на тебе даже мой старый наряд будет сидеть как мини.

Она указала на свой экзотический наряд. На ней была длинная туника из тонкой шелковистой ткани. Такие платья женщины надевают поверх бикини на пляже в теплых странах, и действительно, под платьем просвечивало темное белье. Однако в сочетании с черными волосами, разделенными прямым пробором, загорелой кожей и изящными золотыми украшениями платье выглядело как роскошное вечернее.

— Вы прелестно выглядите,— сказала Долли серьезным тихим голосом; раньше я никогда не слышала, чтобы она говорила таким тоном.

Они смеялись и тихо переговаривались, и я не могла разобрать их слов. Долли сказала что-то про праздник, и я поняла, что она имеет в виду окончание экзаменов.

Я так хотела, чтобы они познакомились, но теперь, когда они вместе хихикали, чувствовала себя неловко, как будто это я тут никого не знала. Я-то надеялась, что встану между ними и представлю их друг другу, а они станут молча меня слушать, и я на миг почувствую себя такой же искристой и такой же лучезарной, как они.

Долли стояла ко мне спиной, а Вита повернулась и первой меня увидела.

— Жена! — воскликнула она. — Ты такая хорошенькая. А Долли очень на тебя похожа, — ее голос и взгляд были непривычно и нетипично серьезными, я выступила вперед и подставила щеки ее поцелуям, уже забыв, что не представила их с дочерью, как собиралась. — Пойдем, покажу вам дом. Или вы его уже видели? Том, наверно, вам показывал?

— Я бывала здесь, но давно. Еще до того, как Том его купил, — я с неловкостью вспомнила Фрэн и Артура: те жили здесь так долго, что я до сих пор считала этот дом их домом и не могла представить, что он принадлежит кому-то другому.

Вита прищурилась и пристально посмотрела на меня; догадалась ли она, что я не хочу говорить на эту тему? Видимо, догадалась, потому что взяла меня за руку и повела на экскурсию по дому. Долли последовала за нами. Как агент по недвижимости, желающий продать уродливый дом, Вита дала всем комнатам звучные названия — *салон, будуар, уборная*... Мы с Долли обе были ей очарованы, обе смеялись. Правда, сейчас мне кажется, что Долли тогда смеялась над относительно скромной обстановкой дома Тома. Такой же скромной, как у нас. Планировка первого этажа в наших домах была одинаковой, но спальни на втором у Тома были красивее; его жена с любовью их обставила, а наши спальни, за исключением комнаты Долли, всегда были функциональными, но безликими, как в отеле эконом-класса. А дом Тома сохранил атмосферу старинного отпускного жилья. Обивка мягкой мебели когда-то была яркой, но со временем выцвела, словно летом мебель подолгу находилась на солнце вместе с ее отдыхающими владельцами. Позолоченные уголки стульев, картинные рамы и зеркала тоже состарились; позолота благородно потускнела и покрылась черными пятнышками.

— Хочу такую же картину. Очень красивая. У Тома хорошая коллекция, — сказала Долли, когда мы стояли в спальне Виты и Ролло.

Картина, которая приглянулась дочери, висела напротив кровати, на ней была изображена пара в свадебных нарядах начала двадцатого века. Невеста загадочно разглядывала букет из орхидей, а муж смотрел на ее профиль; его красивое лицо казалось серьезным и озадаченным. Я тоже выбрала любимую картину из тех, что имелись в доме; она висела в комнате для гостей: задумчивая мать, чей выводок пухлощеких детишек сидел у ее ног с картинным послушанием; их мягкие ручки в ямочках тянулись к матери, словно готовые ее утешить.

— Это моя коллекция. Наша, — поправилась Вита. — Все картины в доме наши. Мы привезли только лучшие. Для этого дома они слишком велики, но мы не захотели оставлять их на складе. У Тома все стены были увешаны фотографиями детей, а мы заменили их нашими любимыми детишками, — Долли по-прежнему разглядывала картину. — Увлекаешься искусством, Долли? Надо сводить тебя к моим свекрам, у них есть небольшой Каналетто, а у наших друзей есть прекрасный Панини.

— О, — сказала я, старательно подражая их изумленным взглядам и округляя глаза. Мы стояли в спальне в редкий момент тишины, словно от восхищения этими художниками утратили дар речи. *Каналетто, Панини*, молча проговорила я про себя, постукивая пальцами по воздуху. — Итальянцы? А откуда они — с севера или с юга? Из какого региона?

Долли рассмеялась, а Вита удовлетворенно вздохнула, словно ожидала, что я отреагирую именно так.

— Ох, Сандей, я тебя обожаю, — сказала она, потянулась и ласково взяла меня за руку.

Легче считывать выражения лиц нарисованных людей, чем настоящих. На них можно долго смотреть и не бояться, что взгляд покажется слишком пристальным или слишком назойливым. Смысловые ключи, которые в реальной жизни легко упустить из виду, на картинах намеренно рассыпаны по всему полотну. В реальной же жизни привлекающие внимания детали нередко оказываются несущественными и вводят в заблуждение. Тем вечером, глядя на Виту, я видела ее красивые волосы, тонкие запястья с золотыми цепочками и приветливую улыбку. Я не заметила, как крепко она вцепилась в руку моей дочери, как горели ее глаза, когда они разговаривали. Зашифровывая в красивом изображении неприглядную правду, художник делает это намеренно. В жизни обычно все наоборот.

Внизу Ролло ждал нас в смежной с кухней столовой. Артур построил эту комнату однажды летом, давным-давно; это единственное архитектурное различие наших домов. Ролло вышел из двустворчатых дверей, разделявших комнаты, и вручил всем по бокалу шампанского. У нас дома никогда не было алкоголя — гостей мы не приглашали, и я никогда не видела, чтобы Долли пила алкогольные напитки. Я думала, Ролло спросит моего разрешения, прежде чем дать ей бокал, но он не спросил, и она вежливо взяла у него шампанское, будто мы тоже пили его каждый вечер.

Ролло поднял бокал, и Вита, стоявшая рядом со мной, сделала то же самое.

— За новых соседей, — провозгласил он низким и серьезным голосом. — Сандей, Ви сказала, что ты пьешь только шампанское. Весьма разумный выбор, учитывая, какую бурду мне приходилось пить в гостях.

Он снова пригладил свои волосы ласковым успокаивающим жестом, каким его жена гладила свою маленькую собачку. Он говорил обо мне так, будто я была известным ценителем вин и отказ употреблять негазированные напитки был продуманной уловкой с целью получить только лучшее. Но на самом деле мне не нравилось, как коварно вливаются мне в горло негазированные напитки, как неконтролируемо они растекаются внутри, в отличие от пузырьков, которые сперва пощипывают язык и уже потом горло и все остальное. И даже если бы Ролло подал к столу самое лучшее вино, я бы подавилась, если бы пила его неосторожными маленькими глоточками.

— За Женю, Долли и шампанское! За окончание экзаменов и школы! — смеясь, проговорила Вита.

Мы с Долли по очереди чокнулись с Ролло и Витой, а потом друг с другом. Мы синхронно поворачивались друг к другу парами, при этом стопы оставались на месте — вежливый танец, в котором ни один не отдает другому предпочтения. Долли смотрела на Виту, и на щеках ее расцветали два розовых пятнышка. Я коснулась своего лица — интересно, я тоже краснею в компании Виты? Ненадолго установилась тишина; мы смотрели друг на друга, нарядно одетые и предающиеся незнакомому ритуалу, и я задумалась, что именно мы в этот момент обещали. И кому. Мой бокал был изящной формы, с тонкой ножкой, но хрустальный и довольно тяжелый. Наконец Ролло спросил Долли насчет экзаменов, и они втроем начали обсуждать подготовку и хитрости прохождения тестов. Я только слушала; они увлеченно говорили, смеялись друг над другом и над собой.

Стол был накрыт как для званого ужина, с разными вилками и ножами, несколькими бокалами для каждого гостя и высокими свечами в серебряных подсвечниках. Я думала, Вита, гордившаяся своей нехозяйственностью, гораздо проще подойдет к приему гостей. Но на столе стояли две низкие вазы с живыми цветами, лежала плотная белая скатерть и полотняные салфетки. Она даже приготовила нам именные карточки из плотного картона — маленькие и аккуратно подписанные зеленой ручкой. На карточке значилась большая первая буква имени, а внизу было написано само имя. Меня посадили напротив Долли; на карточке красовалась большая буква «С», а внизу было написано «Жена». Я надеялась, что Вита сама сделала эти надписи; мне не хотелось, чтобы мужчина — любой мужчина — снова называл меня женой даже в шутку. Даже мистер Ллойд с его приятным музыкальным голосом.

— Вита,— восхищенно проговорила Долли; довольно смело, подумала я, не всех взрослых она так просто решалась назвать по имени,— какой прелестный стол.

Мы сели за стол, Ролло налил еще шампанского, а Вита принесла креветочный коктейль в широких бокалах. Тот был красиво сервирован: салат и морепродукты утопали в бледно-розовом соусе с перечными крапинками, а одна большая креветка висела на бортике каждого бокала, как вопросительный знак. Я читала главу о столовых приборах в книге про этикет и прекрасно знала, какие вилки и ножи с каким блюдом положено использовать. Все остальные, включая Долли, уверенно взяли нож и вилку, лежащие дальше всего от тарелки, и я почувствовала, будто мы все прошли тайное испытание.

— Очень вкусно, Вита,— сказала я.— Из чего этот соус? — закуска состояла только из пастельных зеленых и розовых тонов и на вкус была нежной, кремовой; никакой остроты.

— О, это не я готовила,— весело ответила она.— Я не готовлю. Ролс почти всё сделал сам. И сегодня он распаковал почти все коробки. Правда, дорогой?

— Почти всё? — Ролс вскинул бровь и улыбнулся.— Если я приготовил *почти* всё, что же приготовила ты, Ви?

Он называл ее «Ви» и ни разу не назвал полным именем. Или «Ви», или «Квини»*: он произносил эти прозвища нежно, с улыбкой, как ласковую шутку, понятную только им двоим. А я никак не могла понять, чем этот чопорный мужчина с тонкими усиками мог заинтересовать мою Виту, словоохотливую и темпераментную, которая радовалась своим оплошностям и обращала на них всеобщее внимание. Она подошла к Ролсу, наклонилась и прошептала что-то ему на ухо. Они вели себя так непринужденно и расслабленно, словно прожили вместе всю жизнь и у них не осталось друг от друга никаких секретов.

— Чем ты сегодня занималась? — спросила я Виту, удивившись, что Ролло такой хозяйственный.

Та наклонилась ко мне и накрыла мою руку своей ладонью. Скучающе пожала плечами и произнесла:

---

* «Королева» (англ. *Queenie*).

— Я всегда ложусь вздремнуть и долго принимаю ванну перед ужином. Я так привыкла; не вижу смысла ничего менять.

— Вскоре ты поймешь, Сандей, что Вита все делает по-своему и никто не убедит ее делать иначе, — он рассмеялся, но лицо его жены оставалось серьезным. — Как тебе дом, Сандей? — спросил Ролло. — Вы с Долли, наверно, тут уже бывали? В гостях у Тома и его жены.

— Мы с Томом так близко не знакомы. То есть мы знаем, кто он, но не общаемся, — ответила я.

— Вот странно, да, Ролс? — сказала Вита. — А мы всех знаем и со всеми общаемся, — в ее голосе сквозило смутное недоумение, словно речь шла о любопытном, но неконтролируемом природном феномене. — Я вечно сую везде свой любопытный нос, да?

— Ты? Квини, да ты просто кошмар, — он замолчал и ласково ей улыбнулся, словно это было признание в любви. Но она его не слышала, она уже отвлеклась и хохотала с Долли. — Одно качество в Томе меня восхищает, — продолжал Ролло, — его благотворительная работа. Он дружит с Эдом Тэйлором, между прочим. В прошлом году устраивал благотворительный ужин в банке. Для «Лейквью» И до этого устраивал несколько таких ужинов, но в прошлом году было что-то фантастическое. Очень весело. А ты знаешь Эда? Хозяина «Лейквью»?

Тогда я еще не понимала, что в мире Виты и Ролла все были друг с другом знакомы. Их круг общения был насквозь пронизан взаимосвязями: все учились в одних и тех же школах и университетах, ездили в отпуск на одни и те же модные курорты, ходили на одни и те же вечеринки, охотились в одних и тех же угодьях, и всегда, всегда, всегда находился какой-нибудь дальний родственник, готовый познакомить их с нужным человеком. До встречи с Витой я и не догадывалась, что знакомства могут принести больше пользы, чем вреда. Тогда я еще не понимала, что с людьми можно обращаться как с музыкальными инструментами, заставляя их извлекать любой нужный тебе звук.

Я рассеянно кивнула в ответ на вопрос Ролло, и, удовлетворившись полученным ответом, он продолжал:

— Эд — широкая душа, скажи? Он берет всех детей, даже тех, кого не принимают другие детские дома, и бдит традиции, не то что эти современные приюты. В современных интернатах сейчас принято к каждому ребенку приставить психолога, а к учителям обращаться по имени, это мне Эд рассказал. Он, разумеется, более консервативен. И они с женой очень-очень любят этих детей.

Я видела Эдварда Тэйлора только один раз на публичной лекции в ратуше в декабре прошлого года. Лекция называлась «История “Лейквью”». Накануне по городу прокатился слух, что вечером мистер Тэйлор объявит о своем преждевременном выходе на пенсию из-за мелкого административного правонарушения. Было ли это правдой или нет, мы не знали, но все присутствующие на лекции были на стороне мистера Тэйлора и ощущали необходимость поддержать нашего трудолюбивого земляка, подвергшегося нападкам со стороны неблагодарного городского совета. Эд был обаятельным мужчиной с благородной выправкой и властным голосом аристократа. Высокий, как Ролло, в таком же безупречно пошитом костюме; они могли бы быть братьями, и, естественно, их легко было представить коллегами или приятелями. В день лекции в ратуше было не протолкнуться. В «Лейквью» жили незнакомые нам дети; они держались особняком, учились на территории и почти никогда не выходили за ее пределы. Поговаривали, что среди этих детей много прилежных и творчески одаренных, поэтому нам, местным, естественно, было любопытно о них узнать.

На сцене сидел управляющий приютом из городской администрации — маленький сильно потеющий человечек в светло-желтой рубашке и молодая кроткого вида женщина, которую коротко представили как учительницу домоводства и физкультуры. Оба угрюмо смотрела на спину мистера Тэйлора, пока тот расхаживал по сцене. «Масоны!» — шептал сидевший рядом со мной мужчина, как будто я спрашивала его мнения по поводу содержания лекции. Его жена сжимала его локоть и неодобрительно качала головой. Я вежливо улыбалась и смотрела прямо перед собой, но сосед продолжал бесшумно шевелить губами и произносить это слово, вскидывая брови и многозначительно кивая на сцену, словно, узнав эту новую информацию, я должна была что-то сделать.

Мистер Тэйлор рассказывал о «Лейквью» и важности благотворительной деятельности в христианской общине. Он ни слова не сказал о девочке-подростке, полгода назад утонувшей в озере; впоследствии в местной газете написали, что та была воспитанницей интерната. Мистер Тэйлор сказал, что дети учились в интернате по одной причине: им отказали в местных школах. При этом он обвел присутствующих широким жестом, и мы все вжались в кресла и сделали вид, что к нам это не имело отношения. В зрительном зале было много родителей детей, которые ходили в те самые неблагожелательно настроенные к интернатским детям школы; они начали смущенно ерзать в креслах, отцы — поправлять галстуки, матери поджали губы и затеребили свои блестящие сережки. Их жесты подтверждали, что на душе у них скребут кошки, а мистер Тэйлор тем временем продолжал рассказывать трагические истории о детях, которых называл «нашими ребятами», и каждая следующая была трагичнее предыдущей. Он говорил «наши ребята», словно весь город был парочкой безалаберных родителей-оболтусов, которые случайно оставили несколько десятков своих детишек под присмотром мистера Тэйлора, его управляющего и миловидной учительницы физкультуры — забыли их там, как свертки. Мистер Тэйлор поведал ужасные истории о том, что пережили интернатские дети до того, как к нему попасть. Кто-то потерял родителей, кто-то подвергался небрежному и жестокому обращению, а некоторые были «настоящими плохишами», как выразился мистер Тэйлор, сурово глядя на собравшихся в зале зрителей; но все, все до последнего были очень несчастными детьми. Они нуждались лишь в одном — нашей помощи и поддержке; сказав эти слова, он с надеждой взглянул на присутствующих, и его лицо благообразно озарилось.

У мистера Тэйлора были крупные выразительные черты, он хорошо смотрелся на сцене и очень эмоционально ораторствовал, словно это и была его настоящая профессия. Его подвижное лицо, как слаженный хор, повторяло и подтверждало все, что он говорил. Управляющий и физкультурница многозначительно хмурились, слушая истории мистера Тэйлора о трагичной судьбе детей, словно все это было знакомо им не понаслышке. Их сплоченность и преданность своему делу были так сильны, что атмосфера в зале напоминала проповедь.

После лекции миловидная учительница подала чай и кофе в маленьких зеленых стаканчиках и пригласила всех посмотреть фотографии на двух больших стендах за подносом с толсто нарезанными бисквитами. Филлис была тут как тут и с интересом разглядывала стенды. Бисквиты, объявила молодая учительница, приготовлены детьми из «Лейквью» специально для нас сегодня утром. Она говорила об этом так, будто нам оказали великую честь, однако, узнав о происхождении бисквитов, многие люди стали втихую класть их обратно на поднос, даже к ним не притронувшись. Впрочем, никто и ничто не могло отпугнуть Филлис, когда речь шла о бесплатном чае и бисквитах; я не без удовольствия наблюдала, как она накинулась на угощение. У учительницы было кроткое безропотное выражение лица, как у модели с рекламы бытовой техники; я узнала ее на одной из больших фотографий, где она стояла с заспанными глазами и голыми ногами в мини-юбке. Заметка под фотографией гласила, что она тоже когда-то была воспитанницей «Лейквью». Сейчас ей уже тридцать, в интернате у нее своя комната, и всю свою жизнь она провела там, никогда никуда не выезжая. На выставке была представлена история детского дома в черно-белых снимках; каждая фотография сопровождалась краткими заметками с пояснениями, пестрившими множеством опечаток. Были там и отдельные фотографии детей, которых, видимо, отобрали за миловидность — сплошь красивые лица, несмотря на настороженные и порой озлобленные взгляды.

Из выставки мы узнали, что интернат построили как санаторий для коллектива врачей и оптимистично назвали «Клиникой “Лейквью”», хотя он был расположен слишком далеко от озер и не мог похвастаться видом на воду. Вечнозеленые деревья, высаженные перед домом и в настоящее время полностью скрывавшие его от посторонних глаз, на фотографиях выглядели аккуратными приземистыми кустиками. «Лейквью» стоял в нескольких улицах от моего дома, в конце длинного ряда типовых домов, чьи задние окна выходили на железнодорожные пути. Огромное здание из красного кирпича состояло из прямоугольного корпуса с колоннами в середине и двух симметричных крыльев меньшего размера, но все же довольно больших. Здание отличалось строгостью и было лишено декоративных элементов, которые щедро украшали другие викторианские дома в нашем городе. Полагаю, архитектор моего дома не одобрил бы простых и строгих линий интерната, чье величие крылось в пропорциях, а не в декоративных финтифлюшках. В начале века в городе возвели большое новое здание больницы; тогда городской совет выкупил санаторий и открыл там детский приют. Вывеску поменяли и добавили девиз приюта на латыни. Это преображение можно было увидеть своими глазами на фотографии с церемонии открытия; на ней также виднелась кованая ограда, тогда еще новенькая и блестящая, и высокие ворота, которые, видимо, возвели в угоду богатым пациентам санатория. *In pulvere vinces*, гласила надпись на новой вывеске; под фотографией был написан перевод: *обратившись в прах, мы победим*. Такие же витиеватые черные буквы объявляли, что отныне в здании находится «Школа-интернат "Лейквью"», а мелкими буквами было указано имя директора и управляющего.

В конце вечера на выходе из большого актового зала горожан встречал деревянный ящик для пожертвований, стоявший на столике в узком коридоре. На пути к выходу все опускали в ящик деньги. Некоторые женщины стучали мужей по плечу сквозь рукава толстых шерстяных пальто, намекая, что нужно пожертвовать больше, или тайком докладывали денег из собственных кошельков, поравнявшись с ящиком. У всех на уме были эти несчастные дети и трагические истории их жизни; мы надеялись, что наши скромные пожертвования порадуют их на Рождество.

Я не стала рассказывать Ролло про лекцию в ратуше; казалось нескромным и бестактным говорить об интернате и детях так, как будто я их знала, хотя на самом деле нет. Я знала о них лишь по рассказам мистера Тэйлора и по фотографиям. Это был грустный вечер, который скрашивали красивые лица детей и их тщательно отобранные жалостливые истории, призванные пробудить сочувствие, а главное — желание сделать пожертвование.

Я слушала, как Ролло говорил о своем восхищении Томом и Эдом, и в какой-то момент эти трое в моей голове слились в одного потрясающего человека, само воплощение силы, доброты и милосердного сострадания. Вита и Долли внимательно на него смотрели, а я глядела на их восхищенные лица и думала о том же, о чем, мне казалось, думали они: *какой хороший человек*.

На горячее подали зайца, которого Ролло привез из Лондона, где тот мариновался в вине целую неделю. Мясо было очень темное и жирное, а подлива — черной, как патока. Я засомневалась, что Долли придется по вкусу такая еда, но она вежливо улыбнулась, когда Вита поставила зайца на стол, и выглядела совершенно спокойной, когда ей на тарелку положили щедрую порцию мяса. Сама же я не знала, смогу ли есть мясо со столь насыщенным вкусом, но все же поела маленькими кусочками, запивая каждый глотком шипучки. К зайцу подали зеленые овощи со сливочным маслом, соленые, в отдельных глиняных кокотницах. Полная противоположность бледной пресной пище, которой я отдавала предпочтение, когда нервничала или делала что-то вне привычного распорядка.

— Вы любите зайчатину? — спросила Вита. — Мы обожаем, да, Ролс? Это наше любимое мясо. Поэтому и приготовили его для вас, — она широко улыбнулась мужу; тот краснел под ее взглядом так же, как мы с Долли. — То есть Ролс. Ролс приготовил.

— Я никогда раньше не ела дичь, Вита. Я не... — неуверенно заговорила я, но Долли меня прервала.

— Очень вкусно, — вежливо произнесла она; мне надо было так и ответить. — Дайте маме рецепт, Ролс. А вы сегодня были на работе?

— Да, — Ролло улыбнулся, — я был в городе всю неделю.

Вита и ее муж оба называли Лондон «городом», как будто других городов во всей стране и не было. Как будто наши собственные дома стояли не в городе с улицами, где было полно других домов, с дорогами и магазинами, тротуарами и уличными фонарями, а в тихой деревушке вдали от цивилизации. Когда они ехали в Лондон, они говорили, что едут «в город». А тут, в нашем городке, говорили конкретно, куда идут: «к стоматологу»; «за продуктами».

— Мы заканчиваем проект, и я прихожу на работу по необходимости, — продолжал Ролло. — А проект очень интересный. Прекрасные пропорции, — он откинулся на спинку стула и внимательно посмотрел на Долли, точно решал, стоит ли рассказывать подробнее, и наконец решил, что стоит. — Это старое здание фабрики со складами на верхнем этаже; мы превратили его в жилое, с потрясающими квартирами. Я бы сам с удовольствием жил в одной из них, но все уже забронированы. Если бы они были уже готовы, мы, наверно, туда и переехали, а не остановились бы у Тома. Правда, Ви? Переехали бы? — он спросил это таким тоном, будто их желание поселиться в этом доме являлось главным знаком качества.

— Ммм... может, и переехали бы, — Вита нахмурилась, склонила голову и подперла рукой подбородок, словно задумавшись. Ее поза была образцом небрежной фотогеничности: расшнурованная туника соскользнула с плеча, массивные золотые серьги звякнули, закачавшись, и замерли у шеи. Она не стала поправлять тунику, а наклонилась вперед, дав той соскользнуть еще ниже, продемонстрировав тонкую бретельку белья. Золотые цепи, намотанные на шею в несколько слоев, вдруг показались чрезмерно броскими и неуместными рядом с этой тоненькой бретелькой. — А может, мне здесь понравится и я стану настоящей сельской женушкой!

Мы хором рассмеялись, представив эту абсурдную картину, и Вита улыбнулась, откинулась на стуле и хлопнула в ладоши со скромным удовлетворением, как артист в конце удачного спектакля.

— Значит, вы застройщик? — спросила Долли Ролло, по-прежнему смотревшего на Виту.

Тот оторвал взгляд от жены и повернулся к Долли, направив все внимание на нее; та же бессознательно отпрянула, встретившись с ним взглядами. Обычно моя дочь так себя не вела, но Ролло обладал иным обаянием, непохожим на чары его жены, Долли или Короля; он не обрушивал его на собеседника сразу, а действовал несколькими точными выстрелами. Иногда он даже позволял о себе забыть и смущенно моргал за круглыми очками, предоставляя Вите возможность развлекать гостей в одиночку. А потом вдруг смотрел на одну из нас так пристально, что темнело в глазах; он даже на Виту оказывал такое же действие.

Ролло отложил приборы и заговорил, жестикулируя обеими руками, поворачивая ладони вверх, а затем вниз, словно пытаясь донести до нас очень сложную тему.

— Не совсем, — сказал он. — Мы занимаемся реновацией и специализируемся на переводе коммерческой недвижимости в жилую. В городе много подходящих зданий, а у Ви хороший глаз.

Иногда делаем апартаменты, иногда дома, — он забавно произнес «апартаменты», как «апартамэнты»; я молча повторила про себя несколько раз — *апартамэнты, апартамэнты, апартамэнты*, а потом взглянула на Долли и Виту, слушавших Ролло с совершенно серьезными лицами, как диктора вечерних новостей, сообщавшего о развитии политической ситуации. — На самом деле, нам и здесь возможность подвернулась. «Лейквью». Не помню, говорил ли я, но его выставили на продажу. Детей устроят в другие интернаты, и, возможно, скоро я стану владельцем. Надеюсь купить здание напрямую у городского совета, пока его не выставили на аукцион. Будет чем заняться летом, проект очень перспективный, — он посмотрел на Виту. — Нам обоим будет чем заняться.

— Он скромничает, — сказала Вита. — Апартаменты Ролса знамениты. (*Апартамэнты Ролса знамениты*, молча проговорила я про себя.) Сначала я ему помогала, теперь он всем занимается сам. Я только выбираю обои, — она нахмурилась. — Ролс, а я думала, ты уже купил этот интернат.

Ролс почесал нос, поднял бровь и многозначительно посмотрел на жену.

— Не гони лошадей, Ви. Я все расскажу, когда подпишу документы. Всем вам расскажу. А пока будем считать, что приехали в небольшой отпуск. Кстати, мы знаем Тома много лет. Отличный парень, — сказал Ролло. Вита при упоминании Тома согласно улыбнулась, как ребенок, услышавший о Рождестве, и муж ласково на нее посмотрел.

На миг они словно остались одни, забыли, что мы с Долли тоже здесь, и замечали лишь друг друга. О таком легком и тесном взаимопонимании я могла только мечтать. — Мы даже могли бы купить тут дом, что скажешь, дорогая?

Я кивнула и решительно произнесла:

— Да, — словно все трое сидевших за столом только и ждали моего разрешения, чтобы реализовать свои планы по покупке дома.

Минуту все молчали, затем рассмеялись, и я тоже. Вита снова по-хозяйски взяла меня за руку, и мне показалось, что мы вчетвером знакомы много лет.

Пока Долли и Вита обсуждали единственный в городе магазин одежды, Ролло расспросил меня о большом доме на углу нашей улицы. Это внушительное здание середины века с красивым панорамным окном, из которого видны две улицы, расходящиеся в разные стороны; вид обширный и наверняка очень живописный. Ролло наклонился ко мне и положил руку на спинку моего стула, всем видом выражая сосредоточение, а я рассказала, как однажды в этом доме несколько лет жила тихая пара с сыном-подростком. Мальчик был высоким и худым, дружелюбно улыбался и ходил в местную частную школу; школьный автобус приезжал за ним позднее нашего, и, когда мы проходили мимо его дома по пути к остановке, он всегда стоял у окна своей комнаты и смотрел на нас. Он любил стоять у окна голым и наблюдать за лицами прохожих, когда те на него смотрели, а сам при этом продолжал улыбаться безмятежной застывшей улыбкой. По ночам он в темноте ждал, пока прохожие поравняются с его окном; тогда он включал лампу и подсвечивал себя; торчащие ребра и грудная клетка оставались в тени, а все, что ниже пояса, оказывалось на свету, как в операционной.

В этот момент Вита встала из-за стола и пошла на кухню, а Долли бросилась ей помогать. Ролло встал, но остался за столом. Он делал так, когда кто-то из нас выходил из комнаты или входил. Когда он шевелился, вокруг него разносился тот легкий пудровый запах, и я невольно восхитилась неизменности этого аромата, как, бывало, восхищалась ароматом благоуханного растения в теплице. Обычно в течение нескольких часов запах человека меняется. К примеру, Долли сегодня днем пришла из сада вспотевшая, и сочетание запахов ее кожи и духов терпко ударило мне в нос. Но потом, когда она села рядом и стала разговаривать со мной, пот остыл, и ее запах изменился, став сладким и прохладным. Когда Вита в начале вечера крепко меня обняла, меня окутало облако мускусных духов на основе амбры, но я знала, что когда поцелую ее на прощание в конце вечера, теплота дома, свечи, алкоголь и кофе разбавят этот аромат, смешаются и от нее будет пахнуть совсем иначе. А Ролло всегда пах одинаково, и это мне нравилось; я восхищалась таким постоянством. Любое проявление стабильности в людях — большая редкость и приятность. Чем симметричнее человеческое лицо, тем выше вероятность, что запах человека окажется приятным для противоположного пола. Поэтому у обладателей симметричных лиц, по статистике, и живучих сперматозоидов больше, и яйцеклеток. К примеру, отец Долли не пах ничем; после целого дня работы на ферме его пот был пресным, как чистая вода. Он и его новая жена с личиком в форме сердечка и младенческими ямочками на щеках наверняка окажутся такими же плодовитыми, как принадлежавшие им стада коров.

Ролло снова сел, а я встала и с любопытством посмотрела, что он будет делать. Он тоже немедленно встал. Но я не пошла за другими на кухню, а опять села. Ролло тоже сел, не спросив, зачем я вставала, и положил локти на стол. Его движения всколыхнули знакомое мыльное облако, уютно окутавшее нас обоих, как взметнувшиеся пылинки. Он переплел пальцы и задумчиво подпер ими подбородок; кончики пальцев едва касались нижней челюсти.

— И что случилось с мальчиком, который стоял голышом у окна? — спросил он, выпрямил один из переплетенных пальцев и указал на меня.

— Три года мы с сестрой каждый день проходили мимо него по пути в школу, — ответила я. — И нам всегда было интересно, что было первым — большое окно или его желание оголяться перед публикой? Что, если раньше он был обычным мальчиком, но увидел это огромное окно и решил — а почему бы не устроить прохожим представление? Или его родители намеренно поселились в этом доме, чтобы сделать подарок сыну-эксгибиционисту? — я рассказала, как пугала меня его нагота, в то время как Долорес воспринимала ее как развлечение, как веселый способ разнообразить путь в школу.

Но я не стала рассказывать о том, как однажды жарким летним днем сестра остановилась у окна мальчишки и расстегнула школьную блузку. Ей было тринадцать, грудь еще не оформилась, и она не надела маленький белый лифчик, который купила ей мать. Мать настаивала, чтобы Долорес носила лифчик в школу, и Долорес молча повиновалась, но пока мы сидели на остановке, спокойно снимала лифчик, при этом продолжая болтать как ни в чем не бывало и даже не пытаясь прикрыться. Однажды мать об этом пронюхала и больше не заставляла ее носить лифчик. Долорес относилась к человеческому телу как к чему-то забавному и функциональному; своего тела она совершенно не стеснялась и открыто высмеивала тех наших сверстников, кого считала закомплексованными, типа меня. Итак, она стояла на нашей улице в расстегнутой рубашке и, щурясь, смотрела на мальчика, а тот спокойно смотрел на нее. Они словно молча вели беседу.

Не рассказала я и о том, что она сказала мне после. Она часто это повторяла: *Мы все — просто тела, Сандей. Все, кроме тебя; что ты такое, мне невдомек.* И верно, Долорес в жизни мало чем интересовалась, кроме телесного; сахар, мальчики и иногда взрослые мужчины превратили ее краткую жизнь в череду удовольствий; последние совершали для этого самые разные, порой довольно гадкие поступки, и она успела насладиться собой так, как многим не удавалось, несмотря на долгие прожитые годы.

— Потом эта семья переехала, и в дом заселилась супружеская пара, адвокаты с собственной практикой. Они поставили с двух сторон большого окна письменные столы. Сейчас они на пенсии, но по-прежнему подолгу сидят за этими столами.

Вот что я рассказала Ролло, пока мы сидели за столом, и он слушал и вежливо кивал. Пикантная часть истории закончилась, и он убрал руку со спинки моего стула и повернулся к столу. Но я не сказала еще кое-что, во что на самом деле верила: что все мы, кто жил на этой улице давно и помнил голого мальчика, до сих пор иногда видели его в окне. Видели, как он включал и выключал лампу и бледная нижняя половина его тела то появлялась, то исчезала в темноте. Его нагота была сигналом SOS, который мы не поняли тогда и не понимали до сих пор.

Вита и Долли вернулись к столу; Долли несла кувшинчик со сливками, а Вита — большое блюдо с позолоченной каемкой, на котором лежали розовые припущенные груши. Она раскладывала фрукты по тарелкам и по очереди вопросительно смотрела на нас, спрашивая, хотим ли мы, чтобы груши полили сливками. Сначала она посмотрела на Ролло и рассмеялась, когда тот раскинул руки, показывая, что сливок можно не жалеть.

Ролло вел беседу, а мы ели его нежные груши, сладкие и мягкие, как зефир; они уже совсем не напоминали фрукты, а скорее были похожи на искусственные сладости из дорогой кондитерской. Ролло рассказывал о танцах, которые проводили в школе-интернате, где он учился, и вспоминал об этом с явной неохотой; на танцы пришли девочки из местной школы для девочек, и, рассказывая эту историю, он изобразил себя как неуклюжего и неловкого в общении подростка среди своих более искушенных сверстников. В тот вечер он несколько раз пытался завязать романтическое знакомство с девчонками, но всякий раз терпел неудачу, зато его друзья, воспользовавшись снизившимися стандартами его разочарованных подруг, добились успеха, о чем потом восторженно ему сообщили. Ролло был хорошим рассказчиком, и при виде его нынешней уверенности в себе рассказ о прежней неловкости в общении с противоположным полом казался еще более комичным. Я не ожидала, что такой чопорный и сдержанный мужчина сможет так легко иронизировать над самим собой, и это сделало его еще более привлекательным в моих глазах.

Вита и Долли смотрели на него поверх тарелок с грушами; ложки в их руках сосредоточенно застыли. Они улыбались и смеялись над ним, как старые друзья, непринужденно и ничуть не стесняясь. Разделявшая их преграда треснула, отдельные «я» перестали заявлять о себе и отступили, потесненные их единством; все казалось смешнее, потому что они смеялись вместе. Нечто похожее пробуждалось между мной и Долли, когда та перекидывала через меня ноги и мы смеялись над героиней сериала, качавшей головой и печально говорившей: «Папа бы не допустил такого в своем доме». Но Вита и моя дочь, вероятно, потому что познакомились совсем недавно и вдобавок выпили шампанского, хохотали как безумные, хлопали в ладоши, а из их глаз струились слезы. Я ничуть не удивилась, увидев Виту настолько взбудораженной, но я никогда не думала, что Долли от смеха способна впасть почти в истерику; даже в детстве она себя так не вела. Мне казалось, что Долли уже родилась отстраненной и сдержанной. Но тем вечером мне открылось новое лицо моей дочери. Вита и на меня тоже действовала, только это влияние было не столь очевидным, не внешним, а более незаметным, внутренним. А вот несвойственное Долли экзальтированное поведение лишь подтверждало, что Вита очаровала и ее. *Это моя дочь, а это моя подруга*, собственнически думала я, словно молча представляя их кому-то.

Ролло улыбался непринужденно и благосклонно, как Король. Он мог бы послужить иллюстрацией на тему «состоятельный мужчина лет сорока пяти». Черты лица у него были тонкие, кожа гладкая, усы ухоженные. Симметричное лицо производило приятное впечатление, но было лишено индивидуальности и характера. То ли дело лицо Виты, чей прямолинейный взгляд лишь усиливал ее миловидность, а небольшие дефекты — слегка неправильный прикус и тяжелые прямые брови — делали ее не просто стандартно хорошенькой, а по-настоящему красивой. У сицилийцев есть поговорка: девушка не может считаться красивой, пока не переболела оспой. Когда-то оспой болели все, и внешность девушки можно было адекватно оценить лишь после того, как та пережила болезнь. Лишь оценив то, что осталось после оспы, можно было утвердительно судить, красива девушка или нет.

Я не сомневалась, что после оспы или любой другой болезни красота Виты не померкнет. Ее умное лицо осталось бы красивым в любом возрасте; его привлекательность не зависела от невинности и гладкости кожи, в отличие, к примеру, от лица Долли. Ее красота не поддавалась количественному определению, и в жизни, как и на фотографиях, она выглядела величественно и властно. Она воспринимала обожание как должное и потому не стремилась его завоевать. В ней не было желания понравиться, свойственного людям, чья привлекательность не безусловна; не было жажды одобрения, что всегда препятствует легкому общению, пока это одобрение не получено. Даже родители красивых детей часто ждут похвалы своим чадам и, не дождавшись, сами на нее напрашиваются. Эта жажда подобна тику; желание услышать похвалу росту, симметрии черт или красоте, своей или своего ребенка, поистине нелепо. Поскольку я сама страдаю непроизвольными тиками, то, заметив их за окружающими, я всегда испытываю неловкость, в отличие от Виты, которая никогда не обладала подобными качествами и их не проявляла.

Судя по всему, Ролло и Вита осознавали разницу в своей внешности, потому что на всех фотографиях в серебряных рамках, расставленных в столовой, Ролло смотрел не в камеру, а в сторону, как правило, на Виту, если та стояла рядом; если же он был на фотографии один, его взгляд был просто устремлен вдаль. Даже на детском портрете он был изображен в той же позе — пухлый малыш двух или трех лет рассеянно смотрит куда-то мимо фотографа. Вита же всегда смотрела прямо в камеру; прически и платья на всех портретах были разные, а взгляд — одинаковым. Иногда она словно бросала фотографу вызов, а на других фотографиях будто искала что-то, но не могла найти.

Ролло передал мне графин.

— Портвейн, — сказал он. — Ради него стоит нарушить правило с шипучкой.

— Нет, — ответила я, взглянув на графин, в котором плескалась густая жидкость, окрасившая стекло в неравномерный розовый цвет с красно-черными пятнами, похожими на маленькие кровяные сгустки. — Лучше не надо.

Ролло едва заметно пожал плечами и передал графин Долли, сидевшей от него слева. Та говорила с Витой и, не делая паузы в разговоре, плеснула немного портвейна в самый маленький из стоявших перед ней стаканчиков. Затем передала графин Вите, которая внимательно ее слушала. Та постучала меня по плечу и, не прекращая слушать Долли, показала, что я должна передать портвейн Ролло. Тот с удовлетворением наполнил свой бокал. Жидкость казалась старой и недовольной тем, что ее потревожили; она была мутноватой, как вода на самом дне моря. Передача графина по столу напоминала танец, который я не репетировала. Позднее я нашла этот ритуал в «Дамском этикете». *«Портвейн сперва предлагают даме, сидящей справа от хозяина; та передает графин хозяину, который затем протягивает его гостю, сидящему слева от него. Никогда и ни в коем случае*, — предупреждала Эдит, — *портвейн нельзя передавать в обратную сторону»*.

Другие продолжали передавать графин и подливать себе по чуть-чуть.

— Ничего, если я закурю? — спросил Ролло.

Мы все ему разрешили, и он тут же предложил сигареты и нам. Я видела, как засомневалась Долли, посмотрела на меня и наконец покачала головой — *нет*. Вита взяла сигарету, Ролло постучал по пачке и достал еще одну себе. Подождал, пока она зажмет сигарету губами, и сосредоточенно поднес ей зажигалку. Она смотрела мимо него на кухню, неподвижная, как королева, а меня поразил его раболепный вид. Пламя дважды погасло, и он снова попытался зажечь его, сперва встряхнув зажигалку. Когда наконец у него получилось, он откинулся на спинку стула, а Вита посмотрела на меня и подмигнула, словно знала, что я за ними наблюдала. И то, что промелькнуло между ними, словно передалось мне и стало нашей тайной.

Закурив, Ролло подлил себе портвейна и обратился ко мне:

— Слышал, моя жена уже у тебя ночевала?

— Неправда,— спокойно ответила я.— Вита ушла, прежде чем наступило утро, поэтому нет, она у меня не ночевала.

Ролло ничего не ответил; его лицо ничего не выражало, разве что вежливое ожидание. Он намеренно выжидал, будто я лишь начала рассказывать историю и должно было последовать продолжение. Я не стала его разочаровывать.

Я рассказала ему сицилийскую легенду, которую вспомнила, проснувшись тем утром и увидев, что Вита ушла:

— В стародавние времена на Сицилии, если муж просыпался и видел, что жены рядом нет, он понимал, что связался с ведьмой. Он нанимал колдуна и просил того «починить» жену, даже если в ходе «починки» та умрет. Одному мужчине посоветовали заменить волшебную мазь, которую жена хранила под кроватью, на обычную. Ночью жена вымазалась мазью и хотела улететь; она выпрыгнула в окно и упала на мостовую, где ее и обнаружил муж с переломанными костями, и больше она уже никуда не летала.

Ролло ничего не ответил, но Вита — я и не думала, что она слушала, — вмешалась в разговор.

— Господи, Жена, — воскликнула она, — ты что такое говоришь? Не подсказывай Ролло, как от меня избавиться!

Она замолчала, и тут в комнату вошла ее маленькая собачка. Она посматривала в сторону стеклянных дверей и притворялась, что зашла в комнату случайно, как подросток, который специально подгадывает время возвращения домой таким образом, чтобы родители, расслабившиеся за вечерним бокалом вина, предложили бокальчик и ему. Собачка подошла к Долли, села у ее ног и стала выжидающе на нее смотреть. Но та была занята разговором с Ролло и не обращала внимания на Зверя. Всякий раз, когда она жестикулировала или шевелилась на стуле, Зверь радостно переминался с лапки на лапку, напрягался всем телом и выгибал спинку, надеясь, что его возьмут на руки. Когда он застывал, он еще больше становился похож на игрушку. Я не могла больше ждать, глядя, как сильно он хочет, чтобы Долли его заметила.

— Долли, смотри! — сказала я, прервав ее на полуслове. — Смотри, какая смешная собачка! — дочь и Ролло повернулись, но посмотрели не на собачку, а на меня. Я же восторженно ткнула пальцем в собачку и проговорила: — Смотри, какая она маленькая!

Мое наблюдение зазвенело во внезапной тишине, прозвучав бессмысленной констатацией факта. Когда все присутствующие разом обратили на нее внимание, собачка не выдержала и завертелась на одном месте, как будто у нее была такая встроенная функция.

— Какая прелесть, — тихо произнесла Долли. Они с Ролло улыбнулись мне одинаковыми улыбками и вернулись к своему разговору. — И что же сделала экзаменационная комиссия?

— Ну, проходной балл мы получили, и дипломы нам дали. Но главное, что на тех скачках мы сорвали большой куш. В письме домой, правда, пришлось приврать насчет баллов в аттестате. Но мы росли вдали от семьи, жили в общежитиях; у родителей было о нас свое, идеализированное представление, и мы не хотели его разрушать.

Вита наклонилась и хлопнула по столу:

— Ролс! Я напилась и не смогу сварить кофе, — она встала, и он тоже немедленно вскочил. А она улыбнулась и произнесла: — Сделай нам кофе, пожалуйста? У тебя вкуснее получается.

Долли тоже встала, и мы вышли вслед за Витой в коридор. В гостиной не было телевизора, но стоял проигрыватель, а на книжных полках, где царил образцовый порядок, были расставлены пластинки. Вита нетерпеливо их перебрала, выбрала одну и заговорщически улыбнулась нам с Долли, сидевшим на стульях с прямыми спинками.

— Поставлю одну из любимых пластинок Ролло, чтобы у него было хорошее настроение.

Оркестр заиграл знакомую классическую мелодию; прекрасный звук, от которого у меня по коже пробежали мурашки. А ведь я тоже могла бы стать такой женой, подумала я; могла бы ставить любимую музыку Короля, могла бы сделать так, чтобы он захотел приносить мне кофе. Я никогда не думала о муже в таком ключе — как о человеке, из которого можно что-то вылепить, на чей темперамент и эмоции можно влиять. Вошел Ролло с подносом и ненадолго замер на пороге, слушая музыку и на миг закрыв глаза от удовольствия. Вита уже освободила кофейный столик, сдвинув в сторону стопки журналов и альбомов по искусству. Меня умилила их невидимая связь; когда он поставил поднос, она наклонилась к Ролло и коротко поцеловала его в щеку. Не думала, что он обратит внимание на этот поцелуй, но его лицо растаяло от ее прикосновения. У себя дома я танцевала этот танец одна и подстраивала все свои движения под Долли, но получала в ответ в лучшем случае подростковую холодность.

Зверь каким-то образом оказался у Долли на коленях и лежал, свернувшись калачиком, крошечный и хрупкий, как котенок. Его черные глазки замигали ненадолго, словно у него кончалась батарейка, а потом он тихонько засопел. Долли опустила кофейное блюдце на его костлявую спинку, но в остальном, казалось, не замечала его присутствия. Я решила больше не говорить о нем и о том, какой он милый. От кофе я отказалась, и Ролло спросил, что я хочу выпить. Вита встала, он двинулся за ней, но она легонько похлопала его по плечу и велела сесть.

— Пойдем, Жена! — обратилась ко мне Вита. — Поищем что-нибудь для тебя.

На кухне она достала из холодильника еще одну бутылку шампанского.

— Нет, — сказала я, — не надо открывать специально для меня. У тебя есть лимонад?

— Какой лимонад, ты что? Не волнуйся, я с удовольствием выпью кофе с шампанским, да и Ролс тоже, — она улыбнулась, поставила бутылку шампанского, резко треснув ею о стол, и тут я заметила, что, пожалуй, она действительно пьяна, хотя прежде, когда она сама об этом объявила, мне так не показалось. Повернувшись ко мне спиной, она сложила сковородки в раковину и залила их мыльной водой. — Ролс милый, правда? Я знаю, вы с ним подружитесь. Он не со всеми сходится, но чувствует, как хорошо я к тебе отношусь. И Долли... она прелестна, — Вита выключила кран и пристально посмотрела на меня, как я смотрела на дочь, когда та меня не понимала. Я никогда не знала, чего пытаюсь добиться этим взглядом, и решила, что Вита тоже смотрит на меня, не понимая зачем. Ее глаза расширились, затуманились и остановились на мне ненадолго — возможно, из-за шампанского. По-прежнему глядя на меня, она произнесла: — Правда же? Она прелестна.

Мы вернулись в комнату, принесли бутылку и бокалы. Долли стояла у резного мраморного камина, а маленькая собачка устроилась у ее ног. Ролло сидел напротив на стуле с прямой спинкой. Долли оставила кофейную чашку на столе и что-то объясняла, жестикулируя обеими руками, а он слушал внимательно, как ученик слушает учителя.

Увидев нас, он тут же встал, а Долли села на стул быстро и незаметно, словно у нее подкосились колени.

— Еще шампанского, Квини? — спросил он Виту. — Ты же говорила, что пьяна, — но, взяв у нее бутылку, он провел указательным пальцем по ее руке, а наливая всем нам по бокалу, рассмеялся.

Я взглянула на часы на каминной полке, заметила, что уже десять вечера и мысленно выделила себе двадцать пять минут, чтобы допить шампанское и объявить о нашем уходе.

Нас пригласили на второй ужин в пятницу, хотя первый еще не успел закончиться, и мне понравилось, каким ненавязчивым было это приглашение.

В коридоре Ролло поцеловал нас на прощание и сказал: «Увидимся в пятницу!» — словно мы давно об этом договорились. Словно мы были близкими родственниками, которые встречались каждую пятницу.

Я не без удовольствия представила, как сделаю серьезное и хмурое лицо, когда родители Короля пригласят Долли провести следующие выходные у них на ферме. Прежде чем отказаться от этого еще не поступившего приглашения, я нахмурю брови так, что те станут прямыми и печальными, как у Виты, и опущу уголки губ так, что те станут точь-в-точь как ее треугольный маленький клювик. *Боюсь, что Долли должна быть дома в пятницу. По пятницам мы всегда ужинаем с Витой и Ролло.*

На дорожке мы обернулись и помахали им; Вита улыбалась, ласково обняв Ролло. Она держала его руку в обеих ладонях и не помахала, а он помахал. Его жест был кратким и уверенным — именно так и должен был махать человек в строгом костюме с почти военной выправкой и благородной осанкой. Из-за их ног выглядывал Зверь и молча смотрел нам вслед, как родитель-лилипут, с умилением наблюдающий, как его дети-великаны никак не могут распрощаться после праздника.

Прильнувшая к плечу Ролса Вита улыбнулась и произнесла:

— Да. Приходите. И приходите пораньше, чтобы мы успели посидеть и выпить втроем до прихода Ролса.

Зоркая птичка с мягкими перышками

Ужин в следующую пятницу стал шаблоном для всех последующих наших совместных вечеров: тем коротким летом их было немало, и все сочетали в себе предсказуемость и драму. Предсказуемость — потому что Вита с Ролло всегда соблюдали этикет, а драму — потому что по натуре они были артистами. Мы с Витой и Долли лежали на траве в саду за домом на пушистых покрывалах и ждали прихода Ролло. Зверь спал на солнышке, свернувшись калачиком в поясничной ямке Виты или Долли. Стоило им потревожить его жестами, громким рассказом или смехом, как он недовольно вздыхал. Долли рассказывала о своих знакомых и событиях, о которых я раньше слыхом не слыхивала, а я слушала молча, как младшая секретарша, записывающая под диктовку. Истории Виты, подчас шокирующие, были сплошь о роскошной жизни и удовольствиях. Я не рассказываю о личном — у меня не получается представить личные истории смешными случаями, которые начинались бы с самоиронии, но в итоге показывали бы меня в выгодном свете. Однако мораль историй Долли и Виты зачастую была той же, что в некоторых итальянских поговорках, и иногда я приводила эти поговорки в переводе. Ведь они рассказывали свои истории с той же целью, с какой рассказывают народные сказки: каждый сюжет нужен для иллюстрации чего-то личного. Впрочем, обычно я просто слушала и ничего от себя не добавляла. Рассказывая свои истории, Долли и Вита просто пытались поведать друг другу о себе. Я была лишь наблюдателем.

Тем вечером мы лежали на солнышке, а Вита вспоминала о своей бывшей соседке и лучшей подруге, которая ее разочаровала. Она доверила этой женщине — ее звали Аннабел — кое-что личное и надеялась, что это останется между ними. Предательство произошло на званом ужине. Сидя в центре длинного стола, Вита услышала, как ее тайну пересказывают во всеуслышание; в этой истории она представала ужасной оторвой, и ей ничего не оставалось, как весело посмеяться над собой с другими гостями. Но это было еще не все; после Аннабел родила дочку и могла говорить только о ней, а оставлять ее с няней отказывалась; в результате она превратилась в самую страшную зануду во всем Лондоне. Вита уже знала, что ей нельзя доверять, и решила, что раз она теперь еще и скучная, можно больше с ней не общаться и ни на минуту об этом не жалеть.

— Ошпаренная собака начинает бояться и холодной воды, — мрачно подытожила я, приведя в пример одну из моих любимых итальянских пословиц.

Долли улыбнулась Вите и кивнула в мою сторону:

— У нее на весь вечер пословиц хватит. И ни разу не повторится.

Вита потянулась через одеяло и слегка похлопала меня по руке, как мне показалось, одобрительно, хотя, возможно, я принимала желаемое за действительное. Сама я никогда не умела касаться людей вот так спонтанно и легко. Я подумала, не скопировать ли этот жест, чтобы потом повторить его на ком-нибудь еще. Но я знала, что, когда пытаюсь подражать чужому поведению, у меня это не очень хорошо получается, ведь другие ведут себя инстинктивно, а мои инстинкты крепко спят. Я буду долго колебаться, думать, касаться или не касаться человека, и из-за этого мое касание будет неуверенным, сомневающимся, а когда я наконец решусь, наверняка еще и неуместным в контексте общения. И тот, кого я в конце концов похлопаю по руке, удивленно моргнет и выжидающе посмотрит на меня, как будто я хочу задать ему вопрос и молчу. *Да?* скажет мне его взгляд, а я молча покраснею и начну пятиться, так и замерев с поднятой рукой.

— Но я так ее любила, — мечтательно проговорила Вита. — Аннабел, — она отпустила мою руку и попыталась закурить, но безуспешно. У нее дрожали руки, и я завороженно на нее смотрела. Долли взяла у нее позолоченную зажигалку интимным и уверенным жестом человека, привыкшего заботиться о других, а Вита, зажав сигарету во рту, наклонилась к ней и закурила. — Все думают, что у меня много друзей. И это правда, — она глубоко затянулась и закрыла глаза, словно мысленно пересчитывая своих многочисленных друзей. — Но я всегда хотела иметь одну-единственную близкую подругу, — с этими словами она выдохнула и взглянула на нас с Долли, прищурилась и отвернулась, чтобы дым не попал в глаза. — А теперь у меня есть две. Да и еще и соседки!

Наконец Долли так развеселилась, что своей бурной жестикуляцией и смехом разбудила собачку, так и не дав той как следует выспаться. Вита рассмеялась над ворчливым песиком и назвала его дедулей. *Прости, дедуля*, говорила она, когда песику надоедало нас терпеть и он уходил прочь на коротеньких лапках, стуча по дорожке длинными коготками; *мы слишком расшумелись, да?* Войдя в стеклянные двери, Зверь тут же падал на паркет, теплый от полуденного солнца, чьи лучи все еще проникали в дом. Мы пили шампанское, ели чипсы и арахис из синей супницы с цветочками и слизывали с пальцев соль. Вита сказала, что огромная супница — семейная реликвия, часть любимого сервиза из восемнадцати предметов, который достался им от бабушки и дедушки Ролло. Остальной сервиз лежал на складе, как и большинство их вещей; у них было столько фарфора, что тем можно было забить все шкафы в кухне Тома, размер которой Вита оценивала как «скромный».

Всем их прекрасным вещам предстояло лежать на складе до тех пор, пока они не уедут из «маленького дома», как они его называли. Хотя дом Тома вместе с пристройкой Артура был больше моего, а мой дом никогда не казался мне маленьким, даже когда нас было четверо. Моя мать наверняка захотела бы иметь такую супницу; огромная, нарядная, она вызывала в воображении картины роскошных обеденных залов, где расхаживали безразличные гости, столь привыкшие видеть вокруг красоту, что даже не замечали такой удивительный предмет среди другой посуды. Я же увидела супницу и сразу возжелала ее, как возжелала бы моя мать, и это выдавало во мне человека совсем иного круга. Мама поставила бы эту супницу в застекленный шкафчик, который запирался на ключ, и настрого запретила бы нам с Долорес ее трогать. Будь это наша супница, она стала бы самым красивым предметом в нашем доме и взирала бы на нас свысока из стеклянного шкафчика, а мы поклонялись бы ей, как божку. Моя сестра слишком небрежно обращалась с вещами; я же, напротив, обращалась с ними слишком бережно, но все равно в нашем доме посуду чаще била я, а не Долорес.

Наконец, когда уже почти пробило семь, на пороге столовой появился Ролло и встал у стеклянных дверей. Он совсем не напоминал человека, который только что ехал на автомобиле много часов; он был бодр и выглядел безупречно, а темный костюм сидел на нем идеально. Он с явным удовольствием смотрел, как мы отдыхаем в его саду и ждем, пока он подаст нам ужин, словно мы были его любимыми детьми, а не женой и двумя новыми соседками. Вита сказала, что перед отъездом из Лондона он зашел в отдел деликатесов «Хэрродз» и прикупил что-то специально для ужина. Поэтому мы знали, что он привез с собой коробки со всякими вкусностями, чтобы нас побаловать.

Увидев Ролло, Вита с наслаждением потянулась на одеяле и воскликнула:

— Папочка! Что у нас на ужин?

Я не смогла ей подыграть, хотя это обращение было весьма похоже на правду. Мы с Долли и впрямь вели себя как дети — растянулись на лужайке на животе, хихикали, ели чипсы и с нетерпением ждали прихода отца семейства, чего не случалось, даже когда мы с ней обе были маленькими. Я покраснела, но в глубине души мне был приятен наш новый распорядок, забота этого доброго человека и то, как он включил нас в свой круг. Даже Долли, чья мимика никогда не отличалась особой эмоциональностью, явно обрадовалась, когда он приехал, улыбнулся, тепло поприветствовал нас и пообещал угостить вкусным ужином, который купил специально для нас. Эдит считала мастерство приема гостей неотъемлемой частью *жизни по этикету*; ужины у Виты и Ролло фактически являлись пошаговой демонстрацией правил из ее книги.

— Сейчас увидите, что я принес, — весело объявил Ролло и с улыбкой поправил очки на переносице указательным пальцем.

Его глаза сияли. На миг он перестал быть утонченным джентльменом и превратился в обычного мальчишку, которому не терпелось показать нам что-то важное. Он допил свой напиток и пошел на кухню разогревать еду в духовке и раскладывать охлажденные ломтики деликатесов на больших белых тарелках с тонкой серебряной каемочкой. Мы знали, что, как и на прошлой неделе, он сделает из закусок маленькие башенки и нарисует вокруг них завитки из ярких соусов, больше похожих на косметику, чем на что-то съедобное. Мы похвалим его подачу в стиле лучших шеф-поваров и втихую обменяемся многозначительными взглядами, как гордые родители, молча радующиеся успехам довольного ребенка.

Наконец Ролло позвал нас к столу и начал увлеченно перечислять заготовленные блюда, а мы внимательно слушали его рассказ о каждом из них. Он придерживал спинки наших стульев, пока мы рассаживались, и взволнованно стоял, пока мы выбирали закуски и накладывали их себе на тарелки. Там были тончайшие ломтики копченого лосося на теплых блинчиках; холодный ростбиф и различные салаты, тоже красиво сервированные, все из отдела деликатесов «Хэрродз». Вита ерзала на стуле, пока он рассказывал о каждом блюде; она явно думала о чем-то другом.

Стоило ему замолчать, как она заговорила. Ее тон был капризным; ясно было, что ее терпение на пределе.

— А про десерт ты не забыл, Ролс? Я хотела клубнику.

— Будет тебе клубника, Ви,— рассмеялся он. — Я купил ее столько, что тебе одной ни за что не управиться. Крупную. И профитроли, — в ответ Вита лучезарно улыбнулась, осушила свой бокал и тут же наполнила одним ловким движением. Ролло взглянул на нас с Долли. — Квини только одно интересует — десерт. Она даже не любит рестораны.

— Я люблю рестораны, Ролс. Просто необязательно ходить во все новые рестораны в городе в день открытия. Ведь они все одинаковые. Та же еда, те же лица, бла, бла, бла, — с каждым «бла» она вертела головой. — Тебе это нравится, а мне нет. И не всегда хочется есть *высокую кухню*.

Она произнесла «ку-у-у-ухню» и закатила глаза. Такое же выражение было у Долли, когда они с дедом обсуждали подарок на ее семилетие. *Нет, дедушка, как ты не понимаешь, я люблю черных пони! Мне не нужен белый.*

— Знаю, королева Ви, и тоже предпочитаю еду попроще, когда мы ужинаем вдвоем, — он опустил голову и выложил на тарелку немного горчицы маленькой серебряной ложечкой, а когда снова заговорил, его взгляд обратился к нам, но голова осталась склоненной, отчего создавалось ощущение, что он стесняется или скромничает. — Жена говорит, что мне нравится детская еда. Если бы она готовила, я был бы очень рад любому домашнему блюду, — Ролло подчеркнул слово «очень», в его устах прозвучавшее как «ощень».

Я и за Витой раньше замечала такую особенность произношения и точно не знала, то ли так говорит привилегированный класс, то ли это настоящий дефект речи, который был у них обоих. Сильнее всего слышалась эта особенность в словах «ощень» и «слущайно», и мне бы, конечно, хотелось, чтобы она была еще более явной. Вита и Ролло напоминали мне родителей Короля; богатство делало их самоуверенными, и не было ничего главнее происходивших с ними вещей. Поэтому их речь была полна превосходных степеней, а вот наречий в ней явно не хватало. Неприятные события в жизни Виты были *не очень плохими*, а *чудовищными и кошмарными*. Так и у Банни с Ричардом отпуск или прибыльный день в лавке был *не очень хорошим*, а *невероятным* или *божественным*.

— Но тебе не очень понравилось бы, если бы я приготовила ужин, а потом жаловалась, что ты опоздал, — сказала она. *Тебе не ощень понравилось бы, тебе не ощень понравилось бы*, молча повторила я про себя; эта фраза была одной из моих любимых у Виты, не считая, конечно, ее фирменных бранных словечек. — А ведь ты можешь и вообще не прийти. Тебе бы это не очень понравилось, дорогой? — она говорила спокойно и улыбалась, но улыбалась натянуто и, скорее, бросала ему вызов, чем говорила ласково. Она поглаживала блестящий шрам на тыльной стороне кисти, словно гладила испуганную собачку. — Такая жена тебе не нужна, — заключила она, говоря больше сама с собой.

Ролло пригладил волосы и кивнул.

— Ты права, Ви, — спокойно ответил он. — Кто хочет еще выпить? — он потянулся за спину, взял с комода закупоренную бутылку и помахал ею в воздухе. Зеленое стекло слегка запылилось, словно кто-то аккуратно его припудрил. Бутылка выглядела старой, и мне показалось, что содержимое ее лучше не пить, а вылить. — Смотрите, что я достал! Если вы раньше меня не любили, теперь точно полюбите! — Ролло широко улыбнулся, как и все мы, услышав это абсурдное заявление, потому что не любить его было невозможно и для этого не нужны были ни уговоры, ни ухищрения.

Вита с Долли взяли винные бокалы из шеренги разнообразного хрусталя на столе. Рядом с моей тарелкой стоял стакан воды и бокал для шампанского, но другим ставили по меньшей мере четыре бокала, а иногда и пять. К счастью, Долли не допивала все, что ей наливали, только пробовала по чуть-чуть.

Наполнив бокалы, Ролло положил на мое плечо теплую ладонь и налил мне шампанского.

— Я знаю, что ты, как обычно, выберешь шампанское, Сандей, — проговорил он.

Они всегда подавали к ужину терпкое вино, которое я не могла пить, да и еда сама по себе была темной, с насыщенным вкусом. В том году я так и не начала пить вино, зато с каждой неделей мне становилось все легче пробовать странную еду, так как каждый пятничный ужин проходил по единому распорядку.

Ролло снова разносил закуски, и, когда дошло до меня, я указала на круглые блинчики с ломтиками лосося.

— Спасибо, вот это мне понравилось, — сказала я и подложила себе блинчиков. — Я никогда раньше такого не пробовала, и...

Вита меня прервала:

— Но ты же говорила, что твой отец был рыбаком? Разве нет? — она задумалась, точно надеялась сама разгадать эту загадку. Потом улыбнулась и спросила: — В детстве ты, наверно, каждый день ела рыбу?

— Я была очень капризна в еде, — ответила я, как будто на сегодняшний момент с моими капризами было покончено. — И в нашем доме постоянно везде валялась рыба. Они ее разделывали.

При жизни моих родителей рыба лежала на газетах на всех поверхностях в нашей кухне; на каждой рыбе стоял ярлычок с именем туриста, поймавшего ее под руководством моего отца. Туристы были сплошь богатыми и процветающими городскими жителями, банкирами и врачами, и ни на минуту не сомневались в своих способностях. Собираясь на нашем крылечке, они твердили отцу, что тот хорошо устроился: мол, они, туристы, рыбачат для удовольствия, а рыбаки еще и деньги за это получают. Они говорили это с притворным смущением, мол, случайно пришли к такому философскому выводу. При этом они громко шлепали отца по спине или крепко сжимали его плечо. Уолт замирал во время этих статусных ритуалов, терпел их дружеские похлопывания и неподвижно балансировал на ногах, как на лодке в ненастье. Хлопнув рыбака по спине, богатые люди вовсе не хотели, чтобы он отвечал им тем же и дотрагивался до их безупречно чистой одежды и изнеженных офисных тел своими красными обветренными руками. Им не терпелось скорее вернуться к женам и кухаркам из гостевых домов, неся в нежных белых руках тяжелые бумажные свертки со свежепойманной рыбой.

— Значит, тебе не нравился *вид* рыбы? — спросила Вита и сморщила нос, точно нас прямо сейчас окружали рыбные кости.

— Но ты же любила кататься на лодке? — с улыбкой спросил Ролло. — В детстве мы с братом обожали плавать под парусом. Просто обожали.

— Я любила его лодку, — ответила я. — Она называлась «Лиомбруно». Как в сказке, — я часто рассказывала эту сказку, причем во всех подробностях, увлеченно и невзирая на наличие или отсутствие интереса у слушателей.

Долли простонала:

— О нет, нет, нет. Только не рассказывай ее сейчас.

Но она улыбалась.

— Он купил ее у Джерре, хозяина кафе на озере.

Любой, кто брался угадать национальность Джерре, встречался с яростным отпором: *нет, я не итальянец, нет! Я сицилиец! Си-си-ли-ано!* К счастью, отец любопытством не отличался и, полагаю, даже не поинтересовался происхождением хозяина лодки, когда пришел покупать «Лиомбруно». Поэтому Джерре не рассердился, они с Уолтом поладили, и он поведал ему историю названия лодки.

— Расскажи сказку, — попросила Вита и незаметно толкнула Долли локтем; та захихикала, закрыв лицо ладонями. — Да ладно тебе, Долли, это нечестно, мы же ее не слышали!

Меня не нужно было просить дважды.

— В сказке «Лиомбруно» рассказывается о старом рыбаке; тот был беден, потому что не мог больше ловить рыбу. Однажды из озера вышел Злой Дух и сказал, что будет каждый день наполнять его сети рыбой, но взамен попросил отдать ему следующего ребенка, который родится у рыбака. Рыбак знал, что его старая жена больше не может иметь детей, и согласился отдать ребенка взамен на рыбу. Но через год жена рыбака внезапно родила Лиомбруно, и, когда тот подрос, ему пришлось вернуться к озеру, где его ждал Злой Дух.

— Вы даже не представляете, сколько раз я слышала эту сказку, — смеясь, сказала Долли.

— Потрясающая сказка, — заверил меня Ролло.

Мои родители надолго запомнили длинный рыболовный сезон тысяча девятьсот сорок восьмого года, когда улов был настолько мал, что они уже были готовы продать «Лиомбруно» Злому Духу. Но в конце концов сети опять стали наполняться ежечасно, словно невидимые руки гнали в них рыбу, а потом, в январе следующего года, неожиданно родилась малышка Долорес. Матери тогда было далеко за сорок, она думала, что уже пережила менопаузу и не верила, что вообще могла забеременеть.

Сказка о несчастном Лиомбруно часто звучала у нас дома; отец любил рассказывать ее, когда укладывал нас спать. Моей сестре вскоре это надоело, но я готова была слушать ее снова и снова. Чтобы удовлетворить мой интерес к сицилийским легендам, Уолт взял в библиотеке книжку с народными сказками Южной Италии. Книга была в идеальном состоянии, на формуляре не стояло ни одного штампа, а потом отец соврал в библиотеке, что мы ее потеряли. Другие книжки меня не интересовали, я читала только эту и перечитывала ее много раз, обращаясь к ней, когда нуждалась в утешении, и обращаюсь до сих пор.

Мы доели десерт, Долли убрала со стола, а Вита приготовила кофе, громыхая чашками на подносе и продолжая непрерывно разговаривать с нами через открытую дверь. Мы с Ролло переглянулись и улыбнулись друг другу, слушая ее болтовню. Я поражалась тому, как легко лилась ее речь; она не нуждалась ни в поощрении, ни в реакциях собеседника. Сейчас она рассказывала о свадьбе, где они с Ролло побывали весной.

— На ней было платье покойной бабушки, очень красивое, как нам показалось. (*О-о-ощень красивое*, повторила я про себя.) Правда же, Ролс? — Ролло взглянул на меня и вдруг растерянно всплеснул руками. Мы тихо рассмеялись, а он заговорщически похлопал меня по руке. Он казался таким милым, таким надежным, и я чуть не захлебнулась от чувств к нему, сидя там, рядом с ним за столом. — Но у невесты была маленькая грудь, а платье с квадратным вырезом нельзя носить с маленькой грудью. Вот на тебе, Сандей, это платье смотрелось бы потрясающе. Скажи, Ролс? У нее великолепная грудь, — Ролло схватился за горло и изобразил, что давится вином. Долли была на кухне, и я услышала, как она прыснула, но был ли то добродушный смех или презрительная усмешка, не поняла.

— Да, Ви. У Сандей красивая грудь, — ответил Ролло и улыбнулся мне, словно мы вели обычную беседу. Он снял очки и протер их тряпочкой, глядя на меня в упор и ничуть не стесняясь. — Это правда, — тихо повторил он. Без очков его глаза казались маленькими и менее привлекательными, и я обрадовалась, когда он снова надел очки.

Впервые в жизни кто-то что-то сказал про мою фигуру; даже Король никогда не делал подобных замечаний, тем более таким тоном. И я решила, что это и есть близость, когда мое тело не просто обсуждают, но обсуждают одобрительно и походя, за столом. У Виты и Долли грудь была плоская, как у спортивных аристократок, созданных для верховой езды и управления большим поместьем, а не для выкармливания младенцев и домашних хлопот. Я же, напротив, носила бюстгальтер среднего размера, но «великолепной» мою грудь еще никто никогда не называл. Однако теперь, сидя за столом Виты, я вдруг почувствовала себя пышногрудой красавицей.

— Конечно, косой крой не для таких бедер, как у нее, но все же так трогательно, что она надела бабушкино платье... Потом она планировала сшить из него крестильную рубашечку для ребенка. Судя по всему, та должна была скоро ей понадобиться,— Вита переливчато рассмеялась над своим намеком и продолжила серьезным тоном, словно укоряя расшалившегося ребенка. — Хотя, как я уже сказала, платье подчеркивало недостатки, а девица эта всегда была крупной, как фермерша, и...

Когда Вита обсуждала внешность других женщин — а это случалось часто,— она поглаживала свои ключицы, словно проверяя, на месте ли они и не заплыли ли жиром. Она на миг замолчала, и я представила ее на кухне, где она стояла и думала о толстой невесте, поглаживая свои ключицы и с облегчением нащупывая тонкое горло и твердую выступающую грудину.

Ролло заметил, что она замолчала, и тут же вступил в разговор.

— Но как...

Однако Вита не дала ему договорить. Она продолжила рассказывать свою историю, повысив голос, так как начала громыхать чашками и бутылками. При этом ее тон, ненадолго ставший серьезным, изменился и стал более непринужденным.

— Но свекровь этой девушки, Сандей, разнесла ее в пух и прах. *Не платье, а катастрофа*, сказала она, хотя на самом деле не такое ужасное у нее было платье! Но эта семья считает, что за ними должно остаться последнее слово. Жуткие снобы. Почему люди такие злые? — спросила она, появившись в дверях с подносом.

Она поставила поднос на стол, а я ответила одной из моих любимых итальянских поговорок:

— В языке нет костей, но он может сломать кость.

Вита звонко рассмеялась и разлила кофе по трем маленьким чашечкам:

— Что верно, то верно! Надо запомнить эту поговорку.

На подносе лежали птифуры в гофрированной бумаге, которые Ролло купил для нас в Лондоне. Эти мини-пирожные стали любимым завершением всех ужинов, которые он для нас устраивал. Ему нравились самые ненатуральные цвета — нежно-голубой, розовый и зеленый, и чем больше украшений бантиками и узором из глазури, тем лучше. Я раньше никогда не видела таких пирожных и узнала, что те бывают и более приглушенных цветов, лишь когда Вита сказала об этом Ролло, ласково пожурив его за выбор. Еще он любил запихивать в рот по несколько штук одновременно, притворяясь, что проголодался, а Вита, смеясь, бранила его за вульгарное поведение за столом.

Я не знала никого из тех, о ком рассказывала Вита. Она говорила так, будто мы вращались в одних кругах, и в результате все эти интересные люди начали казаться мне кем-то вроде дальних родственников, о которых я знала всю подноготную. Это было приятно, как смотреть кино: ты наблюдаешь за героями, а тебя никто не видит.

— Ну, знаешь, — отмахивалась она, когда я спрашивала, о ком из их многочисленных подруг идет речь, — *Софи*. Такая высокая блондинка. С помадой. И ужасным мужем. Софи! — или: — Джон. Джон. У него еще куча родственников. *Куча*. Обаятельный мужчина, — она задумывалась, вспоминая его отличительную черту, чтобы я точно поняла, о ком речь. Затем с торжествующей улыбкой произносила: — Он еще сбежал с няней!

При этом мы обе знали, что я рада просто слушать, как она говорила на любую тему. Мне нравилась ее беспечная болтовня и прямота, с которой она выражала свое мнение; я была как несведущий в балете зритель, который пришел на представление и вдруг засмотрелся. Я растворялась в потоке ее слов, лившемся легко и беспрепятственно, как льется с неба легкий нежданный дождик. Иногда спокойная уверенность ее тона побуждала меня отвечать, иногда я молчала. Но Вите, похоже, было все равно, отвечала я или нет; мое молчание и редкие комментарии она встречала с одинаковым отсутствием удивления и продолжала тараторить дальше как ни в чем не бывало. Она не преследовала цели выманить меня из раковины, заставить меня покинуть уютный кокон молчания, потому что ей так было удобнее. Казалось, она просто тренировалась в говорении, как певец тренируется в пении; ее речь была музыкальным выступлением и не требовала отклика.

Разумеется, теперь, когда мне известно о ее маленьком птичьем сердце, я иначе вспоминаю эти односторонние беседы. Я вижу, что этой зоркой птичке с мягкими перышками были выгодны мои частые молчания. В моем присутствии она могла беззаботно щебетать себе под нос, и никто ее не прерывал; она знала, что петь я не умела и потому не могла ей ответить. В Италии птицы всегда считались дурной приметой, их никогда не держали в доме; нельзя было иметь даже изображение или фигурку птицы. Птицы привлекали дурной глаз, *il malocchio*. Я исправно соблюдала все известные мне итальянские обычаи: готовила семь рыб на Рождество* и чечевицу первого января, ела рис и не ела хлеб в день святой Лючии**, носила хризантемы на могилу сестры в День мертвых***

---

* Обычай готовить семь видов рыбы на Рождество существует на юге Италии; происхождение его неизвестно (предположительно — просто потому, что число семь имеет особое значение в христианстве, как семь смертных грехов или семь таинств).

** Обычай не есть хлеб и пасту в День святой Лючии (Лусии) в Италии восходит к 13 мая 1646 года, когда в Палермо вошел груженный зерном корабль. Тем самым был положен конец голоду на юге Италии, и с этих пор в День святой Лючии итальянцы едят только кашу из зерна.

*** Традиция приносить хризантемы в День мертвых (1 ноября) на кладбище возникла потому, что в это время года это самые дешевые цветы; в Италии у хризантем дурная слава, их считают цветами для кладбища.

и знала, что несчастливым является число семнадцать, а не тринадцать*. Я не пустила бы в свой дом даже изображение птицы, но тем летом жила ради птичьего сердца и горячо его любила, однако поняла это только потом.

После первого ужина мы с Долли ушли вовремя, но во второй наш визит Долли затопталась на пороге и вежливо предложила помочь с уборкой.

— Оставайся на ночь! — тут же воскликнула Вита, шагнула к Долли и взяла ее за руку. — У нас пока никто не оставался. Будешь первой! — они с Долли с надеждой взглянули на меня.

— Но у тебя с собой ничего нет, — сказала я Долли — та улыбалась и едва заметно льнула к Вите.

Вита сделала жест свободной рукой, будто отталкивала от себя что-то легкое:

— У меня есть все, что только может понадобиться. На месяц! Моя комната для гостей полностью готова, Сандей. Ты же сама ее видела. Я обожаю гостей.

— Ну пожалуйста, мам! Пожалуйста, можно? — Долли выжидающе смотрела на меня лучистым, восторженным взглядом. — Я очень-очень хочу остаться!

---

* Это поверье пошло со времен, когда в ходу были цифры, так как на могилах римлян часто писали «VIXI» — «я жил», что могло интерпретироваться и как римские цифры (VI = 6, XI = 11, VIXI = 6 + 11 = 17) или анаграмма числа XVII.

Поскольку я не спешила отвечать «да», обе нахмурились и замолчали; спустя некоторое время я поняла, что должна что-то сказать.

— Вы уверены? — они синхронно восторженно закивали, почуяв, что я готова уступить. — Хорошо. Если вы правда уверены... До завтра, Долли. Позвони, если что-то понадобится.

— Вот здорово! — Вита улыбнулась и плотно закрыла дверь. Через дверь я услышала их удаляющиеся голоса в коридоре. — *Твоя мама, конечно, этого не знает, Доллз, но в городе мы всегда...*

Долли вернулась лишь на следующий день после обеда. Она взволнованно сообщила, что Вита попросила ее приходить по субботам и помогать со стиркой и легкой уборкой. Они еще не наняли местную прислугу. Узнав, что Долли согласилась, я очень удивилась, ведь дома она никогда не помогала добровольно, даже если требовалось навести порядок в своей же комнате или постирать свои вещи. Я не стала спрашивать, сколько Вита ей предложила и предложила ли вообще что-нибудь, и сейчас удивляюсь, как можно было об этом не спросить. Подобное отсутствие любопытства можно объяснить разве что тем, что я хорошо понимала, как Вита воздействует на окружающих и какое радостное волнение люди испытывают с ней рядом. Мне показалось, что уборка у Виты послужит Долли хорошей подготовкой к самостоятельной жизни в университете, научит ее самодисциплине и независимости. Мы с ее бабушкой и дедушкой всегда планировали оплачивать все расходы, чтобы она могла спокойно учиться. Ей не нужно было зарабатывать; она никогда ни в чем не нуждалась. Временами я бы даже предпочла, чтобы она потерпела, но Ричард и Банни сразу давали ей деньги на что угодно: новый проигрыватель, дорогую обувь. Иногда Долли тратила деньги на покупку желанной вещи, а иногда даже не сообщала, что именно покупала. Она знала, что легкие деньги — много денег — будут доставаться ей и дальше, когда она будет учиться в университете и даже после его окончания.

Мои свекры и я были готовы удовлетворить любые ее финансовые нужды — если бы она уехала, ей было бы достаточно лишь намекнуть, что кто-то из нас не дает ей денег, что ей чего-то не хватает, даже того, что другие студенты посчитали бы роскошью, и мы тут же выслали бы ей чек на нужную сумму. Мы хотели, чтобы Долли ни в чем не нуждалась, но еще больше хотели завоевать ее расположение. Стать тем, кто помог ей в минуту нужды, тем, к кому эта независимая девочка обратилась, тем самым признав факт его существования.

Мне казалось, что под придирчивым и зорким взглядом Виты моя дочь к моменту отъезда из дома — то есть к своему восемнадцатилетию — станет образцовой хозяйкой. Мы с сестрой даже не задумывались об университете, не считали это возможным, и я уже чувствовала пропасть, которой грозились обернуться для нас с дочерью ее планы на будущее. Я волновалась из-за университета, переживала, что Долли будет приводить домой юношей с серьезными лицами и те вначале будут требовать разноцветную вегетарианскую еду, а потом спорить со мной на темы, в которых я не разбиралась. Но больше всего я боялась, что она уедет и больше никогда не вернется.

Тем летом дома Долли так ни разу и не вызвалась помочь с уборкой, однако у нее появились специфические вкусы, и я была более чем уверена, что она переняла их от соседки. Так, она полюбила бутерброды с крем-сыром и мармеладом и стала подражать Витиному произношению. Впрочем, раньше она тоже всегда старалась говорить чисто и правильно, но только когда общалась с бабушкой и дедушкой; те исправляли ее, если речь начинала напоминать диалект местных жителей, то есть мой. Но после знакомства с Витой она начала выговаривать слова намного четче, чеканила их, отчего ее речь звучала даже резковато. Она перестала называть меня мамой, хотя звала меня так уж много лет, и вернулась к детскому «мамочка», точнее, *«мамощка»*. Теперь она говорила в точности как Вита, и ее голосом называла меня *мамощкой: мамощка, сегодня к ужину меня не жди. Мамощка, я переночую у соседей; мамощка, я еду в Лондон. Пока, мамощка*. Но было еще кое-что помимо моего нового наименования и подчеркнуто правильной речи дочери: ее пристальный взгляд. Тем летом она словно начала присматриваться ко мне и как будто собирала доказательства, чтобы потом обвинить меня в чем-то, что я не смогла бы опровергнуть.

Долли стала ночевать у соседей после каждого пятничного ужина. Вскоре ночевки начали затягиваться; она оставалась у них сначала на все выходные, потом с захватом понедельника и вторника, и наконец начала пропадать у Виты чаще, чем у подруг или бабушки с дедушкой. Как-то раз в пятницу, заметив, что Долли забыла дома новую пижаму, которая ей очень нравилась, я зашла к Вите и отнесла ее. Мне пришлось постучать несколько раз, прежде чем Ролло открыл. Я слышала музыку и смех — смеялась то ли Долли, то ли Вита, понять это было невозможно. Я помахала пижамой, и Ролло с улыбкой взял ее, но не пригласил меня войти.

— Сандей, не стоило утруждать себя. У нас все есть. Но спасибо тебе за заботу. Не стану тебя задерживать.

Он произнес последние слова с горьким сожалением, точно мне предстоял долгий путь домой и у меня имелись грандиозные планы на вечер, хотя мой дом стоял в паре шагов и делать мне было нечего. Дверь захлопнулась у меня перед носом, я даже не успела отвернуться.

Долли всегда спала в комнате для гостей; в доме Виты это была прямоугольная комната в передней части дома. Комната Долли в нашем доме находилась в том же месте. Уже через пару недель она перенесла в свою вторую комнату часть одежды и личных вещей и обе эти комнаты называла своими, словно мы с Витой были разведенными родителями с общей опекой. Тем летом меня не покидала зависть, но чему я завидовала? Наверно, тому, с какой легкостью им с Витой удалось вжиться в свои новые роли. Я могла бы сказать, что начала завидовать уже тогда, вот только кому я завидовала больше — своей дочери или Вите?

ЗВУЧНЫЙ ПОЦЕЛУЙ

По пятницам вечера у Виты и Ролло всегда проходили по одному сценарию; это, с одной стороны, приятно волновало, а с другой — не вызывало тревоги. За ужином я с благодарностью отмечала все мелочи, что оставались прежними и не менялись от недели к неделе. Это давало ощущение стабильности; мне уже не казалось, что я в гостях у незнакомых людей пробую незнакомую еду и слушаю незнакомые разговоры. Каждую пятницу мы с Долли ходили в гости к соседям, но Вита тоже приходила к нам, правда, без приглашения. Однако мы всегда были ей рады. Иногда она приходила сама, иногда ее без предупреждения приводила Долли; раньше в нашем доме гости вот так просто и легко никогда не появлялись. Когда у нас втроем случались очередные спонтанные посиделки, я с нежностью думала, что будь Долорес жива, мы бы с ней тоже сейчас так сидели.

Вита могла прийти в гости в пижаме, а могла в шикарном платье, но никогда не объясняла, почему сегодня выглядит так, а не иначе. Однажды она явилась босая в большом полотенце и с мокрыми волосами, словно какая-то беда заставила ее выбежать из дома и прийти к нам, но вела себя при этом спокойно и царственно, как всегда. Она приходила в дни, когда Ролло пропадал на работе, в пабе или попросту был занят; она нуждалась в постоянном внимании. Она не боялась оставаться дома одна; она вообще ничего не боялась, просто ее жажда общества была неутолима. Такая острая потребность в общении представлялась мне страшно неудобной, как голод и жажда, которые нужно удовлетворять ежедневно. Она не могла пробыть дома одна больше пары часов, и поначалу неспособность к одиночеству Виты, во всем остальном такой способной, казалась мне трогательной. Она так ни разу и не переночевала в гостевой комнате в нашем доме и всегда засыпала на диване.

Долли дала ей ключ от дома, и иногда Вита заходила сама, пока мы еще спали наверху и не догадывались о ее присутствии, а потом спускались утром и натыкались на нее в гостиной. Я купила специально для нее мягкое розовое одеяло и такую же подушку и положила на полку. Она казалась одновременно по-детски невинной и искушенной; ей явно нравилось, когда я подтыкала ей одеяло на диване, но вместе с тем она могла рассказывать скабрезные подробности последнего лондонского скандала. Это сочетание было очень привлекательным, и, кажется, моя дочь тоже им обладала. Как и моя сестра, хотя та не успела вырасти, но уже в детстве у нее было это двойственное обаяние, эта неопределенность — не наивный ребенок, но еще и не взрослая.

Мне нравилось, что с нами теперь жил кто-то третий, пусть и не постоянно. Разумеется, это был не всякий третий; это была Вита. Я воспринимала ее общество как неожиданный подарок; казалось, будто в нашем ничем не примечательном доме внезапно решило поселиться редкое экзотическое животное. А нам с Долли оставалось лишь наблюдать, как она лежит на диване и мелодично подпевает песенкам, звучащим по радио, плачет над грустными фильмами, наливает в нашу ванну сладкие ароматные масла, бросает полотенца на пол и иногда готовит на кухне что-то несъедобное. Мы слушали ее пение, смотрели фильмы и тоже плакали и подбирали с пола брошенные полотенца; исправляли испорченные ею нехитрые блюда и кормили ее. При этом мы наблюдали и друг за другом, и, кажется, нам это нравилось. Так наш привычный маленький круг из двух человек неожиданно расширился до трех. А четвертый, Ролло, оставался любимой, но отстраненной отеческой фигурой, следившей за нами с благосклонностью и пристальным вниманием.

Как-то вечером Долли вернулась около шести, открыла заднюю дверь и окликнула меня с порога.

— Ролло сегодня в городе; я пригласила Виту на ужин. Можно, мамочка? — спросила она вкрадчивым голосом, непохожим на ее собственный.

Она зашла на кухню, и тут я увидела Виту, которая несла в руках какую-то посудину. Обе были в черных легинсах и широких джинсовых куртках с закатанными рукавами; на запястьях позвякивали серебряные браслеты. Они стояли рядом, и я поразилась их сходству: они и выглядели одинаково, и держались.

За время обучения в школе я уяснила, что подобное сходство является признаком глубокой связи; девочки с одинаковыми вкусами имели все шансы подружиться. Мои одноклассницы дружили с теми, у кого были такие же сумки, куртки и туфли. Но если я покупала похожие вещи ближе к концу семестра, если мне дарили их на день рождения и потом я начинала носить их в школу, было уже слишком поздно. Когда я приходила в класс с такой же, как у всех, сумкой, девочки смотрели на меня еще более равнодушно, чем обычно, а потом поворачивались друг к другу с одинаковыми улыбками, и мое сердце подскакивало, учащенно билось и трепыхалось в горле, а воздух вокруг сгущался, и становилось трудно сосредоточиться на дыхании. Но даже тогда я знала, что никогда не выброшу и не перестану носить куртку и сумку точь-в-точь как у всех, потому что не смогу объяснить родителям, почему эти желанные вещи теперь делали меня мишенью. Ведь я сама этого не понимала. И вот, когда я садилась в автобус или входила в класс с новой сумкой, оттягивающей плечо, или в новой куртке, целомудренно застегнутой на все пуговицы, другие девочки словно предчувствовали появление той, что неубедительно пыталась им подражать.

Вита с Долли даже надушились одними духами; кухня наполнилась их ароматом, слишком тяжелым для моей дочери и слишком легким для Виты. Из-за духов становилась заметна их разница в возрасте и другие многочисленные отличия. Мне нравилось ощущать эту разницу — промежуток, в котором могло бы найтись место и для меня.

Я стояла у плиты в пижаме и следила за рыбой, тушившейся в молоке. Мне нравилось смотреть, как сероватые водянистые завитки рыбного сока смешивались с белым шелковистым молоком. Я следила за рыбой не с целью соблюсти время приготовления (мой метод тушения очень щадящий, рыбу невозможно передержать), но из эстетического интереса. Я определяю готовность по запаху и не смотрю на часы, по которым, кстати, до сих пор не умею точно определять время. Я знаю, что пирог готов, потому что воздух внезапно пропитывается сильным ароматом ванили; тогда я понимаю, что тесто пропеклось, но не пересушилось. Однако мой метод не позволяет определить готовность сразу нескольких блюд, которые обычно подают вместе горячими. Поэтому я ем горячим только что-то одно, а гарнир подаю холодным или комнатной температуры. Меня всегда немного шокирует, когда кто-то одновременно подает на стол несколько блюд одной температуры. Но я согласна с Ролло — приготовление еды действительно расслабляет; кухня для меня — лаборатория, где органы чувств подвергаются контролируемому воздействию. В тот день я была молчалива, как почти всегда; праздные разговоры меня утомляют, и после я чувствую себя намного хуже. Совсем как неспортивный человек, который зачем-то пробежал километр: технически это возможно, но смысл?

Долли и Вита поздоровались со мной, Вита обняла меня первой и, как всегда, то ли в силу социальной восприимчивости, то ли по волшебству, уловила мое настроение.

— Долли рассказывала, что у тебя бывают «тихие дни». Сегодня такой день? — и она прошептала мне на ухо: *«сегоднятихийденьскажискажискажи»*, а я кивнула: *да*.

Долли несколько раз звучно поцеловала меня в щеку, нарочно чмокая, и ее чмоканье разнеслось по маленькой кухне как по высокому собору со сводчатым потолком. Так же громко она целовала меня в начальной школе, когда я забирала ее после занятий. В последний год обучения все ее одноклассники считали себя слишком взрослыми для публичных проявлений родительской любви и даже для того, чтобы их забирали из школы. Но Долли продолжала стоять на детской площадке и каждый день, завидев меня, раскидывала ручки радушно, как старенькая бабушка. Сейчас она открыла холодильник, взглянула на Виту и подала ей какой-то непонятный сигнал; Вита коротко кивнула и села за стол. Жесты, которыми обменивались Вита с моей дочерью, были для меня загадкой — еще один социальный код, который я никогда бы не смогла освоить. Долли достала из холодильника две банки колы, поставила свою на стол и наполнила стакан для Виты.

— Мамочка, у нас есть лед?

Мамощка. Мне было приятно, что она снова по-детски зовет меня мамочкой. Я-то думала, что в последнее лето перед отъездом из дома она хотела вновь ненадолго почувствовать себя ребенком. Но я не успела ответить; она повернулась к Вите и тихо и доверительно проговорила:

— Льда нет, Вита. У нас никогда не бывает льда.

На столе перед Витой стояла маленькая фарфоровая супница. Она торжественно подняла крышку и немного отклонилась назад, восторгаясь увиденным. Скромно сложила ладони на столе, словно пыталась скрыть волнение. Я заглянула в супницу. Там лежал сырой мясной фарш и три жидких яичных желтка, густых и блестящих, как глазурь. На той неделе в витрине местной пекарни стоял именинный торт, украшенный теннисной ракеткой из сахарной глазури. Кондитер тщательно прорисовал каждую идеальную струнку и крепление. Как и вкус торта, вкус тартара не равнялся вкусу отдельных его ингредиентов, а внешний вид мог оказаться обманчивым. Я и не думала, что еду можно готовить таким нечестным способом — не готовя.

— Я решила, что тартар можно съесть на закуску. Мы ели его на обед, и вот, немного осталось. Он уже приправлен. Это фирменное блюдо Ролса. Нравится? — она аккуратно разложила содержимое супницы по трем тарелкам, уже стоявшим на столе.

— Как это готовят? — спросила я без особого интереса; меня сегодня не интересовала ни красная еда, ни долгие разговоры. У меня уже был ужин на плите, и я не собиралась готовить еще одно блюдо, тем более красное.

Вита просияла.

— Его не готовят, глупенькая. Это *стейк тартар*. Я его обожаю. Фарш из сырого стейка с яичным желтком, — я решила, что ослышалась. Она продолжала говорить: — Ролс специально для меня кладет яйца отдельно. Терпеть не могу сырые яйца, — она нахмурилась, точно сама мысль о сырых яйцах ее удручала.

— Но... сырая говядина с сырыми яйцами? Разве это можно есть? — по кухне разнесся молочно-рыбный пар, и я поняла, что рыба готова, но не могла оторвать взгляд от блюда на столе. Оно казалось таким изощренным и вместе с тем таким негигиеничным и примитивным, что мне с трудом верилось, что это едят. Я не уставала поражаться разнообразию человеческих вкусов в том, что касалось пищи. Лично мне было удобно сузить выбор, иначе начинала кружиться голова. Я предпочитала самое простое и самое блеклое. И упорно не понимала, что побуждало людей отклоняться от привычного распорядка, откуда в них рождалась это неуемная тяга к новому и цветному. И все же стремление людей к разнообразию казалось трогательным; я считала его проявлением надежды и, может быть, даже веры. Но чем бы оно не являлось, я не могла им похвастаться, да и не хотела. Детская вера, что всегда оставалось что-то непознанное и лучшее — другое платье, дом, еда — и лишь тот, кто ищет и пробует, его найдет, казалась мне наивной. Я взглянула на Долли: та сидела за столом и пила колу без льда. — Долли, ты слышала о таком? Что сырой фарш едят?

Я вернулась к своей рыбе, а Вита и Долли рассмеялись, да так похоже, что я снова не смогла определить, где чей смех.

Скрипнул стул, и мне на плечо легла рука, легкая, словно сел комарик:

— Долли ела тартар у нас на прошлой неделе, помнишь, Долли? — сказала Вита. Она стояла так близко, что ее дыхание колыхало мои волосы. Потом она ответила на мой незаданный вопрос, прочитав мои мысли; я бы не стала спрашивать вслух, но она догадалась. — Ты была на работе, Сандей.

Долли как ни в чем не бывало кивнула.

— Да. На самом деле вкусно. Из всего, что готовит Ролс, это мое любимое, — она улыбнулась Вите и покачала головой. — Она не станет есть. Он был прав.

Тут я представила, как Вита, Ролло и Долли сидят в столовой соседского дома, едят это странное блюдо и обсуждают мой вероятный отказ его попробовать. Играет любимая классическая музыка Виты; на тарелках с серебряной каемочкой лежит желтково-мясная смесь. Красная с желтыми прожилками. Я положила свой фарш и желток обратно в супницу Виты и смыла с тарелки следы крови. Казалось, такое могли есть только первобытные люди. Я никак не могла понять, как наши соседи, которые регулярно бывали в лучших лондонских ресторанах и даже дома питались как искушенные ресторанные критики, могли есть сырое мясо. Вита, например, ненавидела сырые яйца и при этом ела сырой фарш — как? Я смыла с тарелки кровь, а Вита и Долли тем временем уминали тартар.

— Ролс поехал в город на день рождения. А я сказала: нет уж, дорогой, поезжай один, я теперь деревенская женушка. Правда, Долл? Так и сказала: я теперь деревенская женушка!

Деревенская жо-о-онушка, повторила я про себя, отстукивая ритм по столу. Вита с Долли многозначительно переглянулись, как дети, довольные своей шалостью, и Вита повторила:

— Правда, Долл?

— Ага, — согласилась Долли и, подражая серьезному тону Виты, повторила за ней, но неправильно расставила акценты: — *Я — деревенская женушка!* Он обалдел, — она повернулась ко мне и проговорила медленно, словно сообщая важный факт: — Он сказал: *но без тебя и праздник не праздник, Ви.*

После того, как они доели свою кровавую закуску, мы стали есть рыбу в молоке на цветных пластиковых подносах перед телевизором, где показывали наш любимый сериал. Долли рассказала Вите про героиню, которая все время ссылалась на своего папу, который «не позволил бы такого в своем доме»; та согласилась, что это очень смешно, и вскоре уже цитировала нам эту знаменитую фразу по поводу и без повода, хотя у нее не получалось в точности подражать задумчивому голосу дочери, в отличие от Долли, у которой и подбородок дрожал, как надо, и даже слезы стояли в глазах. Иногда, даже если мы смеялись, мне инстинктивно хотелось протянуть руку и утешить дочь, когда она играла эту роль. Долли убедительно передразнивала то одного, то другого героя, легко переключаясь между ними, как викторианский медиум, ведущий свое хитрое циничное представление, скрывая реквизит под кружевной скатертью. Ее представление пришлось бы по вкусу убитым горем родителям; она знала, что те хотели услышать и сумела бы изобразить серьезность и выдать за правду любую чушь.

Но Вита не смогла бы достоверно изобразить дочь строгого отца, потому что не могла перестать быть собой. Когда она сквозь смех повторяла: «Папа не допустил бы такого в своем доме», не верилось, что она стала бы подчиняться чьим-то правилам или пытаться соответствовать приличиям, поэтому слова ее звучали комично лишь в силу явного диссонанса.

По субботам мы втроем взяли обыкновение ужинать в моем доме, пока Ролло сидел в пабе «с ребятами». Среди «ребят» обычно были Эдвард

Тэйлор, владелец крупнейшего отеля в нашем городе, агент по недвижимости с хорошими связями в нужных кругах и члены городского совета, в том числе участники комитета по городскому планированию. Я знала, кто бывал на этих ужинах, потому что, поужинав со мной, Вита и Долли шли в паб выпить с Ролло и «ребятами», хотя никогда там не ели. Вита заверила меня, что Долли всегда пила только лимонад, а «ребята» не стремились вступать с ними в разговор. Вита объяснила, что Долли скрашивала ей эти скучные вечера, как будто забота о ее, Виты, благополучии являлась для всех нас главнейшим приоритетом. Ролло же радовался их присутствию, потому что с Витой всегда было лучше, чем без нее. Меня они не приглашали, да я и не рвалась.

Однажды в пятницу мы вчетвером сидели за столом у соседей и ели десерт, и я краем уха услышала, как Долли с Витой обсуждают завтрашнюю поездку в «Лейквью».

— Но разве ты не будешь завтра здесь работать? — спросила я Долли. — И зачем тебе туда ехать?

Не успела дочь открыть рот, как Вита ответила за нее:

— Доллз так все организовала, что справляется за пару часов. И у нее хороший вкус в интерьерах, скажи, Сандей?

— Нет, — ответила я. — Ее не интересуют дома. И интерьеры. Правда же, *Долли*? — я нарочно акцентировала ее имя: не хотела, чтобы дочь стала

Доллз и носила прозвище, придуманное для нее Витой. Вита всех называла по-своему — *Ролс, Жена*.

Долли ела яблочный пирог и молчала, продолжая решительно отламывать от него маленькие кусочки. Она слегка хмурилась, опускала брови, и на лбу ее залегли маленькие морщинки. Она указала вилкой на пирог, словно извиняясь, что не может говорить.

Вита продолжала:

— Мы хотим, чтобы она помогла нам с «Лейквью». Сложно продумывать новый дизайн интерьеров, пока в здании еще живут люди. А там так много детей и старой мебели, — при слове «детей» она вздернула свою короткую верхнюю губу, обнажив зубы. Смотревшая на нее Долли сделала такое же выражение лица, как будто они одновременно учуяли один и тот же неприятный запах. — Это кошмар! Я берусь лишь потому, что Ролс влюбился в это здание.

Ролло ее прервал:

— Квини. Оно и вправду великолепное. Великолепное. А когда мы закончим, станет просто невероятным.

Она словно его не слышала и смотрела только на меня; ее лицо ожесточилось:

— Он предложил городскому совету намного больше, чем этот интернат на самом деле стоит. Потому что хочет, чтобы детям нашли новое место, более подходящее. Более практичное. Мы такие счастливчики, Сандей, — она обвела рукой стол и нас четверых, будто мы были одной семьей, жили в одном доме и вели одинаковый образ жизни. — Мы не понимаем, как нам повезло, — ее тон был натянутым и каким-то чужим.

Ролло встал за плечом жены и налил ей вина, слегка коснувшись ее спины.

— И все же я не понимаю. Какой вам прок от Долли?

Они втроем переглянулись, будто решали, говорить мне или нет. Похоже, слова им были не нужны; они общались молча, как мои одноклассницы в старших классах. Что тогда, что сейчас люди как будто переговаривались на других частотах, недоступных моему слуху. Я представила, как на улице перед домом собралась стая собак; собаки замерли, навострили уши, слушали и кивали, узнав о принятом решении.

Наконец Ролло ответил:

— Вообще-то, Сандей, мы уже возили туда Долли пару раз. Когда она заходила помогать Ви по дому или... ходила с ней по магазинам. Они неразлучны, заметила? Естественно, Долли согласилась поехать с нами. Ви так ею довольна, и мы решили приобщить Долли к бизнесу. Посмотреть, вдруг она нам пригодится, — он откашлялся и продолжал: — Мы хотели спросить, может, она и в «Лейквью» будет помогать? На одно лето, разумеется. Пока нет учебы, — он дотронулся указательным пальцем до усов и мягко пригладил их по всей длине.

— Но почему вы не сказали, что вместе ездили в интернат? — обратилась я к Долли и Вите, чьи лица казались совершенно спокойными.

— Мамочка, перестань. Что такого? Я хорошо провела время, работа мне нравится. Мне интересно. Я хочу научиться бизнесу, мне нравится команда Ролса.

— Что за команда? — спросила я.

— Архитектор, — она замолчала, подумала и продолжала: — и другие рабочие, которые будут заниматься ремонтом. Плотники, водопроводчики. Некоторых я уже знаю. Мамочка, да и ты их знаешь. Гай и Крис, они прошлым летом работали на ферме. И Уильям, брат Люси. Ты же помнишь его? На следующей неделе мы с Витой едем в Лондон, будем ходить по интерьерным магазинам, выбирать обои и ткани. Пойдем в «Хэрродз». И на Оксфорд-стрит! — ее лицо раскраснелось; она была такой наивной, так искренне радовалась. Она посмотрела на Виту; та молчала с отстраненным и безразличным видом, совсем для нее не характерным. Долли собралась, и, когда заговорила, голос ее звучал сурово и укоризненно: — Я знаю, тебе это все не интересно, но я не хочу работать на ферме. И точно не хочу, — она неопределенно раскинула руками, — всего этого, — ее полный отвращения жест как будто относился к небольшой комнате, где мы находились, словно уютная столовая Виты и Ролло тоже вызывала у нее неприятие, как и мой образ жизни, ферма ее бабушки и дедушки и весь наш маленький городок.

Мне нечего было ответить, я не могла не согласиться, что наша жизнь отличалась от той, которую вели Вита и Ролло. Да и Король вместе с бабушкой и дедушкой наверняка хотели бы, чтобы Долли занялась недвижимостью и обзавелась связями, к которым так очевидно стремилась. А что я знала о связях и построении карьеры? Если бы мои родители не трудились не покладая рук и не оставили бы мне дом и наследство, хоть и небольшое, но выручавшее меня не раз, мы с дочерью, вероятно, оказались бы на улице. На ферме я получала меньше, чем моя мать на месте уборщицы, а другую работу я никогда найти не пыталась. На собеседовании я вела бы себя как недавно приехавшая в страну иностранка, не знающая этикета и даже говорящая с трудом. Кто я такая, чтобы говорить этим блистательным людям, что дочери нельзя у них работать? Но я все же сказала. Я пыталась ее удержать; теперь я себя этим успокаиваю.

— Нет, Долли, думаю, тебе не стоит сейчас работать и ездить в Лондон. Ты только что сдала экзамены,— сказала я.— А в сентябре будут новые. Тебе надо гулять с подружками,— я взглянула на Виту и Ролса.— Я не разрешаю. Это слишком.

За столом повисла тишина, которую нарушали лишь тяжкие вздохи Долли.

— Хорошо, Сандей,— осторожно проговорила Вита, словно мы сидели далеко друг от друга, а не рядом.— Если ты так считаешь... Мы-то думали, Долли это пойдет только на пользу. Мы желаем ей самого лучшего. Но если ты считаешь, что ей лучше сидеть дома, что ж... твой выбор,— она взглянула на Долли и громким сценическим шепотом произнесла: — Мне так жаль, Долли.

Ты знаешь, как нам нравится тебя везде с собой возить. И я столько всего запланировала на поездку в Лондон, но... — она беспомощно развела руками.

Наконец Долли очень тихо проговорила:

— Не запрещай мне, мамочка. Прошу. Не надо.

— Пусть съездит завтра, и хватит, — я чувствовала себя родителем, сурово отчитывающим трех своих детей. Они уставились на меня; их лица были отстраненными, неподвижными и совсем не походили на детские.

Вита коротко кивнула Долли и Ролло. Я тоже кивнула, чувствуя, как пристально смотрит на меня дочь, на чьем лице застыло умоляющее выражение.

Вита вышла из-за стола и отправилась готовить кофе. Ролло немедленно вскочил вслед за ней, а она опустила ладонь, и он быстро сел на место, словно придавленный невидимой силой. Долли тоже пошла на кухню, и после их ухода воцарилась тишина, редкая для этого дома, где прием гостей превращался в искусство. Я заметила на комоде колоду карт.

— А ты играешь в бридж, Ролло? — оживленно спросила я. — Я могу играть до бесконечности, но должна предупредить, ты у меня не выиграешь. Отец научил меня играть и всегда говорил, что я прирожденная картежница.

— Давай сегодня сыграем, — великодушно объявил Ролло. — Проверим, правду ли говорил твой отец.

Он удовлетворенно похлопал себя по животу, будто только что съел что-то очень вкусное. Затем долил себе остатки вина из бутылки; жидкость в темно-зеленом стекле казалась черной, но, выливаясь, стремительно окрашивалась в красный — это было похоже на фокус. Я знала, что, когда Ролло посмотрит на меня, у него уже будет наготове вопрос на другую тему. Он тщательно контролировал направление беседы, словно перебрасывал мячик из одной руки в другую, чтобы отвлечь собеседника, отразить его вопросы и перевести разговор в выгодное для себя русло. Для него смысл беседы заключался только в этом; это было искусство, навык, а сам разговор трогал и занимал его не больше, чем любая другая игра.

После кофе Вита заявила, что устала и хочет пойти спать. Мы с Ролло тут же вскочили со своих мест, словно вспомнив, что опаздываем на другую встречу. Долли оставалась ночевать, и я ушла, так и не сыграв в бридж; кроме того, никто не заикнулся о приглашении на ужин в следующую пятницу. Может, после стольких пятниц подряд еженедельные ужины уже стали чем-то настолько обыкновенным, что официального приглашения не требовалось? Или этот был все-таки последним? В «Дамском этикете» Эдит рекомендовала реагировать на «забытые» приглашения *«со спокойным достоинством». Любая обида, намеренная или случайная, пройдет незамеченной, если не обратить внимания, что вас не пригласили, и воздержаться от любых вопросов на эту тему как напрямую, так и через третьих лиц. Когда ожидаемого приглашения не следует,* — рассуждала

Эдит, — *у вас появляется возможность проявить характер; показав незлобивость и такт, вы зарекомендуете себя лучшим образом*.

Тем вечером и на следующий день я прокручивала в голове все наши разговоры, но единственными словами, которые вызвали всеобщее недовольство, было мое заявление, что Долли нельзя работать на реновации «Лейквью» и ездить в Лондон. Размышляя об этом позже, я так и не смогла объяснить, почему запретила, разве что из-за непонимания, почему эти поездки от меня утаили, хотя после них мы вместе ужинали и все со мной разговаривали. Я рассудила, что Долли не была моей собственностью, проводила время с бабушкой и с дедушкой, с подругами и отцом. Если ей хотелось расширить круг общения и включить в него Виту и Ролло, посмотреть, как работают люди, не моя ли задача — ее поддержать и поощрить в этом желании? Я чувствовала себя точно как в детстве, до того, как перестала ходить гуськом за Долорес. Что-то похожее металось и царапалось у меня внутри, когда сестра впервые стала прокрадываться домой в темноте.

Моя сестра была еще младше Долли, когда начала возвращаться домой ранним утром, бесшумно ступая по устланным ковролином ступенькам и проходя мимо двери моей комнаты. Пахло от нее чем-то незнакомым; запах был не ее. Через некоторое время я даже не осмеливалась посмотреть на нее с кровати; не хотелось видеть ни выражение ее лица, ни ее растрепанный вид. Не хотелось думать, где она побывала и с кем. Если бы я об этом думала, трепыхавшаяся в моей груди тревога поглотила бы меня целиком.

Когда меня будил нервный смешок сестры, споткнувшейся о порог, я не позволяла себе о ней думать. Я брала свою книжку с итальянскими сказками и в темноте прижимала к груди, вспоминая различные ритуалы юга Италии. Я шептала про себя все то, что было написано на этих страницах, и мысленным взглядом рисовала черно-белые картинки, которые помнила даже лучше реальных событий своей жизни. Я пыталась затеряться среди обычаев и ритуалов итальянских деревень, среди людей, крепко державшихся за свои верования. Люди в моей жизни вели себя непредсказуемо и странно, зато воображаемая итальянская деревня отличалась полной предсказуемостью, и за это я любила ее всем сердцем. Я берегла свою книгу как самое дорогое сокровище, потому что в ней жили они, мои итальянцы; они были моей родней, и я чувствовала, что мое настоящее место там, среди них, в то время как мое реальное существование — призрачный сон. Эдит критично взирала на меня со страниц книги по этикету, указывая на мои регулярные оплошности, но книга итальянских сказок стала моим убежищем от реального мира — шумного, яркого, неодобрительного. Она ничего от меня не требовала, но содержала ответы на все мои вопросы и дарила покой, которого я не находила больше нигде.

Я мечтала вырасти и стать добропорядочной жительницей далекого Салерно, Палермо или любого другого места на Сицилии, куда меня бы приняли. Слушая, как Долорес кралась по спящему дому, я надеялась, что так все и сложится. Мы никогда не упоминали ее ночные похождения и сладкий запах алкоголя, тянувшийся за ней по дому, но однажды я призналась, как мне хотелось бы очутиться среди жителей деревушки на юге Италии.

— Хочешь в Италию? — ответила Долорес. — Да я тебя сама туда отвезу, когда закончишь школу. Остался всего год. А когда вернемся, сниму нам квартиру. Будем жить вдвоем. По пятницам заказывать на дом еду. У нас будет сидр в холодильнике, и я устрою тебя к себе в контору.

С раннего детства Долорес рисовала эти картины прекрасного будущего, в котором мы с ней жили вместе без родителей. Но это всегда были фантастические мечты с королевскими дворцами и неограниченным запасом денег, которые можно было тратить на все, что она хотела купить и никогда не смогла бы себе позволить. В тот день она впервые описала наш побег из дома более-менее реалистично и осуществимо, и, хотя в глубине меня шевельнулось что-то похожее на радостное предвкушение, я все же вернулась к теме поездки в Италию.

— Нет, я не хочу ехать в Италию, я хочу жить, как живут в итальянских деревнях, быть как жители юга Италии, но здесь. Где мне все знакомо, — дрожащим голосом объяснила я.

В ответ Долорес тщательно отмыла банку из-под какао и наклеила на нее бумажку, на которой написала «Сандей на путешествие в Италию». Это было совершенно не то, о чем я просила, но она хотела как лучше. Она поставила банку на полку в нашей бирюзовой кухне — она и сейчас там стоит — и велела всем класть в нее мелочь и смотреть, как постепенно накапливается нужная сумма, которой должно было хватить на паспорта, билеты и гостиницы для нас двоих, когда мы поедем в Италию. Но через несколько дней все начали таскать мелочь из банки на мелкие расходы. Я, впрочем, не возражала. Я не собиралась копить на Италию. Я училась во всем походить на гордую жительницу южноитальянской деревни; до сих пор учусь.

Когда когтистая тварь в груди пробуждается, мечется и обретает силу, я сознательно обращаюсь к своей книге итальянских сказок. Мне нравится представлять, как тварь тянется к моему сердцу длинными когтями, но не может дотянуться, так как я ныряю в книгу сказок с головой и укрываюсь там. Немая тварь мечется в груди в бессильной ярости, как грабитель, наткнувшийся на неприступную дверь.

— Они с Ролсом ушли, — сказала дочь вместо приветствия, выставив перед собой ладони в примирительном жесте. Дело было следующим вечером; она зашла на кухню одна. — Сегодня на ужин что-то цветное?

— Но вчера она ничего не говорила. У нас курица с картошкой, — я стояла на кухне и взбивала салатную заправку, — и салат. Где она?

— Не знаю. Куда-то пошла, — Долли села за стол и выжидающе посмотрела на меня.

Стол был накрыт на троих. В маленькой корзинке лежали завернутые в салфетку булочки; у Виты на столе всегда лежал хлеб в корзинке.

— Но я ждала ее к ужину. А во вторник придет? — в тот момент я испугалась, что, сама того не желая, прогнала ту, которую хотела видеть в своем доме, и впервые в жизни мне захотелось, чтобы рядом был кто-то, кроме Долли; одной Долли мне стало мало. В ответ на мои вопросы Долли пожала плечами, и я решила сосредоточиться на дочери. Прежде это не составляло труда. — Как вы съездили в приют? Как тебе дети?

Она забарабанила пальцами по столу.

— Нормально. Дети милые, — я улыбнулась; в приюте было много подростков, в том числе ровесников дочери. — Но здание в ужасном состоянии, и они, кажется, рады переезду.

— А когда переезд?

— Некоторые уже уехали в большой интернат в Ланкастере. Те, кого определили в приемные семьи, уедут в понедельник. После здание будет целиком в нашем распоряжении, — она потерла ладони, словно пытаясь согреться. — Я сказала детям, что мы будем делать ремонт, и они очень заинтересовались.

Я вскинула бровь, услышав это «мы», а Долли тем временем густо намазала маслом булочку и целиком положила в рот, прямо как в детстве. Странно, подумала я, мой ребенок говорит о почти чужих людях как о семье или давних друзьях. Но я уже заготовила ответ и продолжала:

— Знаешь, я решила, что ты можешь съездить туда еще раз, если захочешь. В приют. И в Лондон тоже. Иногда можешь ездить. Но только ты должна сообщать мне о поездках, чтобы я всегда знала, где ты. Я ничего не имею против. Я просто удивилась, что ты мне раньше ничего не сказала. И Вита тоже, — я слушала себя и понимала, что говорю как обиженный ребенок.

Однако Долли отнеслась к моим словам на удивление спокойно. Тем летом она сильно повзрослела, и я чувствовала себя нелепо, указывая ей, куда можно ходить и с кем можно и нельзя видеться.

— Все в порядке, мамочка. Я знаю, ты всегда странно ведешь себя с новыми людьми. Я сказала об этом Вите и Ролсу, и они прекрасно все поняли, — она обезоруживающе улыбнулась. — А еще я сказала, что ты передумаешь. Так что не волнуйся.

Я приготовила два подноса с ужином, чтобы поесть перед телевизором, и задумалась: правда ли, что я веду себя странно с новыми людьми? Не так уж часто в нашей жизни появлялся кто-то новый, чтобы делать такие выводы. Ласковое лицо дочери и ее тон не вязались со словами, которые казались обидными и даже предательскими.

Ее отец тоже умел предсказывать, как поведут себя окружающие; он тоже догадался бы, что я уступлю и разрешу Долли работать у Виты и Ролло. А еще он с той же легкостью выбалтывал самое личное и раздавал секреты направо и налево, как ненужные вещи.

Долли прервала ход моих размышлений:

— Теперь дети будут жить в гораздо более комфортных условиях. И все благодаря Ролсу. «Лейквью» *ощень* дорог в эксплуатации. На содержание каждого ребенка уходило в шесть раз больше, чем в других местах, — она посмотрела на свои руки и показала мне шесть пальцев. И вдруг показалась мне такой маленькой — не из-за самого этого жеста, а из-за того, с каким сосредоточением считала до шести; слишком маленькой, чтобы работать, даже в качестве Витиной помощницы. — В большом старом доме содержание обходится в шесть раз дороже, чем в приемной семье. Но Ролс сказал, что совет распределил детей в плохие семьи. Что детям нужны специальные дома, просто меньше, чем «Лейквью». Ролс говорит, что это преступление — отправлять детей жить с недобросовестными приемными родителями или в большой казенный дом, где протекают окна и нет нормальных туалетов, — она сделала эмоциональный и как будто бы случайный акцент на слове «преступление», как плохая актриса в радиопостановке, и драматично всплеснула руками. Я заметила, что она опять подражает произношению Виты и Ролло; видимо, это «ощень» все-таки было особой манерой говорить, а не дефектом речи. И выражение «казенный дом» явно принадлежало Ролло: он выставил «Лейквью» чем-то вроде мрачного диккенсовского детского приюта, а сам в этой истории играл роль спасителя. — Он хочет, чтобы совет поручил ему найти новые здания под приюты и отремонтировать их. После окончания работ в «Лейквью».

Она следила за моей реакцией. Долли и ее отец были единственными, кто умел читать по моему лицу; остальным, в том числе мне самой, оно казалось всегда безразличным. Но у Долли и Короля был талант читать человеческую мимику, которым я со своей социальной немотой не обладала. У меня есть фотография, на которой я держу на руках Долли в день после ее рождения. Я точно помню, что тогда была на седьмом небе от счастья от лекарств и послеродовых гормонов, но мое ровное лицо на фотографии не выражает ровным счетом ничего, никаких эмоций. Даже взгляд, устремленный на фотографа — по-моему, меня снимал Ричард, — кажется потухшим и незаинтересованным.

Но я хорошо помню, какие сильные чувства захлестнули меня после родов, как мне хотелось вдыхать запах маленького тельца, которое я недавно произвела на свет, и даже откусить от него кусочек. Я даже отчасти понимала милых маленьких зверьков, которые в один прекрасный день брали и съедали своих детенышей, и те просто исчезали из своих чистеньких пластиковых клеток, а их хозяева на следующий день рассказывали эти страшные истории тихого пригорода у школьных ворот и содрогались от ужаса. Обладание как-никак — форма любви. Теплое тельце дочери оттягивало мне руки, и я чувствовала, что больше ни в чем не нуждаюсь, хотя раньше не нуждалась даже в этом. До рождения Долли мне казалось, что мне не хватает каких-то базовых деталей: у всех людей они были, а у меня нет. Но ее маленькое тельце превратило меня в настоящего человека — не просто формально существующего, как для моей семьи; я родила ее и сама благодаря ей воплотилась. Но когда я смотрю на эту свою фотографию — молодая мать без тени улыбки на лице, — я думаю: *где же я была?* Внутри меня все ликовало, ведь я внезапно очутилась в мире людей. Но по моему тусклому взгляду этого не скажешь. *Каково было Долли расти у матери с таким равнодушным застывшим лицом? Вечно недовольная мина моей собственной матери и то была лучше.*

— А откуда Ролло знать, что нужно детям? Тем более приемным? — спросила я Долли.

— Мамочка! *Мамощка!* — предостерегающе воскликнула она, будто ее потрясло мое неуважительное замечание. — Он же сам жил в интернате!

Последнюю фразу она произнесла тихим шепотом, точно сообщая тайну о его трагичном прошлом. Ролло и впрямь часто рассказывал о своем обучении в известной частной школе с проживанием, где его однокашниками были сыновья миллионеров и аристократов, чьи родители богатством и связями зачастую даже превосходили его собственных. И по рассказам у меня не возникло впечатления, что его пребывание в этом «интернате» с регулярными визитами в родительское поместье и каникулами на тропических курортах причинило ему так уж много страданий. Так, он с гордостью заявлял, что именно в школе научился зарабатывать: он принимал ставки на национальные спортивные чемпионаты, получал огромную выручку, а на эти деньги затем закупал контрабандные сигареты и алкоголь и втридорога сбывал их соученикам. Он даже договорился с одной любезной местной женщиной, которая за хорошую плату соглашалась иногда приходить к ребятам в общежитие; Вита, впрочем, рассмеялась над этим признанием и сказала, что Ролло так шутит.

Я улыбнулась.

— Это *не такой* интернат, Долли. Что бы Ролло ни говорил, жить дома, в семье все равно лучше. В семье о детях проще заботиться. Дома и условия лучше. Ты бы где предпочла расти — в этом доме или в огромном здании с кучей чужих людей, даже если они все хорошие?

— Но он знает, каково это — жить в здании, совершенно не приспособленном для жилья! С холодной водой в душе и неотапливаемыми комнатами, — Долли горестно надула губки. — Он говорит, что за приютами нового образца будущее. И что детям не место в приемных семьях, которые берут их к себе ради пособия, или в огромных старых зданиях, — она взглянула на меня и неуверенно заморгала.

Видимо, мой аргумент, что она сама росла в семье, не убедил ее в преимуществах жизни с приемными родителями. Долли не понимала, как повезло ей расти рядом с любящей матерью, ведь другой жизни она не знала. Увидев в одном месте кучу резвящихся детей, за которыми следил лишь постоянно сменявшийся неквалифицированный персонал, любой подросток должен был позавидовать их свободе. Но все же это были дети, причем самые уязвимые.

— Хотя в детском доме я точно не хотела бы жить. Даже в новом здании, — вдруг добавила она, и я решила, что, наверно, все-таки недооценила ее привязанность ко мне и к нашему дому. — У этих детей даже нет своих вещей; одежду они берут из общей гардеробной. Я спросила одну девочку, где та купила джинсы, а она ответила, что джинсы не ее. Мне показали место, где они хранят одежду — все разложено по размерам, каждый может взять что хочет. Похоже на магазин, только в нем продается всякая дрянь, — она брезгливо поежилась, безразлично и едва заметно, как отряхивающаяся кошка.

Ужин был готов, мы сели с подносами в гостиной, но Долли ушла, не дождавшись окончания передачи. Выключив телевизор, я услышала, что она говорит по телефону в коридоре. По ее восторженному высокому тону я поняла, что она говорила с Витой.

Сама я стараюсь не говорить по телефону, и если говорю, то только с Долли или коротко и по необходимости. Мать очень беспокоила эта моя неприязнь к телефонным разговорам и однажды, когда я была подростком, она на несколько ужасных недель велела мне подходить к телефону всякий раз, когда тот звонил у нас дома, даже если рядом был кто-то другой. Долорес — та обожала болтать по телефону — и отцу, которому звонили только по работе, настрого запретили брать трубку, теперь это была моя задача. Если кто-то звонил во время обеда или ужина, мы обычно не отвечали, но моя мать даже это правило решила изменить, и, когда за едой раздавалось резкое дребезжание звонка, поднимала вилку и указывала ею сначала в мою сторону, а затем в направлении коридора, где стоял аппарат.

Я дрожала и отвечала бесплотным голосам, не в силах сопоставить их с знакомыми лицами. Меня прошибал пот, к горлу подкатывала тошнота, закладывало уши. Я плохо слышала и передавала бессмысленные сообщения. Потом, услышав первый звонок, я стала выбегать из дома, хоть босая, хоть в пижаме, или прятаться наверху. Я нервничала, даже проходя по коридору мимо молчавшего аппарата. К счастью, мама скоро устала от своего эксперимента по назначению меня семейным секретарем, поняв, что он не приносит результата. Услышав мое невнятное и сбивчивое бормотание, звонившие бросали трубку, а сообщения тех, кто оказывался более настойчивым, доходили до родителей в столь искаженном виде, что мать в конце концов вообще запретила мне прикасаться к телефону, а мне только этого было и надо.

— Ви! Ви! — кричала Долли в коридоре с притворным возмущением. — Ой, не надо. Она передумала. Все в порядке. На этой неделе не надо. Нет, она все равно не подойдет. Она не любит разговаривать по телефону, — она то ли прыснула, то ли презрительно фыркнула. — Представь? Представь!

Я сидела в гостиной моих покойных родителей, немо застыв на двухместном диванчике, который Банни и Эдит из «Дамского этикета» называли *оттоманкой*. Меня обуяла растущая паника; я так боялась совершить очередную ошибку, что меня словно парализовало. Социальная кома, вот как я это называю. Некоторые замечают это состояние и спешат пройти мимо; я смущаю их или просто им не интересна. Других оно притягивает, и они подходят ближе. Проверяют, жива ли я, втыкают булавки в подошвы или проводят ими по запястью. Так все и начинается.

До конца недели Долли не проявляла интереса к обсуждению дилеммы пятничного ужина, куда нас забыли пригласить. Она знала, что у Виты и Ролло на эту пятницу планы и нас не позвали. Она искала свою любимую блузку и собирала сумку, чтобы поехать на выходные к бабушке и дедушке. Как бы невзначай упомянула, что Король обещал заехать на ферму; ему надо было забрать какую-то сельскохозяйственную технику для второй семейной фермы в Ланкастере, размером поменьше, где он сейчас жил. Долли сказала, что в субботу, как обычно, придет убираться к Вите, а потом вернется на ферму. Вечер пятницы тянулся медленно; я работала в саду, надеясь, что Вита и Ролло выйдут на крыльцо. В девять вечера пошла в дом, надела пижаму, но все еще надеялась, что они постучат ко мне в дверь. На ней будет длинное струящееся платье и золотые цепочки на шее и запястьях. Она будет босиком, с распущенными блестящими волосами, «неприбранными», как говорила моя мать. Запыхавшись, она нетерпеливо воскликнет: *«Жена! Ты почему еще здесь? Почему не идешь в гости? А ну-ка одевайся!»* Но она не пришла, и в конце концов я легла спать в пустом и тихом доме.

КОШАЧИЙ СОН

Под конец жизни у матери как-то случился краткий проблеск ясного сознания, и она со мной заговорила. Я сидела у ее больничной койки и читала книгу; она повернулась и пристально на меня посмотрела. Я чувствовала на себе ее взгляд, но не отрывалась от страницы. *Воскресенье — особый день для итальянских семей и крестьян в различных регионах Италии…*

— У тебя мозги набекрень, дочь,— сказала она.

За последнюю неделю ее состояние резко ухудшилось, а родной южнолондонский говор проявлялся все отчетливее день ото дня, водой просачиваясь сквозь округлые гласные нашего озерного диалекта. Ее голос казался чужим; я, по крайней мере, помнила его совсем другим. Я ждала, что она скажет что-то еще, но она откинулась на подушку, хрипя от пневмонии, и уставилась в потолок. На последней стадии болезни ее бледность, некогда проявлявшаяся после купания в озере, превратилась в перманентную голубоватую белизну охлажденного молока на крыльце, оттенок, который был чуть бледнее ее волос. Костлявая грудь вздымалась с каждым кратким вздохом и низко опускалась на выдохе, будто проваливаясь все ниже и ниже. Я некоторое время смотрела, как эта страшная грудь поднималась и опускалась, а потом ответила в тишине палаты. Другие пациенты почти все спали, их кровати были отгорожены занавесками.

Наконец она продолжила:

— Моя мать знала. Она тебя называла «этот ребенок». *Этот ребенок*, говорила она, *смотрит на нас как из-за стекла*. Она никогда не соглашалась с тобой оставаться. Я умоляла ее, но она не соглашалась, — при слове «умоляла» она скорчила гримасу и обнажила оба ряда мелких зубов в жуткой улыбке. — А я умоляла. Много раз. Но ты... ты ее пугала.

По палате порхала молоденькая медсестра и подливала воду в пластиковые стаканы пациентов; мать засмотрелась на нее и замолчала. Невыносимо громко тикали часы над двустворчатыми дверями; их тиканье оглашало всю палату, и, пытаясь успокоиться, я провела рукой по гладкой обложке книги.

— Я знаю, — сказала я матери, которая лежала, окаменев от гнева.

Мне хотелось сказать что-то, что заставило бы ее смягчиться и наконец понять, что я пыталась. Отсутствие попыток нормально общаться всегда вызывало ее самую беспощадную критику. Даже тогда я все еще верила, что, если мне удастся убедить ее, что я старалась стать нормальной, она простит, что у меня так ничего и не получилось. Ей казалось, что я нарочно хотела от всех отличаться и сознательно отгораживалась от нее. Что я владела секретами успешного общения, как моя сестра, но по доброй воле не хотела их использовать. — Я пытаюсь. Всегда пыталась.

Из горла матери вырвался короткий звук — то ли кашель, то ли смешок. Я убедила себя, что она все-таки усмехнулась. Она снова посмотрела на меня, откашлялась и произнесла:

— Тогда расскажи. Если ты, как говоришь, *пытаешься*, — последнее слово она произнесла медленно и неуверенно, словно произносила его впервые, — если ты пытаешься, расскажи мне о Долорес, о том, что с ней случилось. О том, что ты сделала.

— Мы пошли купаться, и ее затянуло течением. Она пошла ко дну. Но быстро выплыла. Казалось, с ней все в порядке. На следующее утро я вошла к ней в комнату; она спала. Я слышала, как она дышала, дышала тяжело. Решила, что она спит.

Сицилийцы называют чуткий сон кошачьим. Сестра, однако, спала не кошачьим сном; она спала крепко, так, что не добудишься. Она работала в местной гостинице, бывало, в ночную смену, и часто спала, когда я уходила утром в школу. Но все это я уже рассказывала.

— И это все, что ты можешь сказать? Она тяжело дышала? Так почему ты... почему ты... — мать хрипела, ее мучила одышка, она хватала воздух ртом.

Все эти «почему» я уже слышала — почему не сказала им, что сестру утянуло под воду; почему пошла в школу, почему ее бросила? И главное «почему», такое очевидное, что его даже не надо было произносить вслух, — почему, почему, почему у них отняли ее, а не меня?

Когда мать впервые расспрашивала меня о смерти сестры, я не понимала, что именно она хотела знать, и не могла сообразить, какие именно подробности ей помогут, а какие огорчат. Потом я поняла, что единственным правильным ответом на эти вопросы было мое признание себя виновной. А я, разумеется, знала, что виновата в смерти Долорес, но мне было больно произносить это вслух, поэтому я молчаливо и почтительно носила вину в себе.

Я глубоко вдохнула и заговорила на выдохе, давая словам слиться в одно большое слово, чтобы правда не казалась такой горькой: «это-я-виновата-не-надо-было-уходить». Я посмотрела на мать и поняла, что та со мной еще не закончила; одна ее бровь по-прежнему была выжидающе поднята. «Я-виновата-что-она-умерла». Я всплеснула руками, а потом медленно опустила ладони и переплела пальцы, словно зажав в ладонях драгоценную вещь.

Когда мать откинулась на подушку, она почти улыбалась. Медсестра наконец дошла до нас и наклонилась, наполняя стакан. Мать вытянула костлявую руку и постучала ее по руке. Даже это простое движение далось ей тяжело.

— Пусть она уйдет. Пожалуйста,— театральным шепотом проговорила мать и кивнула на меня.

Но шептала она нарочито громко, чтобы пациенты справа и слева от нее услышали. «Пожалуйста» она произнесла на судорожном выдохе, будто говорила из последних сил. Медсестра медленно выпрямилась. Она смотрела на меня, не на мать. Густо покраснев, она с искренним сочувствием прошептала:

— Они иногда сами не знают, что говорят, болезнь так действует.

Я повернулась к выходу, а моя умирающая мать заговорила с кровати. Она, видимо, услышала, как ласково медсестра меня успокоила, как извинилась за нее.

Она произнесла уже не шепотом, а обычным голосом, обращаясь ко всей палате:

— Никогда не любила эту дочь,— из-за вернувшегося к ней лондонского акцента «дочь» прозвучало как «дойч», и я сперва решила, что ослышалась, что речь о ком-то другом, о какой-то забытой и несуществующей женщине по фамилии Дойч, которую мы обе когда-то знали и недолюбливали. Но мать беспощадно продолжала. Она подняла руку, показала на меня пальцем, и тут же все — медсестра, пациенты и я сама — поняли, какую дочь она имела в виду. — Эту! Нет, я ее никогда не любила. Никогда.

И не этот ее приговор меня ранил; я знала о ее чувствах, знала, что она говорила правду; нет, меня убило то, что она сказала это во всеуслышание и таким беспечным тоном. Со дня ее смерти я утешала себя мыслью, что людям свойственно желать, чтобы матери хоть немного их ценили, и в этом я похожа на остальное человечество. Я уверена, что в первые годы моей жизни она пыталась найти во мне что-то привлекательное, ведь она считала себя хорошей матерью.

Они с Долорес любили вместе готовить, читать, рисовать, и, глядя на них с порога, я часто представляла на месте сестры себя. Заметив меня в дверях, мать продолжала улыбаться, но я видела, каких усилий ей это стоило, и это меня ранило. Когда она смотрела на меня, ее взгляд застывал, затуманивался и оставался таким до тех пор, пока она снова не переводила взгляд на Долорес. Вскоре мать поняла, что закрытая дверь не мешала мне за ними следить, ведь слышала я еще лучше, чем видела. Каждый вечер я на цыпочках подкрадывалась к двери сестринской комнаты и поражалась, как та еле скрывала раздражение, пока мать расчесывала ее косы. Так, стоя на почтительном расстоянии, я узнала, что у мамы есть другой голос — ласковый и тихий. Я слышала, как она пела песни про любовь, спотыкаясь на забытых словах, и знала, что она умела нежно расчесывать волосы и смеяться над детскими глупостями. Я своими глазами видела, что она способна на материнскую любовь.

Я заслужила колкое безразличие, с которым мать заявляла о своей ко мне неприязни, умирая на больничной койке. Прикованная к кровати, она медленно угасала, судорожно пытаясь вдохнуть, и, должно быть, ее собственное предсмертное состояние напомнило ей о моей сестре, которая тоже лежала в кровати неподвижно, скованная смертью, а не сном. Легкие Долорес тоже отказали уже на суше, наполнившись озерной водой, и та же вода сейчас медленно убивала нашу мать, зазывая ее обратно в озеро. Когда я выходила из палаты, мать тупо уставилась в потолок; наверняка вспоминала, что я так же ушла из комнаты сестры, оставив ее умирать на кровати.

В том году мы с сестрой ходили плавать почти каждый вечер. Потом в августе она взяла шестидневный отпуск в гостинице, где работала горничной, и мы плавали два-три раза в день, соревновались, кто дальше заплывет, и выбирались на берег, когда уже падали с ног. К сентябрю холодная вода уже кусалась, но нам всегда хотелось продлить купальный сезон как можно дольше. У нас с Долорес была молчаливая договоренность не упоминать о похолодании, пока оно не начнет причинять явный физический дискомфорт; если дрожь и посинение не проходили за то время, пока мы одевались на берегу и быстрым шагом доходили до дома, значит, было пора.

Вечером накануне ее гибели неожиданно усилилось течение. Сестра сонно качалась на волнах, лежа на спине, а я уже вытиралась на берегу. Сестра превосходно плавала в озере, ее тело было научено справляться с внезапными течениями, способными сбить с толку тех, кто учился плавать в бассейне. Я плавала из любопытства. Я верила, что однажды найду на глубине то, что влекло туда мою мать, и это станет нашей общей тайной, которая нас сблизит. Долорес ничего не искала, ей было все равно, что мама видела на глубине и почему так любила озеро. Подобное отсутствие любопытства было свойственно моей сестре не только в отношениях с матерью, но и во всем. Она жила легко, принимала мир таким, какой он есть, и радовалась ему, не вглядываясь в детали; дар, о котором я мечтала. Но пока она лениво качалась на волнах, отдавшись мягкому зову слабого течения, вода забурлила. Волны усилились, затянули Долорес под себя и с силой швырнули на камни. Я стояла на берегу, застыв от страха. Ее кожа стала серой, как у тюленя, и я посмотрела на небо, ожидая увидеть внезапно набежавшие черные тучи. Но желтовато-розовое закатное солнце светило по-прежнему ярко, окрашивая розовыми лучами все внизу — все, кроме Долорес. Та лежала у кромки воды, как жертва, отвергнутая озером.

Тогда я еще не знала, что ни одна из нас больше никогда не искупается в этом озере, и это было только начало, а в итоге озеро придет и заберет нас всех. Предугадать такие страшные события не всегда возможно; лишь потом, когда все уже случилось, становится ясно, к чему все шло. Но я рада, что ни о чем не догадывалась, стоя на берегу в тот вечер и дрожа от холода. А тайное знание заключалось в том, что вскоре моей семье должен был настать конец.

Мы шли домой в тишине, которую мне не хотелось нарушать. Шагали рядом в темноте, а я не понимала, что моя сестра все еще там, под водой, что рядом со мной идет мертвая девочка. Я не знала, что всю ночь она будет сражаться с невидимым водяным врагом, застыв под самой поверхностью воды и не в силах позвать на помощь. Тогда мне все еще казалось, что моя способность не замечать того, что видели другие, плоха лишь тем, что я казалась странной и была непопулярна среди сверстников. Я не знала, что из-за этой способности не замечала пылавшие вокруг пожары, кроме тех, что пылали в полях.

Тем утром, оставив сестру дома в кровати, я села в школьный автобус и пожалела, что сестра больше не ездила со мной, так как закончила школу раньше меня. Автобус ехал по популярному туристическому маршруту с видом на озеро, и я помню, какой спокойной была вода, когда мы проезжали мимо, как она утратила сходство с яростным зверем, с которым мы столкнулись накануне вечером. Я сидела на уроках и не знала. Я пришла домой из школы и не знала. Несколько часов я не знала, пока моя мать, потеряв терпение, не перестала звать Долорес к ужину и не поднялась наверх, чтобы позвать ее лично. Она обнаружила любимую дочь холодной и неподвижной под тяжелым одеялом, которым все еще было накрыто ее синее тело.

Мы с Уолтом услышали крики, поднялись наверх и увидели мать, потрясенно указывавшую на Долорес. «Моя детка! Моя детка!» Она двинулась к телу, раскинув руки и будто готовясь к объятию, на которое Долорес уже не могла ответить.

Стоя на пороге, я повторила ее крик. «Моя детка! Моя детка!» Ее интонация и акценты были необычными. Я старалась говорить про себя, но, кажется, все равно произнесла слова вслух; тогда я еще не научилась скрываться. И, разумеется, я была в шоке, хотя по мне это, наверно, было незаметно. Я вдруг услышала, что повторяю мамины слова вновь и вновь и уже очень громко; никогда еще мой голос не звучал так четко и уверенно. «Моя. Детка! Моя. Детка! Моя. Детка! Моя. Детка! Моя. Детка!» Я также уверена, что вытянула указательный палец и махала им в воздухе на той высоте, где прозвучал голос матери.

Она набросилась на меня так быстро, что мне показалось, будто она взлетела. Уолту пришлось загородить меня своим телом, а потом он запер меня в моей комнате, пока вызывали скорую. Прошло много часов, и я услышала, как выносят тело сестры; вышла на лестничную клетку и проследовала за носильщиками на улицу. Я превратилась в *префиче*, плакальщицу, и почувствовала присутствие других плакальщиц; те участливо шагали рядом — итальянки в черных вуалях, что в стародавние времена сопровождали все траурные процессии и громко сообщали прохожим о своем горе. Провожая санитаров до машины скорой помощи, я с благоговением запела единственную итальянскую песню, которую знала. В песне, которую я выучила по своей драгоценной книге, пелось о *борде*, ведьме, которая приходит к детям в кроватки, если те подолгу не ложатся спать. Мать лежала на диване в гостиной, а Уолт и еще один мужчина неуверенно топтались на пороге, словно ждали указаний. Проходя мимо них, я запела громче в надежде, что Уолт присоединится к траурной процессии. Но даже смертью мы не смогли отвлечь его от нашей матери. Та не отреагировала на мое пение; она крепко спала в одежде. Она не шевелилась, на ней были туфли и пальто, застегнутое на все пуговицы, а сумка лежала на животе в сцепленных пальцах рук. Она и сама напоминала труп, такой сильной была ее решимость присоединиться к Долорес. Позже я узнала, что ее накачали транквилизаторами и она еще много недель пребывала в медикаментозном ступоре.

В день похорон я обнаружила ее в комнате сестры; она сидела на кровати, зарывшись лицом в одежду Долорес. Дверь была открыта, и она услышала мои шаги на лестничной площадке, так что я вошла и легонько положила руку ей на плечо. С тех пор как сестра умерла, мои родители обменивались этим жестом, как эстафетной палочкой.

— Ты была хорошей мамой,— сказала я, подражая ласковому тону, с которым они часто обращались друг к другу. — Правда, — ее плечо застыло под моей рукой и превратилось в камень.

Она резко вдохнула и выпалила на выдохе:

— Пошла вон, — она говорила очень тихо, я едва ее расслышала. Но ее спокойный тон испугал меня больше, чем если бы она кричала.

До самой своей смерти родители постоянно спрашивали: *что случилось? Почему ты нам не рассказала? Почему не проверила, все ли с ней в порядке?* Им казалось, что мои ответы поднимут Долорес со дна озера, и мне тоже иногда казалось, что если я смогу объяснить, сестра вернется. Вместе с тем я боялась, что она восстанет из воды необъяснимо сухая и обвинит меня во всем. Два месяца я молчала, чтобы ненароком не вызвать к жизни серую и задыхающуюся сестру, какой та была на берегу. Коронер назвал причиной смерти «сухое утопление» — это примерно как сгореть дотла, выбравшись из пожара.

В течение года после смерти сестры скоропостижно скончались мои родители. И мать, и отец умерли от болезней, от которых обычно никто не умирает: сперва мать от пневмонии, а затем сердце отца сперва забарахлило, а потом и вовсе остановилось, потому что ему не было проку биться без матери. Оба не противились смерти и не боролись с ней, а напротив, стремились к ней, ведь смерть воссоединила их с дочерью. Все двадцать лет, прошедших с тех пор, как моя семья утонула не в воде, а на суше, я пыталась жить над водой. Но мое состояние не прошло вместе с детством; его не оставить за стенами маленького дома у озера и не выбросить вместе с беленькими рыбными косточками. Оно дает о себе знать без спроса, и большую часть времени я кое-как барахтаюсь на мелководье. Я, как любой из вас, какое-то время плыву, а потом меня снова тянет вниз. Рано или поздно мое состояние меня настигает, и иногда это приносит облегчение, как погружение в прохладную воду в жару, а иногда коварное течение тянет меня на дно.

НАШ-ТО ЧТО УЧУДИЛ

Закончились долгие выходные, которые я надеялась провести в компании Виты и Долли, но провела одна. На работе в понедельник все валилось из рук. Растения начали вянуть и хиреть, несмотря на мое повышенное к ним внимание. Их тоненькие тельца капризничали и куксились в моих руках, которые казались неуклюжими и громадными, как лопаты. Растения реагировали на огорчение садовника, как маленькие дети — на огорчение родителей: в панике начинали требовать к себе внимания и громче заявляли о своих потребностях. Мои руки обычно чувствуют растения; этот язык я понимаю. Я улавливаю их нужду и пытаюсь унять их недовольство водой, светом, тенью или пересадкой в новую почву. Однако в тот день работа напоминала мои обычные социальные взаимодействия; общение прерывали помехи, как голос на радиочастоте, что то появлялся, то пропадал, превращаясь в неразборчивый треск. *Почва пересохла;*

нет-нет, она слишком жирная, а это растение дало слишком много отростков, его нужно обрезать, но не сильно.

Рядом прилежно работал Дэвид; растения за его спиной выстраивались приятным ровным рядком. Тем летом он отпустил волосы и иногда приглаживал их одной рукой осторожным легким касанием, точно собственные волосы вызывали у него странное ощущение. Другой рукой он иногда что-то показывал.

Уже несколько раз за утро он стучал по столу, чтобы привлечь мое внимание, и спрашивал: *Ты в порядке?*

Я в порядке. Да, да. Спасибо, отвечала я, каждый раз стараясь четче жестикулировать. Наконец, увидев, как он встревожен, я призналась. *Долли была здесь все выходные, и я скучала.*

Здесь? ответил он одной рукой и недоверчиво опустил уголки губ. *Здесь?* Он стряхнул землю с рабочей руки и показал последнее слово обеими руками, удержав жест дольше обычного. Указательные пальцы смотрели вниз; он размышлял над услышанным.

Да, здесь, а что? спросила я.

Сегодня утром я зашел к Ричарду; тот только что приехал. Их с Банни не было все выходные. Они уезжали на свадьбу. Он улыбнулся и продолжал. *На свадьбу очень важного человека, сказала Банни. Очень важного!* Передразнивая Банни, он округлил глаза, а пальцы его задвигались судорожно и торопливо, что обычно было ему не свойственно.

Я представила, как Дэвид нетерпеливо стоит на кухне у Ричарда и ждет, пока ему расскажут про урожай или севсоборот, а Банни тем временем выпендривается, болтая о светском обществе, к которому они с Ричардом были причастны. Разговаривая с Дэвидом, Ричард поворачивался к нему лицом и четко выговаривал слова, чтобы проще было читать по губам, но старался делать это тактично и незаметно. А Банни начинала кривляться; я и так ее недолюбливала, а когда она дергала Дэвида за рукав или хлопала его по спине, как свою непослушную собачку, она нравилась мне еще меньше. Она всегда говорила громко, а в разговоре с Дэвидом и вовсе начинала орать; однажды я сказала ему об этом, надеясь вместе посмеяться, а он ответил, что знает — понял по тому, как краснеет ее лицо. Он умел распознавать акценты, читая по губам; например, он знал, что у мистера Ллойда приятный акцент, и однажды попросил меня изобразить его. Я проговорила несколько фраз с валлийским акцентом, выстукивая ритм по его руке, и он кивнул; даже не зная языка жестов, я поняла, что этот кивок означал «понимаю».

Дэвид посерьезнел и медленно и четко показал: *Долли с ними не ездила.*

Ясно, ответила я. Он взглянул на меня. *Я не знаю!* ответила я на незаданный вопрос и вернулась к своим растениям. Он тоже вернулся к работе, но я начала махать руками, и наконец он заметил и посмотрел на меня, вскинув брови. *Ты уверен, Дэвид?* Мне в голову пришло одно возможное объяснение: *может, она присматривала за домом, пока их не было?*

Дэвид внимательно смотрел на меня. *За домом присматривала Кэйти*, ответил он. *Она как раз уходила, когда я зашел.*

Кто?

Дочь ветеринара. Следила за собачкой, у той могли начаться роды. За несколько месяцев до этого таксу Банни свели с породистым самцом. Теперь Банни регулярно сообщала покупателям лавки о том, как проходит беременность ее собаки, даже если те об этом не спрашивали. Даже если они никогда не видели эту собаку.

Тем утром воздух в теплице казался густым и вязким, как будто растения решили забрать себе весь кислород. Наконец Дэвид постучал по стеклянной стенке и подождал, пока я отвлекусь от своих посадок.

Обед, показал он и коротко улыбнулся. *Еще не проголодалась?*

С длинными волосами он стал выглядеть немного взрослее, но мальчишеское обаяние никуда не делось. Мы сели за столик, где часто вместе обедали. Обычно он ест одной рукой, чтобы вторая была свободна для разговора; мне нравится смотреть на оживленное порхание его руки куда больше, чем слушать человеческую речь. Я всегда любила этого доброго и кроткого мальчика; его легко любить, он теплее и восприимчивее моей драгоценной дочери, утратившей свою теплоту, став подростком. Дэвид — хороший человек.

Прежде чем познакомить дочь с Дэвидом, я напомнила ей простое приветствие на языке жестов, которое она хорошо знала в детстве, когда нам обеим все еще нравилось молчать. Но когда Дэвид поздоровался, ее руки не шевельнулись; она лишь коротко и безразлично улыбнулась и тут же повернулась ко мне и нахмурилась.

— Я хочу домой, — сказала она. Я стояла рядом с Дэвидом. — Я весь день была в школе.

— Останься ненадолго, — я дала ей возможность извиниться за грубость. — Нам нужно кое-что доделать, — я произнесла это вслух, а не на языке жестов, напоминая ей, что Дэвид также умел читать по губам.

— У нас не получится поговорить, — ответила она, шагнула ко мне и спрятала руки в рукавах школьного джемпера. — Он меня не понимает, — громким шепотом проговорила она, скорее злясь, чем осторожничая.

Тут Дэвид повернулся ко мне и с обычной своей легкостью показал: *я закрою. Идите домой*. Он улыбнулся мне и показал на Долли: *я ее не понимаю. Очень сложная девушка*.

Долли уловила, что речь о ней, и тут же повернулась к выходу. С силой толкнула стеклянную дверь, но старые петли ослабли, и дверь не сразу полностью захлопнулась. Она стояла и таращилась на нас из-за стекла, а мы с Дэвидом смотрели на нее из теплицы. С тех пор, приходя ко мне на работу, она всегда ждала меня снаружи, а с Дэвидом не здоровалась. После первой встречи я попыталась ее успокоить и заверить, что Дэвид будет рад с ней поговорить; мол, он привык, что беседа с людьми, не владеющими языком жестов, идет туговато. Долли сидела на диване в пижаме с узором из кроликов и читала библиотечный экземпляр «Леди Сьюзан». В то время она увлекалась Джейн Остин и перечитывала все ее романы в хронологическом порядке.

Она пожала плечами и ответила, не взглянув на меня:

— Ну и славно. Он будет рад со мной поговорить. Но я не хочу говорить с ним, — она перевернула страницу, картинно щелкнув пальцами и показывая, что разговор окончен.

Подруги Долли никогда так не дерзили матерям. Я знала, потому что видела их вместе и наблюдала за ними со стороны. Другие матери говорили с детьми как начальник говорит с подчиненными, а у нас начальником была Долли. Я привыкла к ее приказному тону, хотя тот плохо сочетался с ее прелестным детским личиком. Дэвид тоже не хотел обсуждать Долли. Когда я о ней говорила, его лицо деревенело и становилось странно неподвижным.

Мы с Дэвидом обычно обедали в теплице. Я садилась в тени, а загорелый Дэвид — напротив, в большом квадрате слепящего солнечного света. В тот день мне не хотелось говорить о Долли и о том, где та была в выходные; я решила его рассмешить и рассказала о случае со стейком тартар, подчеркнув, каким отвратительным мне показалось это блюдо.

Видела бы ты свое лицо! ответил он, показал на меня и передразнил, изобразив отвращение. *Хотя ты права. Я бы тоже не стал есть это дерьмо.*

Я погрозила ему пальцем за бранное слово, а он довольно улыбнулся. Мы оба знали, что я не возражала против его грубостей, но иногда я все равно шутливо журила его за это, и нам обоим это нравилось. Я питала к нему материнские чувства, и, полагаю, удовлетворяла его потребность в материнской теплоте, ведь его настоящая мать была такой холодной и безупречной. Моя собственная дочь с младенчества мгновенно приходила в бешенство, если кто-то не одобрял ее поведения. В теплице мы с Дэвидом играли в такие детско-родительские отношения, где родителю можно было упрекнуть ребенка, а тот воспринимал это как проявление заботы.

А Долли сказала, что это очень вкусно. Ей понравилось, ответила я, желая защитить дочь, несмотря на их с Витой странные вкусы.

Дэвид кивнул; его лицо стало серьезным, почти суровым. *Да*, ответил он, *представляю*.

После работы я пошла к Вите и постучала в дверь. Несколько минут никто не отвечал. Наконец я повернулась, чтобы уйти, и тут она вышла. На ней было короткое кимоно, чистое лицо блестело. Традиционная ванна перед ужином, вспомнила я.

— Ах, это ты, — сказала она.

Кажется, я еще никогда не видела на ее лице такого безразличия. Она, казалось, даже не моргала и не дышала.

Я заранее заготовила приглашение и не ответила на ее слова, а произнесла заученные.

— Вита, привет. Мы давно тебя не видели, и я хотела пригласить тебя завтра на ужин. У нас будет курица со сливочным соусом, — я замолчала, а потом продолжила в напряженной тишине: — Долли сказала, что на этой неделе Ролло в отъезде, а я знаю, что ты не любишь оставаться одна.

Последняя фраза была импровизацией; я произнесла ее в ответ на молчание, чтобы показать, что я знаю Виту и не просто так пришла к ней на порог и разговаривала с ней. Но стоило мне произнести эти слова, как я почувствовала, что, возможно, не имела права упоминать ее мужа и их распорядок, так как за считанные дни наша дружба резко охладела. Вдруг это показалось бестактным, словно я застигла кого-то в интимный момент или сделала непрошеное неуместное замечание. А Вита не поспешила меня успокоить и не стала смущенно извиняться, как обычно делают те, кто ненароком застал чужие нежности или слишком грубо отругал ребенка. Вместо этого она медленно взяла со столика в коридоре зажигалку и пачку сигарет и закурила. Все это время она неотрывно смотрела на меня, словно я была непредсказуемой незнакомкой, за которой нужен глаз да глаз.

— Долли сказала,— она сделала паузу и затянулась, а затем выдохнула и картинно выпустила дым,— что ей разрешили ездить в «Лейквью». Это правда, Сандей? — она больше не называла меня Женой.

— Правда,— ответила я.

— И в Лондон со мной она тоже может ездить? Так?

— Да. Может,— я не стала спрашивать, ездила ли она с ними уже и не там ли они провели прошлые выходные. Какая теперь разница.

— Потому что ее бабушка с дедушкой считают, что ей очень полезно бывать с нами в Лондоне. Они понимают, как это для нее перспективно,— Вита пристально смотрела на меня.

— Не знала, что ты с ними разговаривала,— сказала я.— Когда вы успели познакомиться?

— Мы несколько раз заходили к ним пропустить стаканчик,— ответила Вита и снова медленно затянулась и выпустила дым; при этом ее лицо за маленьким облачком смягчилось. Она вскинула бровь и тихонько покачала головой, будто не могла поверить в происходящее.— Они приглашают нас выпить всякий раз, когда мы забираем Долли с фермы. *Иногда* приходится соглашаться, иначе они обидятся. Я приду к тебе завтра на ужин,— заключила она,— и ты же придешь к нам в пятницу, как обычно,— это был не вопрос, а констатация факта.

Я покраснела от удовольствия и улыбнулась.

— Да, с радостью. Спасибо, Вита.

Она похлопала меня по руке и закрыла дверь. Я уже была на пороге своего дома, когда ее дверь открылась снова.

— До завтра, Жена, — весело прокричала она.

Жена. Я ждала, когда же мне станет приятно, ведь я снова добилась ее расположения и, следовательно, победила. Но я не чувствовала себя победительницей. Вместо этого мне казалось, что я отдала ей что-то ценное, даже не понимая, что прежде держала это в своих руках.

На следующий вечер Вита и Долли явились к ужину вместе. Долли не открыла дверь своим ключом, а позвонила в звонок, и я впустила их, чувствуя себя хозяйкой, пригласившей в гости молодую пару. Они хихикали, Вита была так увлечена беседой, что даже не обняла меня при встрече, как обычно.

Вместо этого она рассеянно похлопала меня по плечу и, оправдываясь, указала на Долли.

— Это очень смешно, — сказала она. Но тут же перестала смеяться и шагнула в сторону моей кухни, ведя нас за собой так решительно, будто это мы пришли к ней в гости. — Мне надо поесть. Умираю с голода, — заявила она и с выжидающим видом села за стол.

На ней был красный хлопковый сарафан того же оттенка, что и длинное платье-рубашка Долли с поясом, доходившее ей до середины бедра. Обе накрасились ярко-красной помадой, матовой и наложенной безупречно; вечерний макияж не вязался с их нарядами, которые больше подходили для пляжа, чем для ужина. Я в своей лучшей блузке с круглым воротничком и маленькими перламутровыми пуговицами чувствовала себя неуклюжей и старомодной.

— Курица еще не готова, — сказала я. — Подождешь немного, Вита? Долли, а ты пока положи хлеб на стол.

Я сделала духовку погорячее и выложила в кастрюлю замороженные овощи. А вернувшись к столу, с удивлением обнаружила их в беззвучной истерике; они хохотали до слез. Долли попыталась стереть помаду и размазала ее по всему лицу и рукам. Вита вручила ей бумажную салфетку и указала на свое лицо, не в силах от смеха произнести ни слова.

— В чем дело? — спросила я. — Что смешного?

Я взяла салфетку у Долли; та согнулась пополам от смеха и беспомощно выпустила ее, она ее даже не сжимала. Когда я наклонилась вытереть помаду с ее лица, Вита выхватила салфетку из моих рук. Лицо ее стало абсолютно серьезным; всего секунду назад она чуть не умирала от смеха, но теперь от него не осталось и следа.

— Я сама, — резко произнесла она. — Спасибо.

Она встала, склонилась над Долли и аккуратно вытерла ее лицо салфеткой, как делала я много раз, когда Долли была маленькой. Но я никогда не смотрела на Долли так, как смотрела на нее Вита — как на свою собственность, ревниво, словно у нее имелись на нее какие-то права.

Когда я наконец поставила на стол тарелки с запеченной курицей, они уже не смеялись. Щеки Долли были чистыми; губы они тоже обе вытерли. Они смотрели в свои тарелки с полным безразличием, хотя еще недавно Вита говорила, что умирает с голоду.

— Семь с половиной, — вдруг объявила Долли.

— Да нет, я бы сказала, девять, — весело прощебетала Вита и зажала вилку между большим и указательным пальцами, а остальные пальцы поджала, словно ей было противно прикасаться к моим вилкам. Она подцепила кусочек курицы.

— Вы что, оцениваете блюдо? — я попыталась улыбнуться. — Вы же даже не попробовали.

— Мы оцениваем его на цвет, мама. Ноль — разноцветная еда, десять — чисто белая, — Долли зачерпнула вилкой рагу и широко улыбнулась. — Вкусно.

Вита положила себе сладкой кукурузы.

— Неплохо, Сандей, — прощебетала она своим серебристым голоском. — Просто в Лондоне мы привыкли питаться совсем по-другому, правда, Доллз?

— А над чем вы смеялись? — спросила я. — До этого.

Тут они обе снова расхохотались, и я перестала допытываться, потеряв терпение. Ужин продлился недолго; в девять вечера они планировали посмотреть фильм по телевизору. Я не стала просить их остаться и посмотреть фильм у нас дома. Даже сейчас не могу сказать почему; то ли я не хотела, чтобы они оставались, то ли не желала слушать, как они придумывают причины для отказа. Первой ушла Вита, сурово напомнив Долли, во сколько начинается кино. Долли задержалась лишь ненадолго, чтобы собрать необходимые вещи. Я поцеловала ее на прощание и спросила, над чем они смеялись.

Вспомнив, как смеялась Вита, Долли снова захихикала.

— Над маргарином, — ответила она. — Я поставила его на стол, чтобы намазать на хлеб. А она всегда смеется, когда видит маргарин. *Мар-га-риии-ин.*

Она медленно произнесла это слово по слогам, нарочно растягивая гласные с нашим озерным акцентом. Должно быть, тогда за столом она произнесла это так же издевательски кривляясь. Кривляясь перед Витой, для которой существовало только сливочное масло, перед Витой, чей городской акцент совсем не напоминал наш, деревенский. Я отвернулась и посмотрела в сторону, у меня возникло чувство, что я влезла не в свое дело, что шутка должна была остаться между ними. Я не могла понять, свидетельствовала ли эта шутка об их взаимопонимании или о том, что они обе жестоки, но знала, что мне было неприятно на них смотреть и они никогда не поделились бы со мной причиной своего веселья.

В пятницу Ролло вернулся домой рано и открыл нам дверь; он обнимал меня чуть дольше обычного, молча и деликатно показывая, что соскучился по мне за время нашей разлуки. Когда он меня отпустил, его круглые очки слегка съехали на переносице, и он неуклюже поправил их обеими руками, словно никогда раньше этого не делал. Перед тем как сесть за стол, он предложил тост в мою честь; говоря обо мне, он делал это туманно и витиевато, словно описывал что-то неприятное, что не хотелось называть по имени. Такое ощущение, что одна несанкционированная поездка, о которой теперь нельзя было упоминать, поломала все наше привычное общение. Вита попросила Долли помочь ей принести ужин из кухни, и мы с Ролло ненадолго остались в тишине. Послышались их оживленная болтовня и звон тарелок.

— Ролло, — сказала я, прежде чем он успел умело перевести разговор на другую тему, — как твои планы по реновации «Лейквью»? Дети уже переехали?

— Да, мы освободили здание, и теперь работа продвигается быстрее. Но у нас возникли сомнения, стоит ли вкладывать огромную сумму денег в такой крупный проект в этом регионе. Здесь совсем другой потолок цен на недвижимость, я этого не учел, — его взгляд метнулся к закрытой двери кухни, и он тихо вздохнул. Отпил красного вина из бокала, и, когда снова заговорил, зубы у него порозовели. У Ролло были мелкие зубки; улыбаясь, он становился похож на ребенка, школьника, притворяющегося взрослым. А очки казались крупным театральным реквизитом, делающим его похожим на взрослого. Мне нравился контраст мальчишеского лица Ролло и его дорогих костюмов, а маленькие зубы и большие очки лишь усиливали его обаяние. — Но не стану докучать тебе делами. Подлить тебе шампанского? — он потянулся к бутылке, сдержанной позой скорее напоминая ресторанного сомелье, чем обычного хозяина дома.

— Нет. Спасибо. Ты не докучаешь, мне самой интересно. Ведь Долли там работает, а мне она ничего особо не рассказывает.

Ролло пригладил свои безупречно уложенные волосы и провел рукой по гладко выбритой челюсти, словно нащупывая отросшую щетину.

— Что ж... — начал он, растягивая гласные — *што-о-о-ш*. — Хм, что ж, это сложно, дорогая, — он редко называл меня так, хотя Вита использовала это обращение по поводу и без повода, даже с укоризненным подтекстом, но ее муж так не делал.

На пороге появилась Вита с большим блюдом закусок, которое держала обеими руками.

— Смотрите, что я приготовила! — весело проговорила она.

За ней шла Долли и несла стеклянную миску с пестрым салатом.

— И что же ты приготовила? — подразнил ее Ролло. — Странно, кажется, я то же самое купил сегодня в «Хэрродз».

Вита поставила блюдо на стол и водрузила рядом салатницу Долли.

— Ну что за ерунду ты говоришь, дорогой, — сказала она на полном серьезе. — Сходи за салатной заправкой и будем ужинать.

Ролло пошел на кухню, и по пути Вита шлепнула его по пятой точке. Он театрально отпрыгнул, будто испугался, затем шагнул назад и прислонился ягодицей к ее все еще поднятой руке. Они рассмеялись. Когда он вернулся в столовую и принес несколько стеклянных бутылок с заправкой, они широко улыбались и не отрывали друг от друга глаз.

Долли задумчиво на них смотрела. Вспоминала ли она тот краткий период, когда мы с ее отцом жили вместе? Думала ли о том, что мы никогда не вели себя так? У нас не было своих маленьких ритуалов и реакций, предназначенных только друг для друга. Глядя на игривость Виты и Ролло, я понимала, что за время, проведенное наедине, они не успевали выразить свою привязанность друг к другу, и проявления этой привязанности выплескивались в общественное пространство, потому что их невозможно было держать при себе. Я вспомнила, как Долли сидела в кафе Джерре, когда была еще маленькая, ела мороженое маленькой ложечкой и торжественно расписывала мне, как Король любит свою новую жену. *Потому что они без ума друг от друга. Это видно. Ты не видишь то, что вижу я, мамочка. Ты не видишь.* Одновременно с ее голосом я слышала голос матери и представляла ее мрачную ухмылку: *У тебя мозги набекрень, дочь.* Долорес беззлобно вторила им, смеясь и откидывая назад белокурые волосы, с которых стекала вода: *Кроме тебя, Сандей; что ты такое, мне невдомек.*

— Сандей, — сказал Ролло, — давай расскажу, что это за закуски. Раньше мы такого не ели. Это...

Мы уже начали выбирать закуски с блюда, а он продолжал объяснять, суетясь над нашими тарелками, будто мы были младенцами, которым впервые давали попробовать разные пюре. Ролло был в ударе и развлекал нас как только мог: подкладывал закуски на тарелки и бесцеремонно забирал те, что нам не понравились, перекладывая их к себе. Я сразу поняла, что не смогу съесть ничего, кроме белой булочки, лежавшей рядом на блюдце. Я также знала, что никто ничего не скажет, когда будет убирать тарелки и заметит, что я не притронулась к еде. Я смотрела на Виту и Долли, которые смеялись вместе с Ролло и умоляли не накладывать им добавки, и больше ни о чем его спрашивать не стала.

После ужина Долли принесла кофе на подносе, поставила его на стол рядом с Ролло и посмотрела на террасу.

— Смотрите, еще тепло, — сказала она. — Пойдем на улицу, — она хотела взять поднос, но замерла и посмотрела на меня. — Ты не против?

Похоже, общение с нашими соседями научило ее обходительности, чего я раньше за ней не замечала. Я согласно кивнула и вышла за ней на террасу. Расставляя на узком садовом столике три маленькие чашечки, сливочник и кофе-пресс, она сосредоточенно хмурилась. Ролло с Витой вежливо проследовали за нами, точно это был наш дом и они находились у нас в гостях. Он кивнул, показывая, что можно налить ему кофе, и они принялись с интересом обсуждать кофе-пресс, который он недавно привез из поездки в казино в Довиле*. Дома Долли всегда варила кофе в кастрюльке, в той же, в которой варил его еще мой отец. Ее бабушка с дедушкой больше любили чай, а пресс Ролло, похоже, казался ей символом утонченности. Долли уже сообщила, что кофе в кастрюльке по сравнению с этим приспособлением — примитив и прошлый век.

— Вот поедем в город и купим тебе пресс в «Джон Льюис»**, — беспечно проговорила Вита. — Сама выберешь.

— Нет, Ви, не надо, — возразил Ролло. — Я поеду во Францию и куплю ей самый лучший. Такой же, как у нас.

Я думала, Вита рассердится, что он ее осадил, но этого не случилось. Глядя на Ролло, она просияла, словно он только что оправдал ее самые оптимистичные надежды. Долли тоже ему улыбнулась; свойственные ей сдержанность и осторожность улетучились, и она поставила пресс и крепко его обняла.

— Спасибо, Ролс! Я буду каждый день им пользоваться!

Ролло откинулся на стуле и глубоко вздохнул; его грудь приподнялась, садовая гирлянда осве-

---

* Город во Франции на побережье Ла-Манша, основанный в середине XIX века как курорт для парижских аристократов. В наше время престижный морской курорт.

** Британская сеть элитных универмагов.

щала его красивое лицо в темноте. На подносе лежали разноцветные птифуры, которые так любил Ролло. Мне принесли газировку со льдом в тяжелом хрустальном бокале. Я обожала их хрусталь за то, как тот оттягивал мне руку. Хрустальные бокалы на удивление тяжелы и выглядят живыми и доверчивыми; их вес вдвое больше, чем кажется на первый взгляд, как у спящего на руках младенца. *Я такой тяжелый*, шепчет хрусталь, *потому что тебе доверяю*. У Ролло с Витой всегда имелся запас газировки к моему приходу. Их забота казалась трогательной; раньше никто не относился к моим странным предпочтениям с таким пониманием. Они же знали меня, понимали, одобряли и даже потакали мне.

Иногда я слышала, как члены одной семьи обсуждали странности друг друга тем же тоном, каким Ролло и Вита говорили о моих причудах. Я стала замечать, что, как и мои новые друзья, другие люди смеялись над странными привычками своих близких, но делали это, пожалуй, даже с умилением — мол, наш-то что учудил. *Она даже летом из пальто не вылезает. Пока он не позавтракает, его лучше не трогать*. Теперь я понимаю, что моя мать могла бы меня полюбить, если бы захотела. Чужие странности — не преграда для любви. Теперь я об этом знаю, но мне от этого не легче. Я всегда считала, что родители не любили меня из-за моих причуд. Но Вита и Ролло радовались им и беззаботно потакали, и я невольно задумалась, не было ли во мне еще чего-то, что могло не понравиться матери; возможно, ее отталкивала не моя непохожесть на других, а что-то еще, что казалось ей отвратительным.

Вита и Ролло на террасе решили показать нам сложный танец, который разучивали для своей свадьбы. Ролло напомнил, что с тех пор прошло больше двадцати лет, и с сомнением взглянул на Виту. Та была в желтом платье без рукавов и украшений; она загорела и стала еще смуглее, чем при нашей первой встрече. Ролло, стройный и красивый, в темном костюме, оказался превосходным танцором и серьезно подошел к делу, а Вита все время забывала последовательность движений. Вскоре они отказались от попыток воссоздать оригинал и завершили танец, кружась по террасе; она поставила свои босые стопы на большие начищенные ботинки Ролло. На лице ее застыло комичное страдальческое выражение, она не сгибала руки и ноги, притворяясь деревянной куклой, а мы так смеялись, что слезы потекли из глаз. Но Ролло был так ласков и терпелив, что я прослезилась уже от умиления и радовалась, что из-за смеха этого никто не заметил. Никто никогда не обнимал меня так ласково и не смотрел на меня таким взглядом. Я надеялась, что Вита осознавала свое счастье и не принимала его как должное. Впрочем, ей, как Долли и Ролло, не приходилось стараться и чем-то жертвовать, чтобы окружающие ее полюбили; наверное, поэтому все трое казались такими избалованными. Должна ли большая любовь даваться просто так? Я не верила, что можно ценить то, что дается легко.

На террасе повеяло холодом, и мы перешли в гостиную. Долли привычным жестом начала перебирать пластинки Тома.

Она выбирала пластинку, показывала ее Ролло, а тот говорил: «Нет!» Наконец он закричал:

— Да нет же! Ну и вкус у этого гребаного Тома! *(Этого гребаного Тома.)* Как можно слушать такое дерьмо? Дерьмо!

В отличие от Виты, Ролло редко ругался, но когда это происходило, Вита вела себя так же, как Ролло, когда кто-то вставал из-за стола или возвращался за стол,— вскакивала как по команде. Тем вечером она вскочила молниеносно, жестом велела Долли отойти от полок, села на корточки и принялась перебирать пластинки сама. Вита со знанием дела выбирала музыку, а Долли села на свое место, не говоря ни слова, и стала внимательно за ней наблюдать, точно пыталась понять последовательность ее действий. Вита быстро нашла нужную пластинку и поставила; Ролло тут же расслабился и закрыл глаза.

— Он устал,— сообщила она.— Очень много времени проводит за рулем. И ведь ему необязательно так часто ездить в город, он просто очень добросовестный. Слишком, как мне кажется,— они с Долли переглянулись; Вита первой отвела глаза и слегка покраснела, а Долли продолжала смотреть на нее неподвижным задумчивым взглядом.

— Ролло сказал, что ситуация с «Лейквью» осложнилась, — сказала я Вите, когда та села на диван рядом с Долли и стала теребить волосы и разглаживать платье, проявляя несвойственную ей нервозность.

— Да, — она перестала теребить одежду и откинулась на подушки. — Он говорил, что нам придется поделить поместье на части?

— Да, говорил, — утвердительно ответила я, как будто кто-то мог усомниться в моих словах.

— Мы его разделим. Территорию разобьем на участки и продадим, оформив разрешения. А дом поделим на части. Сделаем апартаменты. Красивые новые квартиры. Возможно, будем продавать их как элитное жилье для пенсионеров. Ролс просчитывает бюджет, а потом мы с Долли сможем заняться дизайном.

— Он показал мне новые чертежи, — сказала Долли. — Думаю, получится взять наши изначальные идеи, Ви, просто уменьшим масштаб.

Они принялись обсуждать планировку квартир, мебель для ванной, кухонные гарнитуры и цветовую гамму, и Ролло притворился, что тихо похрапывает. Потом они стали мечтать, как обставили бы свое идеальное жилье; примерно так же, как квартиры в «Лейквью», и находилось бы оно, конечно, в Лондоне. Они напоминали супружескую пару; их разговор был легким и непринужденным, а если одна прерывала другую, это выглядело естественным, и никто даже не думал извиняться. Они говорили и говорили, а из динамиков лилась музыка.

На работе на следующей неделе Дэвид заметил, что я повеселела. Я рассказала о предыдущем вечере, и он ободряюще кивнул.

Прекрасно. Загадочные соседи, показал он. И с нетерпением, жестикулируя быстрее, точно повышая голос, добавил: *Давай. Рассказывай*.

И я рассказала о шампанском, птифурах, о том, как мы разговаривали и смеялись. Рассказывая, как Вита танцевала, поставив ноги на ботинки Ролло, я изобразила ее с негнущимися ногами и растерянным лицом, но Дэвид покачал головой.

Тебе бы понравилось. Это было смешно, сказала я. *Они пригласили Долли поработать к себе на лето. У них строительный бизнес; она будет помогать.*

Зачем?

Затем, что они добрые. И они наши хорошие друзья. Последнее слово я добавила в оправдание, потому что на самом деле не могла объяснить, зачем они возили ее в «Лейквью» и в Лондон и почему она согласилась им помогать. Мне казалось, что ее работа будет связана с мелкой рутиной — отвечать на телефонные звонки, принимать заказы и все такое прочее, — и рутины этой будет много. Я не сомневалась, что, проработав там некоторое время, Долли разглядит, как тонка внешняя позолота в этом бизнесе, и потеряет интерес к «Лейквью».

А сколько им лет? спросил он.

Мои ровесники. Хотя нет, они чуть старше. Ему, наверно, около сорока. Я прикинула, сколько лет Вите, и вспомнила, как она говорила, что они познакомились в университете. *А ей, должно быть, около пятидесяти.*

Он кивнул и вернулся к черенкованию; в его больших руках секатор казался маленьким, как карандаш. Через несколько секунд он постучал по столу, привлекая мое внимание.

А он красивый? Его жесты снова ускорились; я с трудом за ним поспевала. Если бы он говорил с такой скоростью, я бы давно потеряла нить. *Этот муж? А жена? Они богатые?*

Да и *да*, ответила я, нарочито резко подчеркнув повтор. А над последним вопросом задумалась и ответила: *У них много дорогих вещей. Да, богатые.*

А дети?

Вместо того, чтобы сжать пальцы и показать «нет», я покачала головой.

А Долли? спросил он и снова произнес ее имя не по буквам, а изобразил, что качает куколку. Но я ничего не сказала. Он повторил: *Они нравятся Долли?*

Я натянуто кивнула. И Дэвид кивнул, словно задумавшись, а потом вернулся к работе. Я все еще смотрела на него, и он отложил секатор и, глядя на цветок, добавил: *Ты хорошая мама. Правда.* Он с чувством поднял вверх оба больших пальца и вернулся к своей розе.

Когда я снова попыталась вовлечь его в разговор, он отвечал кратко. Лицо окаменело, будто он устал, и я подумала, что он, наверно, правда выбился из сил; наверняка еще не привык жить один, вдали от дома. В обеденный перерыв, зная, что остаток дня ему предстоит работать в поле, я купила в лавке бутылку лимонада и пачку печенья, незаметно сунула ему в рюкзак и застегнула молнию.

СОВСЕМ НЕ ПОХОЖИ

В пятницу Долли предложила надеть на ужин одинаковые черные платья и бархатные повязки для волос. Мы не одевались одинаково с тех пор, как она была маленькой, и меня очень тронуло ее предложение, хотя мне не понравились ни ткань, ни фасон выбранных ею платьев. Вита открыла нам в одном из своих пляжных платьев с ярким орнаментом, и я порадовалась, что она выбрала наряд, совсем не похожий на наши.

Она поприветствовала и поцеловала нас обеих, отошла в сторону, хлопнула в ладоши и восторженно взвизгнула, словно впервые увидев наши платья.

— О! Какие вы милые! А мы с Долли тоже на днях ходили по магазинам, правда, Доллз? Так здорово, — она наклонилась ко мне и заговорила тише, словно сообщая что-то, что не предназначалось для ушей Долли. Меня окутал аромат ее духов; в нем слышались нотки миндаля и марципана —

сладкий, искусственный запах праздничных застолий. — Продавщица сказала, что сразу догадалась: мы — мама и дочка! Представь! — она скромно потупилась, прошагала мимо нас, закрыла входную дверь и, вытянув руку, пригласила нас на кухню. Мы шли по коридору, а Вита продолжала тараторить; она опять говорила громко, значит, теперь сказанное уже не было секретом от Долли, и даже Ролло, если тот был уже где-то в доме, мог все слышать. — Но, думаю, все дело в одинаковой одежде; она сбивает с толку. Даже если люди совсем не похожи. Просто кажется, что они похожи. Даже если они совсем разные.

Мы вошли на кухню, Долли повернулась и улыбнулась мне. Я заметила, что ее повязка немного сползла, и из-под нее выбились пряди волос; я потянулась и сдвинула свою повязку, чтобы волосы тоже немного растрепались.

За ужином Ролло говорил о своих планах на «Лейквью» и бурно жестикулировал, как фокусник, выступающий по телевизору. Я засмотрелась на его порхавшие руки и перестала слушать, но вовремя спохватилась.

— Ремонт идет полным ходом. Чиновники из городского совета оказались очень... — он задумался, размышляя, как сформулировать столь деликатный вопрос. — ...доброжелательными. В совете работают хорошие люди. Они не чинят нам препятствий. Понимают, что в регион необходимо вдохнуть новую жизнь, что тут нужно новое мышление. Из «Лейквью» получится отличный комплекс апартаментов,— он вздохнул с подчеркнутым удовлетворением, как делал, пробуя новое вино, которое приходилось ему по вкусу.

— А сейчас там ведутся работы? — спросила я.

— Да. По крайней мере, пока,— он взглянул на Виту, а та посмотрела на него; ее лицо ничего не выражало, что было для нее необычно. Оно выглядело, как выглядят все лица, и это меня пугало; она словно спряталась за своими чертами. Лицо Виты нравилось мне главным образом из-за своей подвижности и выразительности; в ее присутствии я ощущала себя одной из вас. Людей, умеющих читать мысли. Ролло продолжал: — Но нам поступило очень выгодное предложение. Одна компания в Ланкастере хочет выкупить участки земли, когда планы будут готовы. Они же хотят заняться ремонтом главного корпуса.

— О нет! — воскликнула я. — И вы согласитесь? Долли расстроится.

Я повернулась посмотреть на ее реакцию; слышала ли она, что он сказал? Они с Витой смотрели на Ролло, и у обеих на лицах застыло выражение полной безмятежности.

— Что ж,— ответил Ролло,— предложение очень выгодное.

Он положил нож и вилку и сделал большой глоток. Проглотил вино, опустил бокал и положил руки на стол ладонями вверх, растопырив пальцы. Эта поза делала его похожим на проповедника или человека, который надеется словить что-то сыплющееся на него сверху. Он глотнул еще вина.

— Сделка освободит нас. Мы сможем в любой момент вернуться в город; не надо будет оставаться здесь и ждать конца строительства. Вите всегда легко удавалось приспособиться к загородной жизни, но не мне, — он поправил очки, сдвинув их выше на переносицу жестом, который неизменно казался мне милым, и пригладил волосы той же рукой. А потом посмотрел прямо на меня. Впервые на его лице не было даже намека на улыбку. — К сожалению, Сандей, мне не терпится скорее уехать. Я уже готов вернуться в город, — на миг мне показалось, что он говорит о том, чтобы поехать одному, что Вита останется со мной. Но он повернулся к ней и спросил: — Мы оба готовы, да, Квини?

Я мысленно пролистывала свою картотеку, ограниченный набор примеров человеческого поведения, с которыми я сталкивалась. Наш разговор начинал смахивать на прощание. Я вспомнила, как Король говорил о переменах к лучшему, о расширении компании и личном росте, но все эти ключевые слова означали, что он собирается бросить нас с Долли. Я вспомнила мрачное молчание Долорес перед смертью и последние разговоры с родителями, посвященные главным образом практическим моментам — что нужно сделать в саду, сколько платить молочнику и кто из соседей одолжил у нас ту или иную вещь. Но никто из них не смотрел мне в глаза, как Ролло, и никто не говорил, что готов уйти. Может, это простые и общие слова вовсе не означали, что все кончено? Они казались слишком простыми и одновременно слишком абстрактными и едва ли могли означать прощание.

— Но вы же останетесь на год? Вита сказала… или ты сам сказал… — я все еще мысленно пролистывала картотеку возможных интерпретаций и не помнила, кто из них это сказал и когда, но, кажется, они об этом говорили. Или подразумевали. — Помню, вы говорили, что хотели бы купить здесь дом. И не возвращаться в город… в Лондон. Никогда.

Вита похлопала меня по руке и наконец заговорила:

— Дорогая, мы еще даже не приняли это предложение. И не знаем, примем ли. Мы еще ничего не подписывали, — она взглянула на Ролло и несколько раз провела по лбу пальцем слева направо, будто разглаживая морщины. Этот четкий, выверенный жест напомнил мне жесты Дэвида, которые тот использовал в разговоре. — К тому же наш срок аренды на этот дом закончится лишь через несколько месяцев, Сандей. Ничего не изменилось.

— Слава богу, — воскликнула я, — а то мне очень хочется посмотреть, как вы с Долли отремонтируете апартаменты.

— Не переживай, — ответила Вита, и голос ее звучал странно глухо и словно доносился издалека. — Долли может помочь мне и с другими проектами.

— Вы что, собираетесь покупать еще дома? — я обрадовалась, что у них могут быть другие дела в наших краях. — Что вы задумали?

К тому моменту о еде уже все думать забыли. На ужин в тот вечер подали блюдо с необычным сладко-пряным вкусом: курицу с сахарными финиками и желтый рис с горошинками изюма. Я попробовала немножко и переключилась на булочки. Тарелка казалась нетронутой, но я знала, что мне никто ничего не скажет; я никогда не смогла бы объяснить хозяевам, почему меня это так радовало. Вита встала и принялась убирать тарелки с горячим. Одновременно встала Долли, взяла у Виты стопку тарелок и понесла на кухню.

— У фирмы тут нет интересов, Сандей, — улыбнулась Вита, глядя на меня сверху вниз. — Наши интересы в городе. Но ты же не против, чтобы Долли к нам приезжала? — она обняла меня за плечо и растерла его ладонью, будто пыталась меня согреть. — Как же нам повезло, что у нас есть вы.

За ужином нас было четверо; я не поняла, кого она имела в виду, говоря «нам повезло». Но мне понравилось, что нас с Долли определили в пару, что в этой счастливой расстановке я была не одна. Вите надо было изучать не историю искусства, а семантику; она бы уже дослужилась до профессора.

Ролло рассказал о новой машине — он планировал купить ее в эти выходные, вернувшись в город. Только у этой модели были именно такие кожаные сиденья, какие он хотел; он принялся во всех деталях расписывать, какие именно. Его познания в комплектации этого конкретного автомобиля могли сравниться с моими знаниями сицилийских ритуалов.

— Ты же много знаешь о «Лейквью», Ролло, — заметила я. — И о нашем городе. Наверняка, прежде чем купить интернат, ты наводил справки?

Он широко и непроизвольно улыбнулся — как отличалась эта улыбка от той, которую он использовал, чтобы очаровать слушающего его собеседника! Ролло любил говорить о работе, и, хотя предпочитал не разглашать суммы и детали сделок, его глаза горели, когда он описывал сам рабочий процесс. — Да. Конечно. Перед покупкой я всегда навожу справки. Я хорошо знаю Лондон, но этот регион...

— А ты бывал на озере, Ролло? Видел его?

— Конечно! Тысячу раз мимо проезжал. Оно же по дороге.

— Проезжать — это одно. Но ходил ли ты на берег, Ролло? Стоял ли на берегу, смотрел ли на озеро?

Он взглянул на меня. Выражение его лица снова стало настороженно-обезоруживающим: слегка опущенный подбородок, поднятые брови и тонкая улыбка, будто намекающая, что у нас с ним есть общий секрет, о котором мы никому не расскажем.

— Ну расскажи, — он обвел пространство перед собой широким жестом, словно пропуская вперед себя невидимого гостя. — Расскажи про озеро.

Я понимала, что моя история про озеро никому не понравится. И рассказала другую историю — о моем отце.

Уолтер был высок и крепко сложен; с его смерти прошло много лет, а местные продолжали вспоминать о нем со смесью восхищения и трепета. Однажды на моих глазах он сбросил ботинки и грациозно нырнул в озеро за туристом, который выпал из рыбацкой лодки, фотографируя окрестности. Другие тоже попрыгали в воду, пытаясь спасти утопающего, но тот, обезумев от страха, отталкивал спасательный круг и затягивал товарищей под воду, когда те подплывали близко. Уолтер же, недолго думая, ударил утопающего кулаком в лицо, вырубил его и вытащил на берег, где уложил на камни так бережно, что группа местных кумушек заохала и заахала от умиления. Намокшая темно-синяя рубашка льнула к его мускулистой груди; стоя на берегу озера, он пригладил растрепавшиеся волосы. Заметив среди зевак нашу соседку, бывшую медсестру, он сурово окликнул ее и велел подойти и проверить жизненно важные показатели спасенного туриста. Тот лежал на камнях и ловил воздух ртом, придавленный промокшим насквозь тяжелым шерстяным костюмом.

Ролло никак не прокомментировал эту историю, но задал несколько вежливых и общих вопросов о моем отце. *Он всю жизнь прожил в нашем городке? Нет? Неужели не скучал по большому городу?* Он замолчал, лишь когда Долли вошла в комнату и внесла стеклянную миску с трайфлом; он всегда прекращал говорить, когда выносили десерт, чтобы Долли и Вита могли насладиться этим срежиссированным моментом застолья. Сейчас он сидел на стуле очень прямо, поза его была еще более сдержанной, чем обычно; узкий темно-синий пиджак натянулся на груди. Его гордость своим новым приобретением казалась наивной и трогательной. Ролло производил впечатление человека, неспособного относиться серьезно ни к чему и ни к кому, кроме себя самого; исключением, пожалуй, была Вита. Моим единственным близким человеком была Долли; та много говорила, но совсем не делилась со мной самым сокровенным. Я вдруг поняла, что у Ролло и Виты наверняка было свое озеро и своя Сицилия, просто об этом не мог знать человек, который познакомился с ними совсем недавно, — то есть я. Вслед за Долли зашла Вита; она несла на руках Зверя, и тот сидел, прильнув к хозяйке, и завороженно смотрел ей в лицо. Он не напрягался, как часто напрягаются собаки, когда их берут на руки, а полностью расслабился в ее руках, как младенец; лапки доверчиво повисли.

— Ви! — искренне восхитился Ролло. — Какой роскошный десерт. Неужели сама приготовила?

Это была их новая игра — они притворялись, будто Вита сама готовила десерты; иногда игра распространялась и на другие блюда, но шутка про десерт повторялась за каждым ужином. Вита всегда подавала десерт и так скромничала при этом, что возникало впечатление, будто она действительно сама пекла торт или пирожные. Мы ей подыгрывали и каждую неделю осыпали искренними комплиментами; ее красивое личико краснело, она суетилась над тортом, говорила о его свойствах и о том, как можно было бы его улучшить. Я, разумеется, не могла есть трайфл — блюдо, как будто приготовленное ребенком, которого оставили без присмотра на кухне со сладостями, и он намешал все несочетаемое в кучу, а сверху еще полил сладким хересом и присыпал твердыми разноцветными сахарными шариками, как будто ему было мало. Это блюдо такое чрезмерное, такое яркое — полная противоположность моей привычной белой еды. Я привыкла отворачиваться от шума; трайфл был шумным.

Вита спросила, хочу ли я попробовать десерт, и я наотрез отказалась.

— Я просто не могу такое есть. Слишком много всего намешано. Такой винегрет, — пояснила я.

Вита занесла серебряную ложку, как будто грозила ею непослушным детям. И я подумала, что, наверно, надо было просто сказать, что я наелась, что десерт выглядит аппетитным, очень, но я просто не смогу больше проглотить ни кусочка. Будь я в гостях у кого-то другого, я так и сказала бы. *Никогда не говори, что думаешь*, часто предупреждала мама. *Никто не хочет этого знать.*

— Трайфл напоминает о школьной столовой, — добавила я, решив, что это более внятное оправдание и не такое личное.

Тут Вита громко рассмеялась, а Ролло и Долли оторвались от беседы, вздрогнув от внезапного шума. Она встала, запустила в миску ложку с длинной ручкой, и ложка, хлюпнув, прорезала и перемешала слои; часть десерта вывалилась на стол. Облокотившись о стол, Вита сунула в рот незажженную сигарету, и сигарета повисла у нее в уголке рта.

Упершись одной рукой в бок, а другой схватившись за ложку, она рявкнула:

— А ну тихо, ребятки! Кому этого прекрасного бисквита?

Прэкрасного бысквита! Ее пародия на повариху из столовки была неподражаемой; у нее получилось намного лучше, чем когда она пыталась изображать героиню нашего сериала, ту самую, у которой был строгий папа. Чистый кокни, как у актрисы классического театра, игравшей Нэнси в «Оливере Твисте»; казалось, она вот-вот запоет «Пока он нуждается во мне», прижав ладонь к нарисованному фингалу и выпятив подчеркнутую корсетом грудь. *Но я буду и дальше играть в эту игру...*

Ролло и Долли, видимо, не поняли, с чего это Вита вдруг превратилась в сердитую тетку из столовой, но добродушно рассмеялись и подставили тарелки, будто в ее представлении не было ничего необычного. Вита зачерпнула трайфл и положила на тарелку Долли с серебряной каемкой, затем повернулась к Ролло.

— Ролс, иди принеси Сандей сыра и крекеров. Разумеется, она не будет трайфл. Трайфл! И как тебе только в голову пришло его купить?

Мы улыбнулись, когда она призналась, что десерт все-таки купил Ролло, а не она сама его приготовила. Она снова заговорила обычным голосом — звонким, волевым и приятным.

Моя мать за ужинами тоже говорила нечто подобное, комментировала мой отказ как нечто предсказуемое и нормальное. А потом велела отцу или Долорес принести для меня что-то попроще. Но когда те вставали из-за стола, кричала, чтобы они немедленно сели. Для нее это была игра. Хорошо хоть мама скоро смекнула, что не надо заставлять меня есть ненавистную пищу — мы обе знали, что меня будет тошнить, а это, к счастью, причиняло ей массу неудобств. В доме Виты тоже были свои игры. Но их нельзя было раскрыть, учинив истерику за столом; игра велась долгое время, а суть ее становилась понятна лишь потом.

Ролло встал и пошел на кухню. Вита не стала спрашивать Долли, хочет ли та десерт, а просто разложила его по трем тарелкам.

Закончив, она снова заговорила.

— Сандей, завтра Ролс едет в город. Мы с Долли решили, что можно съездить заодно, — она широко улыбнулась и взяла ложку. — Ты не против, дорогая?

— Ты имеешь в виду Лондон?

— Ну да, город, Лондон... — все еще держа в руке ложку, она развела руки ладонями вверх в жесте, означавшем недоумение, а может быть, и нетерпение.

Ролло вернулся за стол с тарелкой крекеров и толсто нарезанного сыра. Он забыл об элегантной сервировке, которой всегда уделял так много внимания, и я смотрела, как он садился за стол и словно подыскивал объяснение для такой небрежности. Долли передала ему десерт.

— Спасибо, дорогая, — он взял у нее тарелку.

Их руки соприкоснулись, и он рассеянно задержал ее руку в своей. Потом резко перевел взгляд на меня, словно я окликнула его по имени.

Вита встала, и я удивилась твердости, с какой она увела Ролло на кухню, тихо шепча ему что-то на ухо, и закрыла за собой дверь.

Мы с Долли остались за столом и некоторое время, как обычно, молчали. Наверно, мы не имели права гадать, о чем они говорили на кухне, как моя мать или Король не имели права комментировать мои замечания о Сицилии, особенностях произношения или этикете.

— Значит, завтра ты едешь в Лондон, Долли? — спросила я.

Не улыбаясь, она кивнула и принялась есть десерт маленькими кусочками и без особого удовольствия. В отличие от своей тезки, моей сестры, Долли не любила сладкое.

— Ты ведешь себя глупо, мама, — проговорила она тихим и ласковым голосом, точно я была ребенком, с которым требовалось бесконечное терпение. — Испугалась трайфла, — она ударила ложкой в воздух и изобразила стон привидения. — У-у-у!

После десерта мы слушали любимую классическую музыку Ролло, а тот дремал на стуле, но иногда просыпался и критиковал тот или иной отрывок. Мы не комментировали музыку и не отвечали на его замечания, а вежливо молчали, словно ждали следующего раза, когда он заговорит, а в промежутке лишь коротали время.

— Почему Ролло так не терпится вернуться в город? — спросила я. — Я думала, вам обоим здесь нравится.

Вита пожала плечами и взяла стакан; она явно была не расположена отвечать.

— А я очень хочу поехать, — вмешалась Долли.

— Но вы передумали оставаться здесь надолго? — я продолжала расспрашивать Виту, не обращая внимания на Долли.

— Интересы нашей фирмы в Лондоне, дорогая; нам нужно поддерживать связи. Иначе упустим новые возможности для бизнеса. Мы берем на заметку офисную или коммерческую недвижимость, а такие здания разлетаются быстро. Они встречаются все реже и реже. Поэтому он надеется скорее передать «Лейквью» другим хозяевам: чтобы можно было работать над другими проектами. Возможно, в других регионах. С привлечением местных городских советов.

— Я ей все это объясняла, — встряла Долли. Вита молча на нее посмотрела. — Я так и сказала. Что Ролло интересуют контракты с муниципальными властями.

Но я так и не поняла, почему он потерял интерес к нашему городку, поэтому ждала, пока она продолжит.

Через некоторое время она проговорила:

— Он просто не хочет терять связи, понимаешь? Тебе, конечно, не понять, но недвижимость — это свой тесный маленький мирок, — она взглянула на меня безо всякого выражения.

— Но неужели нужно переезжать в Лондон? Ради работы?

— Работа! Работа — это так примитивно, дорогая, — голос Виты вдруг стал другим, чужим. Она улыбнулась, но тоже другой, чужой улыбкой, натянутой и сдержанной. — Так сказал бы Том, — с этими словами она окинула жестом элегантную гостиную, как будто Том был где-то здесь, а не в Лондоне со слабой здоровьем беременной женой и детьми.

Мы перевели взгляд на Ролло; тот спал, но выглядел по-прежнему безупречно в костюме и блестящих кожаных ботинках.

— Но Том работает, — заметила я, — как и Ролло.

Вита снова заговорила уже своим голосом, по-прежнему уверенным, но мягким и сладкозвучным; совсем не таким, каким она изображала Тома:

— Люди вроде Тома не работают. Не в привычном нам смысле, Сандей. Мы с Ролло не бедствуем, у нас много красивых вещей, но все равно нам не сравниться с Томом. Он старший из детей, ему достанется все семейное состояние. (*Семе-е-ейное состоя-а-ание*, протянула она.) А у Ролса есть свой старший брат. Ролсу не достанется ничего.

— Его родители его не любят?

Я не представляла, как можно не любить Ролло. Будь этот обаятельный человек моим сыном, я любила бы его безгранично и гордилась бы восхищением, которое он вызывал у окружающих. Это же все равно, что быть родителем всеми любимой знаменитости — хотя бы часть восхищения публики перепадет и тебе. Моя мать, конечно, ничего такого ко мне не испытывала, но, возможно, испытывала к Долорес. Как я к Долли.

Вита рассмеялась, но не легко и непринужденно, как обычно. Этот смех был сдержанным и кратким, как оскал недовольной экзотической собачки.

— Любят? Ролса? Конечно, они его любят. Ролса любят все.

Ролса любят все. Она произнесла эту фразу с благоговением, с каким Банни делала очередное горделивое заявление о клане Форрестеров. Потом Вита взглянула на Долли, и та согласно кивнула, словно они уже много раз обсуждали эту тему:

— Но поместье нельзя делить. Оно и отцу Ролса досталось лишь потому, что его брат умер, не успев вступить в наследство.

Долли наклонилась к ней ближе.

— Фредди, правильно? — она посмотрела на Виту, а потом на меня, потянулась ко мне и положила руку мне на плечо, словно собиралась сообщить плохую новость. Ее касание было легким. Рука казалась абсолютно невесомой и холодной; закрыв глаза, я бы даже не поняла, что она там. — Он застрелился, мамочка. Да, Ви? Еще до того, как Вита с Ролсом познакомились. Грустная история.

Вита угрюмо кивнула:

— Да, Долли. Очень грустная.

А я, глядя, как они сидели рядом с мрачными лицами и горевали по дяде Фредди, которого никогда в глаза не видели, вдруг поняла, что мне совершенно безразличны их чувства.

В следующий вторник я пришла домой и обнаружила Виту и Долли за кухонным столом. Те сидели тихо и, ссутулившись, грели в руках чашки с кофе, как будто сильно замерзли. На них были джинсы свободной мешковатой посадки, которые они носили с поясами, затянутыми туго, как корсеты у актрис из исторических фильмов. На Долли был темно-синий шелковый жакет, которого я раньше не видела, с аппликацией из бабочек и цветов и множеством маленьких нашивок. Обычно она не носила такие пестрые вещи. На Вите был похожий жакет, только красный. Когда я вошла, они взглянули на меня с одинаковыми улыбками, но не бросились здороваться, как обычно, с поцелуями и восторженными криками.

— Привет,— сказала я.— Как дела? Хорошо съездили?

Они переглянулись, точно решая, кто будет отвечать. Долли медленно отпила кофе, а Вита заговорила.

— Хорошо. Мы отлично съездили. Долли познакомилась с нашими друзьями, — она задумчиво посмотрела на меня. — И у нас возникли идеи для нашего нового дома.

— Какие идеи? — спросила я. — Чем вы занимались?

Вита встала и нетерпеливо всплеснула руками.

— Ходили по магазинам тканей, выбирали обои, ну, знаешь, — она наклонилась к Долли и по-хозяйски поцеловала ее в лоб; потом похлопала меня по плечу и пошла к выходу. — Пойду вздремну. Увидимся в пятницу, Сандей.

Я села напротив Долли на стул, где до этого сидела Вита, но не заговорила, пока не услышала, как за Витой захлопнулась дверь.

— Где ты ночевала? Кто с тобой был? — спросила я Долли.

— Они купили новый дом, и Ролс поехал туда. Мы с Витой остановились в отеле. Могли бы поехать с Ролсом, но Ви не хотела, пока там все не готово. Это таунхаус, но там пока даже ванной нет. Но дом шикарный! Точнее, будет, когда мы его отремонтируем, — я уже не удивилась, услышав это «мы».

Долли нюхала кофе, точно в его запахе содержались особые вещества, которые нужно было вдохнуть, чтобы наконец проснуться. Я открыла шкаф, нашла пачку шоколадного печенья и протянула ей через стол. Это было тонкое печенье, завернутое в золотую фольгу: Ролло привез его в подарок из одной из поездок в Европу, и теперь оно блистало рядом с другими, обычными продуктами в нашем кухонном шкафу. — Поешь сладкого, Долли. Поможет проснуться. Расскажи про отель.

Дочь без интереса потеребила блестящую обертку.

— Ролс мне кое-что сказал. Он тревожится за Ви, пока та в Лондоне. Хочет, чтобы я была рядом. Накануне переезда у нее случилось что-то вроде нервного срыва,— понизив голос, продолжала она, точно боялась, что Ролло и Вита могли прятаться где-то в доме и подслушивать.— Ее лучшая подруга родила, и это вызвало у Ви неадекватную реакцию.

— И в чем это выражалось? — спросила я.

— Она взяла ребенка и пошла с ним гулять.

— И что такого?

— Мам, она зашла к ним в сад и забрала эту девочку, прямо с коляской. Не спросила маму, Анабел, ничего ей не сказала, и ее не было больше часа,— Долли восторженно пересказывала взрослую драму, и голос ее на миг вновь стал прежним, почти детским; в кои-то веки из него исчезло преклонение перед Витой. Расширив глаза, она продолжала: — А когда она вернулась, Анабел вызвала полицию. Был настоящий скандал. Поэтому Ролсу пришлось продать дом,— тут она спохватилась, вспомнила о верности своей подруге, и выражение ее лица изменилось. Она заговорила так, как могла бы говорить о себе сама Вита: — Бедняжка Вита. Люди совершенно не умеют прощать.

— Ты считаешь, ничего страшного, что она взяла ребенка?

Она замолчала.

— Ребенок не пострадал, — наконец ответила она.

— Но мать девочки не знала, где она. Если бы тебя забрали, когда ты была маленькой, Долли, даже на минуту, я бы... — я не договорила, не желая объяснять, что бы почувствовала, случись со мной такое горе даже на минуту или час. — Представляю, как испугалась семья девочки. Для них это был кошмар, — Долли пожала плечами; мой тон ей явно не понравился. Я медленно и ободряюще похлопала ее по руке. — Но нас же там не было. Мы не можем знать, что произошло на самом деле, — ее лицо стало отстраненным, и я поняла, что тема закрыта. — Что вы делали в выходные? Расскажи про отель.

Она по-прежнему молчала, и в конце концов я не выдержала и подняла бровь. Она посмотрела в сторону, словно вспоминала, как прошли выходные, и решала, как лучше описать отель, где они останавливались. Но, видимо, решила не вдаваться в подробности и отвечала:

— Ну, это... дорогой отель в Лондоне. Что еще сказать. Как в кино, мамочка, — она говорила ласково, как с любящей младшей сестрой. — А можно я посплю?

Я взяла поднос, поставила на него стакан молока, положила печенье. Она смотрела, как я споласкиваю ее чашку, готовлю поднос, потом кивнула и взяла его у меня. Направилась к двери и вдруг остановилась.

— Бабушка с дедушкой ждут меня на ужин. Можешь позвонить на ферму и сказать, что я... — она раздумывала, что сказать: — …что я плохо себя чувствую?

Я кивнула и бесстыдно порадовалась, что помогаю Долли отменить ужин на ферме и в кои-то веки участвую в обмане. Обычно все было наоборот — мне казалось, что у них с Банни и Ричардом от меня секреты.

Я слушала ее шаги на лестнице и, когда она дошла до самого верха, крикнула громко, чтобы она услышала:

— А ты правда себя плохо чувствуешь, Доллз, или просто устала?

Она, наверно, уже поднялась на лестничную клетку и ответила затухающим голосом — я еле разобрала ее слова:

— Устала.

Ее голос затих, словно испарился, как и она сама.

Оставшись одна, я подумала о девочке в коляске, которую спящей забрали из сада. Эта сцена проигрывалась у меня перед глазами непроизвольно, в тревожно ярких деталях. Прелестная Аннабел в платье в цветочек выходит в залитый солнцем сад, чтобы взять малышку на кормление, и удивляется, почему та так долго не просыпалась и не звала ее. Не обнаружив в саду темно-синей коляски «Сильвер Кросс», Аннабел сперва не позволяет себе предположить, что ребенка похитили; она в отчаянии прокручивает в уме другие возможные объяснения. Может, она уложила ее спать в кроватке наверху или в плетеной колыбельке, что обычно стояла на кухне? Но нет; колыбельку она оставила у свекра со свекровью по их просьбе. Да-да, оставила; Аннабел все еще пытается найти рациональную разгадку случившемуся, убедить себя, что ребенок еще где-то здесь, с ней, в доме, но внутренний голос насмехается над ее упрямым отрицанием очевидного и твердит: *смирись, это происходит прямо сейчас, уже произошло, нет твоей девочки, она пропала, пропала, пропала*. И крики прорезают тишину красивого сада.

А еще я представила, как в тот же день, но чуть позже, Вита толкала коляску по улице по направлению к доме Аннабел; она широко улыбалась, а когда увидела родителей, не находивших себе места, и угрюмых полицейских, заулыбалась еще шире.

— Энни! — воскликнула она — у нее, естественно, было свое прозвище для Аннабел, как для каждого из нас. — Энни, ну ты же говорила, что надо взять ее на прогулку. Забыла, дорогая? — она повернулась к мужу Аннабел и к полицейским: — Бедняжка страшно устала. Новорожденный — это не шутки.

Но ярость потрясенных родителей и расспросы полицейских наверняка выбили из колеи даже Виту; та не привыкла к любым укорам в свой адрес и, должно быть, пыталась сбивчиво оправдываться и пятиться, немного спотыкаясь. Последовавший переезд и упоминание о «настоящем скандале» свидетельствовали, что даже Ролло не удалось убедить своих друзей простить жену за то, что она сделала. Хотя тот наверняка пытался и, пустив в ход все свое обаяние, напомнил паре, как много значила для них Вита, и с потрясением обнаружил, что даже этого недостаточно, чтобы заслужить прощение.

А позже в тот день, когда полицейские наконец уехали, Аннабел начала привыкать к новой реальности, в которой ребенка у нее забрали, несмотря на то, что девочка вернулась в целости и сохранности. Аннабел больше никогда не испытает той безмятежности, что испытывала в утро дня, когда украли ее ребенка; потрясение от пережитого будет незаметно отравлять ей жизнь, и она уже никогда и никому не сможет доверять. Я представила Аннабел в детской комнате: та держала на руках спящую малышку и испуганно таращилась в открывшуюся ей тьму.

Единственным, что я так и не смогла представить, был разговор между Витой и Ролло у них дома, когда они остались наедине. Пыталась ли она объяснить свои действия? Просил ли он ее об этом? Думаю, он даже не стал ее об этом просить; вернувшись из дома Аннабел, где им так и не удалось уговорить хозяев не сердиться, они просто пожали плечами — мол, что взять с этих гипертревожных родителей новорожденных — и принялись обсуждать, куда пойти ужинать. Вита приняла ванну и надела элегантное новое платье, а он так идеально выглядел в офисном костюме, что она попросила его не переодеваться.

— Ролс, дорогой, какой утомительный день! Ужасный день. Ты даже не представляешь, — наверняка сказала она и тут же перестала хмуриться, кокетливо улыбнулась и взяла его под руку: — А теперь пойдем скорее ужинать!

На следующий день мы с Дэвидом понесли цветы в горшках в фермерскую лавку. Там, в ярком свете ламп, мне показалось, что некоторые молодые растеньица выглядят чахлыми, но Дэвид со мной не согласился. Я сунула руку в один из горшков и нащупала крошки земли; те перекатывались ленивыми волнами и печально разбивались о мои пальцы; тогда я поняла, что цветы еще не готовы. Я взяла Дэвида за руку и заставила его пощупать землю, чтобы он тоже это почувствовал.

— Я вам не мешаю? — за моей спиной стояла Вита. На ней было пастельное обтягивающее платье, а на запястье болталась плетеная корзинка, которые в лавке выдавали на входе. Вита выглядела так, будто стилист нарядил ее как «женщину, собравшуюся за покупками», но она так и не нашла подходящую позу, которая сделала бы этот образ убедительным. Улыбаясь, она протянула руку Дэвиду, как королева подданному. — *Я* — Вита. Как поживаете?

Дэвид смотрел на нее очень внимательно. Медленно кивнул, затем молча показал ей свои грязные ладони. Его обычно дружелюбное лицо ничего не выражало. Она смотрела на него и моргала, стоя неподвижно с застывшей улыбкой на губах.

Повернувшись ко мне, он жестом показал: «Хорошо» и принялся аккуратно переставлять молодые растения обратно в поддон.

— Давайте я вас представлю, — сказала я и продублировала жестами. — Вита, это Дэвид, он работает со мной в теплице. Дэвид, это Вита, моя соседка, — Эдит Огилви писала, что *«при дружеском знакомстве неплохо упомянуть об общем интересе или знакомом двух людей, которых вы друг другу представляете»*.

Я взглянула на Виту: та так и стояла с протянутой рукой. Перевела взгляд на Дэвида: тот с подчеркнутым сосредоточением выбирал цветы, и я ничего не сказала.

— Вам нравится здесь работать? — спросила Вита снисходительным тоном хозяйки, разговаривающей со слугами.

«Нравится» она произнесла как «нраица». Ее вопрос зазвенел в тишине и почему-то усилил ее.

Дэвид кивнул; он неотрывно наблюдал за ней, но руки заботливо расправляли листья растений в поддоне.

— Интересная у вас работа, правда? — продолжала она.

В этот раз Дэвид даже не кивнул. В углу его рта дернулась мышца и резко замерла. Он взял нагруженный поддон обеими руками, коротко взглянул на меня, кивнул в сторону теплиц и вышел.

— Он славный паренек, Вита, — сказала я. — Мы работаем вместе уже...

— Да-да-да, очень мило, — решительно оборвала она, словно я пустилась в ненужные объяснения и она больше не желала их слышать. — Я в тебе не сомневалась, Сандей, — она потянулась, взяла меня за руку и заговорщическим шепотом произнесла: — Дорогая, вижу Ричарда; можешь рассчитать меня, пока он меня не заметил? Он наверняка захочет поболтать, а я сегодня совсем без сил и просто не вынесу.

Однажды утром все тем же летом я спустилась и обнаружила Виту у себя на кухне: она была в пижаме и курила сигарету. По утрам Вита становилась другим человеком: как пациент, впервые вышедший на прогулку после долгого пребывания в больнице, она медленно шевелилась и мало говорила. Она любила сидеть на крылечке нашего дома или на своем, точно таком же, в пижаме Ролло или в своих красивых ночных рубашках, а иногда — мое любимое — в роскошном платье со вчерашних гостей и в прелестно-растрепанном виде. Мне нравилось видеть ее на этих крылечках в струящихся ярких шелках, падающих на строгий каменный пол, как вода или небрежно брошенная ткань. В мечтах нашего викторианского застройщика на этих крылечках наверняка стояли строгие родители и целый выводок аккуратных детишек с серьезными лицами и начищенными ботиночками. Вряд ли он представлял кого-то вроде Виты на своем крыльце, как не могла представить и я до ее переезда к нам. Вита всегда поражала взгляд: и когда сидела на крыльце сонная в шелковой пижаме, и когда стояла в моих тапочках, ярком мини-платье и с растрепавшейся вчерашней прической. Выкурив две сигареты — это был ее утренний молчаливый ритуал, — она постепенно приходила в себя. По утрам, когда к ней возвращался голос, она была самой язвительной, и мы с Долли смеялись над ее колкостями.

Вита пародировала местных, например, моего начальника почты, который ничего не говорил ей про погоду, как мне, а отвешивал робкие запинающиеся комплименты. Пародировала она и Филлис, ее крикливый звонкий голос, и ходила, зажав под мышкой воображаемую курицу. Но больше всего нам нравилось, как она изображала Банни, которая, конечно, принадлежала к более привилегированному классу, чем я, но все же не была настоящей богачкой, как владелец скотоводческих хозяйств Ричард, или обеспеченной светской горожанкой, как Вита и Ролло. Моя бывшая свекровь вышла за человека более высокого социального и финансового положения, и Вита разглядела это с первой встречи. Такое удачное замужество не бывает случайным, сказала Вита, и требует упорства; она высмеивала Банни за усилия, которые, как ей казалось, та приложила, чтобы влиться в клан Форрестеров. Меня она никогда не высмеивала, хотя я тоже была женой Форрестера родом из непривилегированной семьи, хоть и недолго пробыла в этом статусе. Изображая Банни, Вита делала страдальческое лицо и говорила полушепотом.

— Давайте говорить тише, ладненько? — говорила она. — Давайте говорить совсем неслышно, ясненько? Давайте все фразы произносить с вопросительным знаком, ладненько? Потому что у нас... — тут она встряхивала своей блестящей шевелюрой, тревожно оглядывалась и совсем тихо добавляла: — ...*много денег*. И мы всего как будто немного *стесняемся*.

Пародия казалась особенно смешной, потому что Вита никого и ничего не стеснялась и была безоговорочно в себе уверена. Как бы хорошо у нее ни получалось изображать окружающих, она всегда оставалась собой; ее индивидуальность слишком сильно выпирала и не желала прятаться даже ненадолго, даже на время ее жестоких и искусных пародий. Банни-Вита говорила о своем статусе тихо и смущенно: «красивый малыш, новая машина, одаренный ребенок». С печальной улыбкой она заявляла, что занимается благотворительностью «ради бедных детишек»: «Ведь я очень-очень сострадательный человек. Слишком сострадательный». Медленно и беспомощно покачав головой, она повторяла: «Слишком».

Вита кривлялась, мы с Долли хохотали, а я думала, что Долорес это очень понравилось бы. Я до сих пор иногда представляю нас с сестрой: мы, девчонки, идем в школу утром и видим Виту, что сидит на соседнем крыльце нарядная, как экзотическая бабочка, и курит сигарету за сигаретой. Мы видим ее и поражаемся своему открытию.

А мать отнеслась бы к ней с презрением. Наша шикарная соседка принадлежала к категории женщин, которых мать называла «ленивыми кобылами». Такие женщины не соответствовали маминым строгим понятиям о приличиях, а их эксцентричные наряды и манеры, по ее мнению, свидетельствовали об отсутствии морали и сексуальной распущенности. Праздность была одним из двух грехов, которые мать считала непростительными; вторым являлась странность, и я страдала обоими. Долорес, напротив, была образцом приличия и нормальности, о чем мать не уставала повторять. Она читала мне нотации, а сестра стояла за ее спиной и отчаянно кривлялась. Задирала юбку так, что трусы были видны, а потом складывала ладони в молитвенном жесте. И в первом и во втором случае ее лицо оставалось безмятежным, а если мать оборачивалась, Долорес начинала хмуриться и поддакивать, серьезно со всем соглашаясь.

Уходя на работу и оставляя дома заспанную улыбающуюся полуодетую Виту и Долли, что все еще спала наверху, я чувствовала себя мужем, отправляющимся на службу. Тем летом я ненадолго стала человеком, снисходительно относившимся к проделкам своих домашних, рассудительным добытчиком и защитником, главой семейства, который удовлетворял даже строгим критериям «Дамского этикета», где говорилось, что женщины должны быть красивыми, а мужья — обходительными.

Мне кажется, Вита тоже это чувствовала. Так, она вставала на крыльцо и махала мне на прощание, целовала меня в щеку, а потом садилась, прищуривала один глаз и выпускала дым сбоку изо рта. «Хорошо тебе поработать, дорогая!»

А я ходила по дому в практичной рабочей одежде; та была некрасивой и примитивной, хотя никогда не казалась мне такой до встречи с Витой с ее яркими шелками, сандалиями на тонкой подошве и туфлями всех цветов радуги. До встречи с Витой я ни разу не видела, чтобы взрослый человек носил красную обувь. Или зеленую, или золотую, или серебряную. Но мне самой не хотелось иметь красивые туфли; мне самой не хотелось быть даже красивой, ведь красоты у Виты хватало на двоих, и, чтобы быть красивой, ей не надо было даже читать «Дамский этикет» и знать все пространные рекомендации Эдит по уходу за собой и поддержанию женской привлекательности. Поэтому я уходила на работу в ботинках на толстой подошве, брюках цвета грязи и свободной рубашке — во всем том, что с радостью надел бы Дэвид и любой другой работник фермы.

Тем временем Вита и Долли стали все чаще пропадать в Лондоне; ко мне они заходили все реже, ночевали тоже редко, и в конце концов я уже не могла вспомнить, когда это случалось в последний раз. Теперь я даже приходила на пятничные ужины одна, а Долли встречала меня у соседей, как будто это был ее дом, как будто она жила у них, а не со мной. Поэтому я обрадовалась, когда однажды в конце июля в пятницу она пришла домой, несмотря на то, что сразу отправилась наверх принимать душ и переодеваться к ужину. Когда настало время идти в гости, я постучала ей в дверь и, не услышав ответа, зашла.

— Долли? — она лежала на одеяле и задумчиво смотрела в потолок, словно что-то там высматривала. — Готова идти в гости? — спросила я, хотя уже видела, что она нарядилась и надела новое фиолетовое платье из тафты, которое я раньше не видела, и ярко-синие непрозрачные колготки.

Они с Витой часто надевали яркие колготки и аксессуары не сочетавшихся с остальным гардеробом цветов, словно специально выбирая их за несовместимость. Еще они любили массивные золотые украшения, такие тяжелые и широкие, что носить их, казалось, было очень неудобно. Тем летом у Долли появилось много новых вещей: их покупала Вита в Лондоне, приобретая и для себя похожие, а иногда и точно такие же, вещи. Теперь, увидев Долли в платье, которое выбирала и покупала не Вита, я испытывала что-то вроде ностальгии. Платье из тафты ей очень шло: без рукавов, с широкой юбкой, раскинувшейся колоколом на белых хлопковых простынях.

— Ммм, да, — ответила она, но не пошевелилась.

Я села на кровать и положила ее ноги к себе на колени. Раньше мы так сидели по вторникам, когда смотрели телевизор. Я облокотилась о стену.

— Долли, — сказала я, — тебе нравится работать у Виты?

— Вообще-то, я работаю у Виты и *Ролса*, — ответила она, по-прежнему глядя в потолок.

— И тебе нравится? — повторила я.

— Все дело в деньгах, да? Все потому, что у них много денег? — бесстрастным тоном проговорила она, а когда посмотрела на меня, в ее взгляде не было обычного равнодушия, как будто ей вдруг стала интересна моя реакция. Пристально глядя на меня, она продолжала: — У меня никогда не было столько денег. Они платят мне намного больше, чем даете вы с бабушкой. И я даже на одежду не трачу, Вита сама покупает мне новое, — она безразлично указала на шкаф, который, как мы обе знали, ломился от новых шмоток, и многие еще были в упаковке, лежали там, завернутые в папиросную бумагу, в пакетах и коробках. Она опустила руку и переплела пальцы на животе. — Я откладываю деньги. Там уже очень много, — она выжидающе смотрела на меня, но я не знала, что ответить.

— Молодец. Может, накопишь на университет.

Она безрадостно усмехнулась, но губы были по-прежнему сжаты и вытянуты в неподвижную прямую линию. Она снова уставилась в потолок.

— Я откладываю. Много, — она коснулась моей руки, отвлеклась и принялась разглядывать облупившийся лак — редкое и трогательное напоминание, что она была еще подростком. — Если спросишь обо мне сегодня Ролса, — она замолчала, по-прежнему разглядывая ногти, — он скажет, что я *превосходно* справляюсь со своими обязанностями.

Она подчеркнула слово «превосходно», медленно растягивая каждый слог. Вита тоже так делала, когда хотела что-то подчеркнуть. Начинала говорить так медленно, что ее слова становились пародией на саму себя. За счет этого подчеркивания ее речь звучала очень цинично, как у гостьи скучного приема, заявляющей, что ей «очень весело». Долли снова заговорила, но осеклась и словно стала ждать чего-то. Наконец она произнесла:

— А ты по мне скучаешь? Ви считает, тебе больше нравится одной. Говорит, тебе без разницы.

Провожая их в Лондон каждую субботу, я не могла думать ни о чем, кроме своей дочери. Тогда я еще не знала, что сегодняшний пятничный ужин станет последним. Что они начнут уезжать в Лондон на все выходные, а потом и с захватом будней. Что Долли станет все реже приезжать домой и, даже когда будет приезжать, с ней всегда будет Вита; они станут как супружеская пара, и одну без другой будет невозможно представить. Я смотрела, как каждую субботу они втроем отбывали на новой машине Ролло, несущейся по нашей тихой улице на полном газу; она была такая же красная, как его первая дурацкая машина, а из открытых окон лилась громкая диско-музыка. Вита садилась за руль, только если ехать было недалеко: *мне не хватает концентрации, дорогой, через двадцать минут за рулем я засыпаю*. Но меня поражало, что Долли садилась на переднее сиденье рядом с Ролло, а Вита ехала сзади. В нашей семье даже маминой любимице Долорес не разрешалось ездить на переднем сиденье, там всегда сидела только жена водителя. Долли рассказывала, что по пути в Лондон Ролло слушал «Радио 1», а на обратном пути — классическую музыку. Это настраивало его на нужный лад, на работу или отдых, однажды с серьезным видом призналась она, словно я была посторонним человеком, собиравшим о них сведения и все это было мне интересно.

Сейчас, вспоминая те ранние утра, когда я стояла и смотрела, как моя дочь уезжает, я мысленно не позволяю себе стоять и молча наблюдать, как Долли уносится прочь. Я не стою у окна неподвижно, пока она спокойно садится в красную машину, а Ролло ловко захлопывает дверь одним движением руки. В моих грезах я бегу к ней, хватаю за руку (и она не возражает, как возразила бы в жизни, но падает в мои объятия) и утаскиваю в дом. Но даже в грезах у меня не получается вернуть обратно детей из «Лейквью», которых забирают из их слишком дорогого дома и разбрасывают по семьям незнакомцев, как соль.

— Долли, конечно, я по тебе скучаю. Мне хотелось бы, чтобы ты жила дома. Но ты так хотела уехать с ними, — ответила я.

— Мне кажется, я им очень нужна, понимаешь? — она снисходительно улыбнулась, как любящая мать. — Ролс говорит, что Ви счастлива, только когда я рядом. Даже если мы просто сидим дома. Говорит, что не знает, что бы она без меня делала. И он тоже.

— А в чем заключается работа? Отвечаешь на звонки? Принимаешь доставки? Тебе это поручили? — мне правда было интересно, чем она занималась весь день.

Долли вздрогнула, будто ей влепили пощечину.

— Нет! Нет, что ты. Я помогаю Ви. А когда мы в городе, мы встречаемся с людьми... — она неопределенно махнула в сторону шкафа: — ...ходим по магазинам. В том числе по интерьерным. Делаем всякие дела. Ну, сама знаешь, — она окинула меня критическим взглядом. — Хотя нет, откуда тебе знать. Ты же работала только на папиной ферме и больше нигде. Откуда тебе знать, что такое настоящая работа? Это сложно, мама, надо адаптироваться и делать то, что от тебя требуют.

Я вздохнула.

— Тебе необязательно так много работать этим летом. И ты не можешь отвечать за Виту, она взрослая. Долли, это слишком. Ты совсем пропала. Когда в последний раз виделась с бабушкой и дедом? А с отцом? Отрадно, что ты много работаешь, но убиваться не к чему. Хочешь, я поговорю с Ролло? Он поймет. И Вита поймет. Давай...

Долли внезапно выпрямилась.

— Нет! О чем ты говоришь? Не надо! — она отвечала очень резко и качала головой, то ли мне, то ли мысленно споря с самой собой. — Мам, ты с ума сошла, — тихо сказала она, словно отчитывая двухлетнего ребенка, чьи проказы зашли слишком далеко, но по-прежнему ее забавляли. — Хватит. Давай пойдем.

Еда в тот день была чуть проще обычного, но все равно странная. Ролло принес суп, который назвал *вишисуаз*; он произнес это слово на безукоризненном французском, вытянув пальцы и сложив их домиком, как дирижер. Суп был мало того что холодным, в нем плавали кубики льда, как в коктейле. Соленый овощной коктейль. Я съела одну ложку.

— Ролло, — я сделала большой глоток тоника, — это ужасно. Это не суп.

Он тут же опустил ложку и расхохотался, передав мне корзинку с хлебом. Они всегда подавали к столу мягкие белые булочки, хотя сами почти никогда к ним не притрагивались.

— Богатые не едят хлеб? — спросила я за одним из первых пятничных ужинов.

У Виты и Ролло в кои-то веки не нашлось ответа; они молча вопросительно переглянулись и пожали плечами.

После ужина всегда оставались булочки, Ролло заворачивал их в салфетку и вручал мне, чтобы я взяла их с собой. Белая льняная салфетка вместо пакета — в этом был весь Ролло. Я оставляла салфетки себе, зная, что он никогда не попросит их вернуть. Они и сейчас у меня, лежат в буфете, аккуратно сложенные и без единого пятнышка.

Вита сказала, что на званых ужинах часто подают жирные тяжелые блюда и гостям просто не хочется есть много хлеба.

— Но у хорошего хозяина всегда на столе белые булочки, потому что смысл застолья в ощущении комфорта и изобилия. Поэтому всего должно быть много, — Вита говорила таким серьезным тоном, словно речь шла о старинном религиозном ритуале. — Когда есть запас еды, человек чувствует себя спокойно.

Сидевшая рядом Долли так же серьезно закивала.

— Так же я чувствую себя в своей комнате. Вы очень здорово...

— В *твоей* комнате, Долли? — впервые за все время я сделала ей замечание.

Она повела плечами, даже не думая оправдываться.

— Ну да, в своей комнате здесь.

Вита погладила ее по спине и снисходительно улыбнулась.

— Конечно, это твоя комната, дорогая.

На второе подали холодное карри из курицы с разными салатами и слойками с мясной начинкой, сложенными аккуратными конвертиками. Ролло раздал тарелки и стал следить, чтобы всем досталось желанное блюдо. У самого, впрочем, еда на тарелке осталась почти нетронутой; он пил красное вино и вскоре откупорил вторую бутылку. Долли и Вита говорили в основном друг с другом; их речь напоминала маленькие восторженные всплески, как у перевозбужденных детей. Впервые за пятничным ужином Вита не подала десерт; вместо этого Ролло вынес поднос с нарезанным сыром и печеньем. Он дал мне маленькую тарелочку, и я положила себе ломтики чеддера. Ролло указал на мягкий сыр с белой корочкой и другой рукой сделал жест молчаливого одобрения, словно втайне от всех рекомендуя мне попробовать этот сыр, и я положила себе кусочек. Себе он ничего не взял, лишь передал блюдо остальным.

— Здорово, что они так подружились, правда? — спросил он. Мы смотрели на увлеченных беседой Виту и Долли. — А раньше Вита говорила, что не выносит подростков, — слово «подростков» он произнес неуверенно, на первом слоге посмотрел вниз и разбил слово на несколько отдельных слогов, точно пытался припомнить, как оно произносится. — Но Долли она очень полюбила. Сама видишь. Ей было полезно пожить здесь. С Долли ей стало намного лучше.

— А ей разве было плохо? — спросила я.

— Не то чтобы плохо... В Лондоне у нее случилось что-то вроде срыва. Ее близкая подруга родила, и, я не знаю...

Впервые за время нашего знакомства я увидела, что ему трудно подобрать слова. Он не следовал заготовленному сценарию, а действительно пытался мне что-то рассказать:

— Это выбило ее из колеи. Но взгляни на нее сейчас, — мы посмотрели на Виту и Долли, на эту сладкую парочку, совсем не замечавшую наших взглядов. Ролло допил вино, проверил наши бокалы, а потом налил себе, опустошив бутылку. Пара капель упала на скатерть. Красное пятно расплывалось на ткани, словно пытаясь ко мне подобраться. — А ты, Сандей? Ты всегда хотела стать мамой?

— Нет, не хотела, — я перевела разговор на него. Я научилась этому приему у них обоих; они с Витой ловко манипулировали беседой, и речь в их руках становилась новым оружием, бьющим точно в цель. — Долли, конечно, уже не ребенок.

Но все же она очень юная. А ты каким был в ее возрасте?

Он вскинул бровь:

— Я разве мало рассказывал о своем хулиганском детстве в школе для мальчиков?

И верно, он много рассказывал про эту школу, откуда его много раз чуть не выгнали.

— Ладно, а в восемнадцать? Ты, наверно, уже учился в университете? И там познакомился с Витой? Ты сразу понял, что она та самая?

— Нет. То есть да. Не совсем. Мы сошлись, когда я учился на втором курсе, так что… — он развел руками и коротко хлопнул в ладоши, показывая, что разговор окончен. Я ничего не ответила, и он продолжал: — Некоторое время то сходились, то расходились; в молодости, наверно, у всех так. Приспосабливались друг к другу. Разумеется, — обезоруживающе улыбнулся он, — проблема была во мне, а не в Квини. Со мной непросто ужиться. Моя жена наверняка тебе об этом говорила, — он бросил короткий взгляд на Виту; та внимательно слушала Долли. — Давай о приятном! Мы очень ждем вечеринку Долли.

— Вечеринку Долли?

— В саду, на ферме, — пояснил он.

Он имел в виду ежегодную вечеринку, которую устраивали Банни и Ричард; в этом году праздник посвящался Долли, успешно сдавшей выпускные экзамены.

— О, я не знала, что вас пригласили, — сказала я.

Меня каждый год приглашали с таким видом, будто мне несказанно повезло. В середине лета Банни специально приходила в теплицу и вручала мне белую карточку с тиснением из такого жесткого картона, что даже сквозь конверт тот казался сердитым и неприступным. С взволнованным смешком она протягивала мне приглашение. На нем всегда значилась моя девичья фамилия и обращение «мисс», а не «миссис». Долли в приглашении никогда не упоминали; как терпеливо разъяснила мне Банни, Долли была членом семьи и потому технически являлась устроителем, а не гостем.

— Долли очень хочет, чтобы мы пришли, так что... Еще она сказала, что ее отец приедет. Мы с ним не знакомы, но очень хотим познакомиться. Она постоянно рассказывает про его нового малыша и так ему рада, — сказал Ролло.

Я не понимала. Зачем им хотеть познакомиться с Королем? Мы с ним виделись всего раз в год, на вечеринке, а Вита с Ролло были нашими соседями, а не членами семьи.

Ролло встал.

— Прошу прощения, Сандей.

Он ненадолго вышел из-за стола и вернулся с портвейном. Снова сел и хотел было плеснуть портвейна в мой еще полный бокал из-под шампанского, но я успела накрыть бокал рукой.

— Нет, Ролло. Спасибо.

Он рассмеялся:

— Сандей, прости. Стаканы перепутал. Ты не любишь портвейн, как я мог забыть. Сейчас, — он поставил графин на стол и огляделся. Встал, слегка пошатываясь, и предложил портвейн Вите и Долли. Те покачали головами — нет — и отмахнулись, даже не глядя на него и не сделав паузу в разговоре, словно прогоняли назойливого официанта. Ролло снова сел и налил себе портвейн. — Я очень устал. Столько времени за рулем… — он произнес это, ни к кому конкретно не обращаясь, и смахнул волосы со лба, как будто ему стало жарко.

У него были густые прямые волосы, которые я всегда ассоциировала с принадлежностью к привилегированному классу, с такими как Ролло, Вита и Долли. Возможно, все дело было в генетике, в «породе», которой обладали Форрестеры и прочие подобные семьи; в годах трепетной заботы со стороны многочисленных обожателей — нянь, учителей и родителей, работавших сообща ради успешного исхода. Подобно призовым коровам, населявшим ферму Короля, у этих людей была глянцевая шерстка и отборные условия содержания.

— Ролло, — вспомнила я, — ты сказал что-то про нового малыша. Что за малыш?

— Точно. Что за малыш? Боже, я пьян. Сандей, прошу, не обращай на меня внимания. Если Вита узнает, что я тебе наговорил, она с ума сойдет. Я ужасный хозяин, — продолжал он, качая головой и тряся указательным пальцем, будто отчитывая кого-то другого. Он встал, пошатнулся и задел меня локтем; он едва держался на ногах. — Ладно, Сандей. Пусть это будет нашим секретом. Помоги пьяному старику добраться до гостиной, и я разрешу тебе выбрать музыку.

Ролло нравился мне таким — он сбросил с себя безупречность и лоск и нуждался в моей помощи. Преисполнившись к нему настоящей теплотой, я взяла его под руку и повела в гостиную. Он оперся на меня, а Вита и Долли вскоре последовали за нами. Они шли как пара, склонив друг к другу головы и перешептываясь так тихо, что их слова могли слышать только они сами. У меня промелькнуло что-то вроде воспоминания: я поняла, что так, должно быть, выглядели и мы с Долорес. И порадовалась, что когда-то у меня тоже была такая дружба, ведь вряд ли это когда-нибудь повторится.

ЧТО-ТО ВРОДЕ ПРИЗНАНИЯ

Накануне оглашения результатов экзаменов Долли ночевала дома, что теперь случалось крайне редко. Я была этому очень рада. Утром она спустилась и села рядом со мной за стол в белой ночной рубашке, которую любила, когда была намного младше. Я давно не видела ее в этой рубашке и решила, что она ее выбросила вместе с другой одеждой, из которой выросла. Рубашка была без рукавов, с отделкой ришелье, и хотя мы купили ее, потому что когда-то она доходила Долли до щиколоток и в ней она напоминала Венди из «Питера Пэна», вскоре рубашка стала ей по колено. Ее вид поразительно контрастировал с шикарным гардеробом, который появился у нее с тех пор, как она начала работать у Виты. Она заварила кофе в прессе, подаренном Ролло, но пока не завтракала. Говоря со мной, она потупилась и смотрела в стол.

— Мамочка, мне надо тебе кое-что сказать. Возможно, результаты экзаменов окажутся не такими, как ты ожидала. Я не очень хорошо готовилась, — ее глаза, однако, были жесткими и блестели, как будто она ждала, что получит обещанное.

— Но Долли, ты очень много готовилась! Ты все время пропадала у подруг, — заметила я, отошла от холодильника и положила руку на ее голое плечо.

В другой руке я держала холодную бутылку молока.

— Я была у подруг. Но мы не готовились. Ты такая наивная. Такая... простодушная. Тебе скажешь что-то, и ты сразу веришь, даже предположить не можешь, что тебя обманывают. Это даже не доверчивость, мама. Это глупость.

— Долли, я понимаю, что ты нервничаешь. Все нервничают в день оглашения результатов; это нормально, — я решила, что буду и дальше ее успокаивать, чтобы она не волновалась до того момента, как получит свои оценки.

— Да что ты говоришь! А тебе-то откуда знать? Ах да, ты же у нас столько экзаменов сдала, — она размешивала сахар в кофе. Потом посмотрела вверх сквозь ресницы, и даже тогда я вздрогнула от того, какая она была красивая. — Я права?

В редкие утра, когда Долли ночевала дома, кофе-пресс, который Ролло привез ей из Довиля, всегда стоял на столе. Я невзлюбила этот предмет, его серебристые линии и самодовольную безупречность. Долли же его обожала и ругала меня, если я сама бралась его мыть или убирала в шкаф; видимо, считала, что только ей одной можно к нему прикасаться. Я дернулась от ее слов, но на вопрос не ответила.

— Хочешь взять его с собой к бабушке? Ты же останешься у них после вечеринки? — спросила я как ни в чем не бывало, указав на пресс.

Я приготовила ее любимые яйца-пашот и подала их на толстом ломте окорока. Она выпила несколько чашек кофе, но почти не поела и ушла наверх переодеваться. Мама подруги обещала отвезти их в школу; меня Долли не позвала, а я и не просила.

Дэвид обещал заменить меня на работе, чтобы я была дома, когда Долли вернется с результатами. Я сидела на кухне и услышала, как хлопнула дверца автомобиля. Вошла Долли и положила на стол большой конверт. Я потянулась к нему, но она раздраженно махнула рукой.

— Да не волнуйся ты. Все я сдала, — враждебно проговорила она, точно я ее в чем-то обвинила, а она оборонялась. Вид у нее был очень усталый. А может, ее лицо выражало облегчение — я никак не могла понять. — Восемь пятерок. И одна четверка.

Гордиться я не могла, ведь это означало бы, что я каким-то образом причастна к успехам дочери. Но меня переполняло что-то вроде благоговения. Я машинально потянулась к ней.

— Долли, — сказала я, уткнувшись ей в шею, а она высвободилась из моих объятий. — Это потрясающе! Молодец!

Она улыбнулась, но ничего не ответила, а, сев за стол, шумно выдохнула через нос. Такой же звук с возрастом начала издавать моя мать, когда садилась на стул или вставала.

— Я даже не готовилась. Я ничего не сделала, — ее голос был абсолютно безразличным.

— Долли! Ты много занималась. Сколько раз ты задерживалась допоздна, повторяла...

— Ничего я не повторяла. В те вечера, когда меня не было, я вообще не готовилась.

Я догадалась, что это что-то вроде признания, и решила ее утешить:

— Долли, ты хорошо сдала. Ты можешь гордиться своими оценками, — сказала я. Она молчала. Я не понимала, что творится. — Долли? — спросила я слишком громко, и она встрепенулась, словно удивилась, что я здесь.

Тогда я поняла, что это было не признание; она говорила сама с собой, а я случайно оказалась рядом. А теперь я прервала ход ее мыслей, и она наконец посмотрела на меня. Ее лицо пылало сосредоточением; такого я никогда ни у кого не видела. Она заговорила тихо и сдержанно, монотонным безэмоциональным голосом, каким врачи сообщают дурные вести.

— Мне все так легко дается, мамочка. Так легко. Я просто... — она щелкнула пальцами; щелчок вышел звонким, гулким, как выстрел. Она отклонилась на стуле и посмотрела мимо меня в потолок. — Почему тебе так тяжело? Что такого сложного? — на последнем слове ее голос слегка сорвался. — Если бы я тебя слушала... если бы жила, как ты... я бы боялась пошевелиться.

— Мы разные, — ответила я, и даже для моих ушей мой голос прозвучал бесцветнее обычного.

— Ты даже хуже, чем я думала. Ведь это, — она окинула жестом комнату, указала на окно, — это так легко! Так просто! А тебе даже это не по силам.

— Мне нравится моя жизнь, Долли, — ответила я.

— Это не жизнь. Это... — она замялась и выплюнула последнее слово, как грязь: — ...Убожество.

Я никогда еще не видела, чтобы она так злилась. Я вообще не видела, чтобы она злилась. Но это же невозможно; наверняка она злилась и раньше? Может, я просто не замечала, может, она нарочно скрывала от меня свой гнев; еще одна тайна, которую моя дочь не решилась мне доверить?

Зато я поняла, что говорила правду. Мне нравилась моя жизнь, и я не хотела жить, как она или как Вита, несмотря на то, что им все давалось легко. Им все давалось легко, и потому ничего не имело для них ценности, потому что все в жизни можно было легко заменить. Долли не знала, что такое борьба и хватило бы у нее сил бороться или нет. Она даже не знала, что значит стараться или пытаться наладить общение. Она не знала, каково это, когда тебя не понимают, когда ты не нравишься людям, когда тобой не восхищаются. Когда я касалась своих растений или открывала книгу сицилийских сказок, я получала в дар возможность выйти за пределы своего ограниченного «я». Погружаясь в эти миры и становясь частью чего-то большего, я избавлялась от неловкости существования. И уж лучше я буду маленьким человеком, который дивится всему вокруг и трепещет перед миром, чем стану править миром, манипулировать им так, как мне удобно, и в результате начну его презирать. Долли ушла к соседям с экзаменационным табелем в руках. Она даже не попрощалась. И хотя я слышала, как поздно вечером, когда я уже лежала в кровати, она пришла, по-настоящему она ко мне так и не вернулась.

А Вита просунула под дверь записку, в которой сообщала, что им больше некогда устраивать пятничные ужины, и обещала написать, когда «суматоха уляжется». Так и написала: «суматоха». И я вернулась к прежней жизни — к той, что была у меня до нашего знакомства.

Узнав о результатах экзаменов, Долли стала все реже бывать дома. Когда я спрашивала, где она была, она отвечала, что ездила в Лондон на несколько дней, хотя это не всегда было правдой. Случись мне в разговоре с ней или Витой заметить, что машина Ролло стоит у дома, или упомянуть, что видела их в городе, хотя они утверждали, что уехали в Лондон, они легкомысленно отмахивались. Мол, ненадолго заезжали домой, прежде чем опять уехать; или одна говорила одно, другая другое, но при этом у обеих был совершенно невозмутимый вид. Как правило, Долли приходила домой в новой одежде, которую я не узнавала. Она всегда берегла свои вещи, но тем летом с извращенным удовольствием бросала новые вещи на пол в комнате, бывало, надевала их всего раз или даже ни разу и бросала в кучу мятых вещей под кроватью. Я их поднимала и стирала все, что не было сделано из слишком деликатных тканей. Остальное относила в химчистку, и когда она приехала домой и начала собираться на вечеринку в саду у бабушки и дедушки, все ее новые вещи аккуратно висели в шкафу, завернутые в целлофан, а те, что я постирала и ровно сложила, лежали в ящиках комода. Она меня даже не поблагодарила, а я вдруг поняла, что не хочу обсуждать с ней ни свои усилия по поддержанию порядка, ни ее новую одежду.

Как-то раз в субботу утром, ближе к концу лета Долли была дома и собиралась в Лондон на выходные. Мы стояли на кухне; я готовила завтрак. Она надела короткое платье-футляр, которого я раньше на ней ни разу не видела, — мне казалось, что в таком коротком платье можно пойти только на пляж. Но носят ли на пляже платья? Гардероб Виты тоже стал казаться мне нефункциональным; когда-то я восхищалась ее стилем, а теперь понимала, что он совершенно непрактичный. Начав работать у Виты, Долли перестала носить широкие пушистые свитеры и обтягивающие джинсы, которые прежде часами замачивала в ванне, чтобы они сели. Теперь она одевалась модно и неудобно, словно хотела угодить кому-то другому в ущерб себе. Она наряжалась, подстраиваясь под чужие требования; я так никогда не умела. Интересно, что чувствует человек, которому с такой легкостью удается удовлетворить эстетические требования окружающих? Который интуитивно понимает, что от него требуется и что понравится людям? Король наверняка хотел бы, чтобы я все это умела, чтобы мне было не все равно. Его вторая жена одевается так же, как его мать: они обе такие чистенькие, такие аккуратненькие, как медсестры.

Долли аккуратно заколола свои серебристые волосы. Жирно подвела глаза черным карандашом, продлив стрелки за веко; теперь ее взгляд казался настороженным. В прошлом году у нас в саду поселился лис: залез в нору под сараем, которая была там давно и пустовала много лет. Мы решили, что лис ранен: он был очень худой и двигался неуклюже. Вылезал только в темноте и иногда крался по саду, низко опустив голову и втянув ее в плечи, как преступник, готовый в любой момент пуститься в бегство. Но в последний раз, когда мы его видели — а было это через несколько месяцев после первого его появления, — шерстка у него уже блестела, а кости не проступали под кожей. Сейчас, глядя на дочь и ее настороженный взгляд, я поняла, что лис, возможно, не был ранен; просто он был еще очень юн и под нашим взором постепенно повзрослел и стал собой. Тогда я порадовалась, что всю зиму каждый вечер выносила в угол сада тарелку с собачьим кормом, вымоченным в молоке.

— Ты точно хочешь ехать в Лондон, Долли? — спросила я, коротко обернувшись и взглянув на нее. Я стояла у столешницы и намазывала маслом тост. — Выглядишь усталой. Могла бы остаться со мной, — заметила я, будто она сама этого не знала.

Я протянула ей тост. Она вернула его мне.

— Крампет, мама.

Крампетами она называла тосты с двойным слоем масла — первый слой полностью таял и пропитывал горячий хлеб; второй ложился рельефными желтыми полосками.

Я намазала второй слой масла, а она тем временем молча встала и легонько уткнулась подбородком мне в плечо. Положила ладонь мне на голову и погладила мои волосы, такие же, как у нее, но менее густые. Думала ли она об этом единственном нашем сходстве, ведь волосы у нас были одинаковые, хотя в остальном мы совсем не похожи?

— Ну допустим, останусь я дома, мамочка, и чем мы займемся? — наконец произнесла она ободряющим и немного мечтательным тоном, каким в детстве просила меня рассказать ей сказку.

— А ты чем хотела бы заняться? Что захочешь, то и будем делать, — ответила я.

Она поставила тарелку с тостами и достала контейнер со вчерашним ужином:

— Картофельное пюре? Это на ужин?

— Да. И там одна картошка, но это не пюре, а, скорее, овощной суп, — поправила я ее.

— С белым хлебом?

— Да, — ответила я. — А на десерт ванильный заварной крем. И еще могу сделать сыр с крекерами.

Она тихонько рассмеялась себе под нос. Я почувствовала, как она напряглась и отстранилась, затем выпрямилась и встряхнулась, словно отгоняя насекомое.

— Мне тебя здесь не хватает, — проговорила я.

Она пристально посмотрела на меня и улыбнулась.

— Я вернусь во вторник. Посмотрим наш сериал, — сказала она. — Только я и ты.

Последнюю фразу она произнесла сурово и указала на меня, словно это я регулярно приглашала к нам разных людей по вечерам, а ей эта моя привычка не нравилась.

— Хорошо, Долли. Будет здорово, — проговорила я.

— Ну, я пойду работать.

Она вышла из кухни, и я услышала, как за ней тихо закрылась входная дверь. Как всегда, услышав, что дверь закрылась, я подошла к эркерному окну в гостиной. Оттуда можно было незаметно наблюдать, как они втроем садились во вторую машину Ролло, такую же дурацкую, как и первая.

Ролло распахнул дверцу широким и почтительным жестом, словно извиняясь перед супругой, которой уделял мало внимания. Моя дочь никак не реагировала на любезности; жизнь приучила ее, что это обычное дело, и любезность Ролло ничем не отличалась от прочих. Она села на свое место элегантно и царственно; она держалась так со всеми — со своей бабушкой, со мной, с каждым, кто ей что-то предлагал. А ей, красавице и всеобщей любимице, постоянно что-то предлагали.

ИВИ – ВОДНАЯ ДУША

Каждый год в августе бабушка и дедушка Долли устраивали вечеринку в саду своего большого фермерского дома. Каждый год вечеринка посвящалась разным темам, чаще всего — какому-то событию или достижению одного из членов клана. К примеру, в год, когда Король женился второй раз, шатер украсили белыми цветами и фотографиями новобрачных в праздничный день. Когда родилась Долли, вечеринку оформили в розовых тонах, а на каждом столике стояла карточка с объявлением о рождении ребенка. Тем летом отмечали сдачу экзаменов Долли; повсюду были розовые шарики и блестящие серебряные растяжки с надписью «Поздравляем!»

День выдался необычайно ясным, и я знала, что Ричард и Банни захотят, чтобы гости вышли на улицу, в большой и ухоженный сад. Я угрюмо начала готовиться к предстоящим неудобствам и выбрала белую рубашку с длинными рукавами, свободную голубую юбку, темные очки и широкополую шляпу, хотя знала, что другие женщины наверняка наденут облегающие сарафаны, может, даже с открытыми плечами, чтобы показать ровный летний загар и крупные украшения. Я также знала, что на официальные торжества положено надевать шляпу, и от имени Эдит Огилви намеревалась пересчитать тех женщин, что явились без нее. Я знала, что некоторые из них будут так же пристально следить за мной и отмечать странности в моей речи и поведении, а потом явятся с ними к Банни, матери Короля, склонив голову и принеся ей сплетни, как подношение, в сложенных ладонях.

Долли надела объемную шляпку с белой лентой, темно-синее платье и нитку жемчуга. Все это выбрала и купила ее бабушка; наряд был слишком строгим для девушки и напоминал одежду в официальном стиле, которую любила сама Банни. Но даже в этом наряде дочь была прекрасна: на лице не было косметики, волосы под шляпкой распущены. Взрослое платье и жемчуг лишь подчеркивали ее юную красоту. Перед уходом мы неуклюже толкались в маленьком коридорчике нашего дома — не привыкли вместе ходить на торжества. Точнее, неуклюже толкалась я, а Долли вела себя спокойно и невозмутимо. Вечеринка, звездой которой она была, являлась для нее очередным приятным развлечением; общение с улыбчивыми гостями не требовало от нее усилий и не вызывало беспокойства. Она отличалась природной обходительностью и была такой всегда, еще до встречи с Витой и Ролло, но с тех пор, как она начала у них работать, ее манера общения стала еще более непринужденной. Сегодняшние поцелуи и поздравления она будет принимать с тем же милым и слегка удивленным видом, что и Вита. Если бы вечеринка предназначалась для кого-то другого, а не для моей дочери, я бы предпочла не ходить на нее вовсе. Я не хотела видеть ни Короля, воркующего со своей красивой женой, ни Ричарда и Банни, приветствующих своих друзей, которые все как один нетерпеливо тараторили что-то невнятное.

Но я не могла пропустить праздник, устроенный в честь Долли. Я уже представляла ее свадьбу: на ней наверняка будут те же гости, что сегодня, потому что Ричард и Банни захотят взять организацию на себя, а для них не было ничего важнее, чем угодить людям. Я буду ходить по коридору, как ходила сейчас, и наряд матери невесты будет примерно таким, как сегодняшний — вроде бы уместным, но все равно немного несуразным.

Я надеялась, что Ролло отвезет нас на вечеринку на машине, но они с Витой должны были приехать на ферму из Лондона. Вита не хотела ехать без Долли, но Банни настояла, чтобы день накануне вечеринки Долли провела на ферме и помогала с приготовлениями. Поэтому в отсутствие Виты заехать за нами пришлось Банни. *Что подумают наши друзья, если увидят, как вы выходите из автобуса*, сказала она и визгливо рассмеялась, впрочем, не улыбнувшись. Она открыла дверь для Долли подобострастно, как шофер. Я села сзади и слушала их разговор; мне всегда было интересно, что же они обсуждали, оставаясь наедине. Дочь никогда не рассказывала про бабушку, зато Банни всякий раз при встрече говорила о Долли; глаза ее блестели, а в голосе сквозила надежда, что она расскажет мне то, чего я пока не знала. Когда я разговаривала с Банни, я благодарила Бога за свое равнодушное лицо; даже Банни с ее острым глазом не могла понять, какую информацию я слышала в первый раз, а какая была мне известна. Мотор лендровера заговорщически тарахтел в такт их голосам. Я слышала, что Банни задавала вопросы, а Долли на них коротко отвечала, глядя в окно, что делало ее речь еще более неразборчивой. Когда мы подъехали к фермерскому дому, Банни выключила зажигание и некоторое время сидела не шевелясь, чтобы Долли успела полюбоваться широким крыльцом, на котором установили бело-розовую арку из живых цветов.

Долли наклонилась и поцеловала бабушку в щеку.

— Вижу, что вы здорово тут все украсили, — сдержанным, вежливым и абсолютно пустым голосом проговорила она; тон и похвала явно были позаимствованы у меня.

Банни и Долли рука об руку прошли сквозь открытые ворота. Пожилая Банни казалась ребенком, которого дочь вела за руку. Я последовала за ними. У крыльца собралась вся семья Короля. Они все выглядели великолепно и являлись живым примером того, чего можно достичь комфортными условиями жизни, хорошими генами и упорством. Моя дочь уверенно направилась к своему деду и Королю; Банни, которая демонстрировала ей все украшения к празднику, была ей больше не нужна. Но та все равно продолжила махать направо и налево, как телеведущая не первой молодости, показывать на открытый полотняный шатер, где был устроен шведский стол и бар и сновали официанты в форме. Долли обняла Ричарда и отца и подошла к своей мачехе. Та вскинула руки, чтобы обнять Долли; я заметила ее круглый живот под натянутой тканью платья, вздрогнула и слегка попятилась назад на ровной лужайке. Все повернулись ко мне в одновременном приветствии, и я подняла руку в жесте, который мог означать как «привет», так и «остановитесь»! Потом я пошла в дом, прошагала через кухню, и тут Банни, желая сделать полезное, крикнула мне вслед, что *не надо идти в дом; гости пользуются туалетом для садовников, он вон там. Вон там, Сандей!*

Туалет на первом этаже находился с той стороны дома, где я могла слышать машины, подъезжавшие по гравийной дорожке, и голоса гостей, выходивших в сад, поначалу странно приглушенные, будто они только присматривались. Громче всех звучал звонкий и авторитарный голос Виты; она словно подгоняла Ролло, хотя они не опаздывали, а тот явно не горел желанием идти. Я сняла рубашку и села на пол. Тело и ум пылали, и, чтобы затушить этот пожар, не хватило бы воды во всем озере.

В дверь настойчиво постучали; послышался голос:

— Ты что там застряла?

Я решила, что это Вита, но когда наконец встала и открыла дверь, увидела на пороге Долли. Мне стало стыдно своего разочарования; тем летом мы с Долли провели вместе очень мало времени. Я представляла будущие дни рождения, Рождество и длинные летние каникулы, которые Долли будет проводить не со мной, а с людьми, которых пока еще не знала. Теперь мне придется делить ее с еще одним маленьким человеком, наполовину Королем, который, безусловно, будет обладать его обаянием.

— Мам, почему ты... — она заметила, что я сняла рубашку. Покачала головой и не стала больше расспрашивать. — Вита здесь. И Ролло. Ты выйдешь?

— Да. Долли, ты мне не сказала... она... беременна?

— Нет. А ты как думаешь? — она пристально смотрела на меня и говорила плоским голосом, будто читала с листа в первый раз. Она словно передразнивала меня. — Вита говорит, что имя малыша должно начинаться с той же буквы, что и мое, и папа согласен.

— Я очень за вас рада, — ответила я официальным тоном, вежливо и сдержанно, как и положено было дома у Форрестеров.

Одета я была по-прежнему в лифчик и юбку, и потому мой благопристойный тон, наверное, звучал странно. Я попыталась добавить что-то вроде: *теперь у тебя будет младший братик или сестричка!* Но не смогла выдавить из себя больше ни слова.

Долли вернулась в сад; ни она, ни я не упомянули, что я плакала. Вскоре в дверь снова постучали.

— Выходить собираешься? Долли сказала, ты не хочешь веселиться! — только Вита могла упрекнуть кого-то в том, что он не хотел веселиться. Сама она всегда хотела веселиться. — Я познакомилась с Алексом, — прощебетала она. — Какой красавчик, дорогая, но, боже, какой зануда!

Она как ни в чем не бывало болтала, будто мы стояли лицом к лицу, и говорила так громко, что любой из зашедших в дом гостей или родственников Короля мог услышать.

Я открыла дверь. На Вите было ярко-красное платье и маленькая шляпка с красной вуалью в сеточку, которая вроде бы скрывала лицо, но на самом деле подчеркивала его и являлась самой противоположностью скромности. Пощупав сетчатую ткань большим и указательным пальцем, я поняла, что очень скучала по ее лицу. Ее губы были накрашены той же ярко-красной помадой, которая мне очень нравилась. Она не шевелилась, а стояла неподвижно и терпеливо, а я тем временем провела пальцами по кантику ее шляпы и ощупала удивительно мягкую и вместе с тем негнущуюся вуаль. Никто, даже Долорес, не позволил бы мне этого сделать, не стал бы стоять в уютной тишине, пока я трогала его шляпу, волосы и одежду.

Я сконцентрировалась на ощущении вуали в пальцах, и жар и шум отступили.

Когда же я наконец опустила руки, она проскользнула мимо меня в маленькую ванную комнату.

— Что у тебя с лицом! — весело воскликнула она. — Давай я приведу тебя в порядок. Кстати, это самый ужасный лифчик, который я видела в жизни! Где ты его откопала? — она задрала платье и показала все свое тело, но указывала на лифчик, словно остальное было неважным. — Смотри, Сандей. Вот это лифчик.

Ее белье было из кружева и атласа, аккуратное, темно-синего цвета. Грудь выпрыгивала из лифчика так же отчаянно, как ягодицы и бедра из трусиков, словно те стремительно уменьшались в размерах и все сильнее и сильнее сдавливали ее плоть.

Я села на унитаз и поежилась, разглядывая ее белье, как никогда не разглядывала свое. Я выбирала белье по мягкости материала и цвету — оно должно было быть бледным.

— По-моему, у тебя кошмарный лифчик и трусы. В жизни бы такие не надела.

Я позаимствовала это словечко у Виты — «кошмарный». В итоге наши разговоры часто напоминали спор перевозбудившихся детей: мы бросались самыми драматичными и самыми приятными словами, не заботясь о смысловой точности.

Вита весело рассмеялась и, кривляясь, выставила вбок бедро; ее платье было по-прежнему задрано. Я вспомнила, как несколько недель назад она сидела у меня на кухне и совсем не стеснялась засохших молочных усов. Я, разумеется, знала, что жена Короля наверняка носила такое же белье, предназначенное для услады мужских глаз, а не для женского удобства. Именно поэтому я не любила такое белье, а не просто потому, что оно казалось мне неудобным. Я не хотела носить ничего из того, что покупал мне Король; те немногие вещи, которые он выбрал для меня сам, как будто предназначались для другого человека, для более тихой и покладистой жены. Я же оказалась более чувствительной к колючему и тесному белью, чем к его эстетическим потребностям. Я вдруг очень устала и могла думать только о том, как хорошо было бы сейчас оказаться в моем прохладном и знакомом доме. Я задернула шторы во всех комнатах, как часто делала в слишком солнечный и напряженный день, и свет почти не проникал внутрь.

Вита наполнила раковину и бросила в холодную воду несколько бумажных салфеток. Достала из сумочки косметичку, выбрала несколько предметов и разложила их на раковине, как врач, готовящийся к операции. Затем накрыла холодными салфетками мои глаза и щеки, и я погрузилась в прохладную темноту. Она подождала несколько минут, и я почувствовала, как влажная свежесть успокаивает кожу. Все это время она непрерывно и беззаботно болтала о гостях в саду. Она не ждала, что я стану ей отвечать; этого не требовалось, и я слушала ее слова рассеянно, как музыку, как голос мистера Ллойда в фермерском магазине. Я улавливала лишь обрывки информации: одна гостья пришла в шелковом платье с цветочным узором, о котором Вита мечтала; другая — в туфлях на шпильках, что увязали в дерне на драгоценной лужайке Банни. Ролло уже дважды приходил ей на помощь, когда она начинала нелепо размахивать руками на одном месте; Вита не без удовольствия описала, как ее руки загребали воздух, а ноги словно застряли в цементе.

— Как ребенок, честно. Кто надевает шпильки на вечеринку в саду? — Вита искренне недоумевала, как можно было так ошибиться.

Сама Вита, естественно, всегда одевалась правильно. В отличие от меня, ей для этого не приходилось прибегать к книгам по этикету. Книга Эдит научила меня одеваться уместно, но это знание было приобретенным, а не врожденным. *На яхту следует надеть обувь на плоской подошве; на охоту — сапоги с узкими голенищами до колена из чистой, но слегка поношенной кожи; если сапоги слишком блестят, это наведет на мысли, что их купили специально по случаю, а хвастаться новыми вещами всегда вульгарно. Во всем — в одежде и манерах — следует во что бы то ни стало избегать броскости.* Если Вита и одевалась неуместно, она об этом знала и смеялась над собой, как когда сидела на крылечке в шелковом халате и моих рабочих ботинках с сигаретой в руках. И тогда неуместность становилась чем-то другим, привлекательным, а не вульгарным и крикливым.

Я подумала о той женщине, что пришла в неподходящих туфлях, но поняла свою ошибку, лишь когда ее каблуки начали медленно увязать в земле. Возможно, почувствовав, что проваливается вниз, она взглянула на мужа, и в этот момент они оба поняли — *о нет!* Другие гости тоже все поняли, как Вита; поняли, что женщина допустила оплошность и оделась неуместно. А гостья выдала себя, не рассмеявшись без малейшего смущения, как сделала бы Вита. Вместо этого она несколько раз немного просела на месте, погружаясь в землю, залилась краской, извинилась и неуклюже заковыляла к ближайшему стулу, где и оставалась до конца вечеринки, когда наконец смогла пристыженно и босиком дойти до машины мужа.

Вита все тараторила и тараторила и не давала мне вставить ни слова. Ее голос в темноте под прохладными компрессами звучал как приятная фоновая музыка. Я почувствовала, как ослабевает напряжение в горле и груди; я снова могла дышать, словно голос Виты вдохнул в меня столь необходимый воздух. Как будто Долорес снова очутилась рядом.

Наконец Вита замолчала и положила руку мне на плечо.

— Дорогая, я снимаю салфетки, — предупредила она ласково, как мать. Не моя мать, а другая. Свет ослепил меня, словно кто-то резко поднял жалюзи, и я снова очутилась в туалете на кошмарной вечеринке. Вита начала меня красить; ее прохладные пальцы легко скользили по моему лицу. Ее руки были всегда холодными; такой у нее был дар. Однако яркий свет не могла приглушить даже Вита.

На свету мне снова стало некомфортно, как одному из моих растений в горшках: мне было жарко, я чувствовала себя у всех на виду, как всегда бывало при слишком ярком освещении. — Ты же обо всем знаешь, Сандей, да? Ролс с тобой поговорил?

— О чем? — спросила я, привыкая к слишком яркому свету, от которого было никуда не деться.

— О том, что мы с ним... мы очень любим тебя, Сандей. Очень, — она коротко встряхнула головой. — Ладно, забудь. Иди! — она указала на дверь. — Я ухожу!

«Мы очень любим тебя, Сандей. Очень. Ладно, забудь. Иди! Я ухожу. Мы очень любим тебя, Сандей. Очень. Ладно, забудь. Иди! Я ухожу». Я несколько раз повторила эти слова, еле слышно, и сперва она отшатнулась. Ахнула, зажала рукой рот. Потом обняла меня крепко-крепко; это было совсем не похоже на ее обычное легкое объятие.

А на улице, в саду, ждал Король и его беременная жена.

Мы вместе вышли из стеклянных дверей. Вита отвела меня к шатру; легкий ветерок трепал его закатанные полотняные стены. Она велела налить нам шампанского и, опустошив свой бокал одним глотком, велела мне сделать то же самое. Затем попросила еще два бокала и на этот раз посоветовала пить понемножку. Она уже успела познакомиться с барменом и знала его по имени, а он ее; я представила, как гости выстраиваются в очередь, но ее он обслуживает первой. Подошла Долли.

— Еще не говорила с папой? — она улыбнулась сначала мне, потом Вите. — Ви, отведи ее поздороваться.

— Разумеется, дорогая. Сейчас подойдем, да, Жена? — Вита взяла за руку сначала меня, а потом Долли.

Мы направились к Королю и его супруге, а по пути к нам присоединился Ролло, встав с другой стороны от меня. Он приветствовал меня на удивление тихо, будто мы участвовали в организованной тайной операции и нам нельзя было привлекать к себе внимание. Ролло загорел и выглядел презентабельно в светлом льняном костюме и расстегнутой белой рубашке; прежде он никогда не представал передо мной без галстука. Я словно впервые увидела высокопоставленного офицера в гражданском, да еще полуодетым. Король, само собой, заметил, что мы направляемся к нему, и непринужденно повернулся в нашу сторону, словно выполнял отрепетированный трюк на камеру. Я снова поразилась его красоте; я знала каждую черточку его лица, но от этого он не казался менее красивым.

— Сандей! — Король потянулся ко мне, но не рассчитал и чмокнул воздух; ему пришлось шагнуть мне навстречу, но даже со второго раза он не дотянулся до моей щеки. — Вита. Ролло. Ну что, вам нравится быть соседями?

— Нам очень повезло, — с Королем Вита говорила отрывисто и твердо; ее речь скорее напоминала мою, чем ее обычную восторженную болтовню. — Сандей просто чудо. О другой соседке я и не мечтаю.

— Но Долли сказала, вы скоро снова уезжаете? — Король радовался так, будто переезд был его собственной идеей и это он заведовал перемещениями Виты из дома в дом.

— Ну да, мы возвращаемся в город. Но теперь у нас есть Сандей; будем приезжать в гости, — она не упомянула Долли как повод приехать в гости, и я посмотрела на дочь, желая убедиться, слышала ли та. Долли улыбалась; видимо, слова Виты ее не задели. Вита положила руку мне на плечо и прильнула ко мне; она была такая миниатюрная, что я почувствовала себя мамой, стоявшей рядом с дочкой. — Дом наш до октября, спешить некуда, — продолжала она.

Вита по-прежнему говорила резковато и напоминала более изящную меня, но Ролло с его непринужденным обаянием перехватил инициативу и перевел разговор на тему лондонского рынка недвижимости.

Даже Ролло с его приятной внешностью терялся на фоне Короля, как и все присутствующие мужчины. Коря себя за предательские мысли, я заметила, что рядом с отцом Долли Ролло выглядел каким-то женственным; все у него было мельче — и черты, и фигура. И глаза его казались большими, только когда он носил очки; что до Короля, у него были длинные миндалевидные глаза, щурившиеся от неприязни только при виде меня.

— Если очень хочется что-то съесть, ешь, — сказала я жене Короля, которая стояла и молча слушала разговор двух мужчин. Она не ответила, и тогда я громко повторила: — Слышишь? Беременных тянет на всякое. Надо слушать свой организм, — они с Королем взглянули на меня, но она по-прежнему молчала, и я продолжила; мои слова усиливали тишину. — На Сицилии считается, что чего бы ни хотелось беременной женщине, надо во всем себе потакать. Если не потакать своим желаниям, ребенок может родиться с уродствами именно из-за недостатка той или иной пищи. Например, если женщина учуяла запах жареной рыбы от соседки и ей захотелось рыбы, но она не попросила соседку поделиться, ребенок родится покрытым чешуей. Если чего-то хочется, надо попросить.

Но просить можно только еду, не людей, подумала я. *Ты не спрашивала меня, можно ли забрать моего мужа. А если бы спросила, я бы ни за что не стала им делиться.*

Жена Короля взяла что хотела, но не спрашивала разрешения, как положено на Сицилии. А мне хотелось верить, что главный ущерб мне нанесла эта кража, провернутая ею исподтишка, а не уход Короля и его презрение, которое он, похоже, по-прежнему ко мне испытывал. Я замолчала и почувствовала, что беременность, вероятно, была не самой подходящей темой для вежливой беседы. Я также вспомнила, как всегда ожесточалось лицо Короля, когда я начинала говорить об Италии, и почувствовала, как заливаюсь краской. Я не могла заставить себя взглянуть на него, не хотела смотреть на его поджатые губы и в потемневшие ледяные глаза.

— Я тоже слышала такую примету, — сказала Вита и легонько похлопала меня по спине. — Дельный совет, Сандей. Ты же сама соблюдала это правило, когда носила нашу красавицу Долли?

Мне понравилось, что она сказала «нашу красавицу» в присутствии Короля, будто тот не мог претендовать на Долли и не имел к ней никакого отношения, а был лишь сторонним наблюдателем. Когда я носила Долли, мое поведение и поступки не всегда от меня зависели. Иногда я казалась себе машиной, которой управлял сидевший внутри маленький человечек. Когда я думала об этом, беременность становилась сносной, даже приятной. Будто кто-то выключал машину, для работы которой требовалось огромное, невероятное количество энергии. Люди, действующие инстинктивно, не хранят в голове огромную библиотеку информации и в присутствии других людей не концентрируются, как на важном экзамене. Им не нужно часто замыкаться в себе или выключать весь свет, чтобы отдохнуть. Иногда я даже с выключенным светом не могу успокоиться.

Жена Короля смотрела на Виту подозрительно, в защитном жесте сложив на круглом животе руки в белых перчатках. Вторая жена, Короля, само собой, была одета правильно; перчатки без единого пятнышка, шляпа красиво украшена живыми цветами. Но все остальные улыбались Вите. Вита была хорошей подругой; мой муж никогда так за меня не заступался. Король никогда не помогал мне с беседой, как она помогла сейчас. В первый год после нашей встречи он смеялся над всеми моими репликами, а потом просто морщился и поджимал губы в тонкую жесткую линию, словно надеялся, что его собственное молчание заставит замолчать и меня.

— Да, — честно ответила я.

Хотя, пока я была беременна, мне больше всего хотелось Короля. А Король мне не принадлежал — ни тогда, ни сейчас. Жена Короля смотрела на него, она взяла его за руку, но он неотрывно смотрел на Виту. Та улыбалась сияющей холодной улыбкой, которую приберегала для новых знакомых; эта улыбка ее особенно красила. Я не хотела держать Короля за руку, как держала сейчас его жена, — нет, больше никогда. Я уже ходила с круглым животом и отупевшей головой; я уже жила ради кратких проблесков его ласки.

— Слышал, и вам скоро будет чем заняться? — спросил Ролло. Он деликатно намекал на только что услышанный факт: не мог прямо заявить, что беременность заметна, и не желал называть вещи своими именами. Ролло был эталоном соблюдения приличий и условностей; он бы очень понравился Эдит Огилви. — Поздравляю, — добавил он.

Поздравляю — ситуаций, в которых применимо это слово, слишком много, и я не могу использовать его в беседе, потому что для этого требуется подробная предварительная информация и существенный анализ. Люди, кажется, рады, когда это слово употребляется в нужном контексте, но для этого необходимо понимать их самые потаенные желания. Как понять, желанен ли результат, с которым вы кого-то поздравляете? Что, если человек стыдится определенных изменений, а вы своими поздравлениями привлечете к ним излишнее внимание? Невозможно знать невысказанные желания другого человека или, напротив, угадать, чего он больше всего боится.

Ролло поднял бокал, и мы все посмотрели на жену Короля; та вяло подняла свой бокал. Внешность у нее была миловидная, аккуратная и скучноватая — сияющая кожа, квадратные белые зубы. Думаю, от нее всегда пахло мылом и свежевыстиранным бельем. Родит она естественным путем, не пикнув, и уже через несколько секунд после рождения ребенка снова станет прежней; по крайней мере, именно этого хотел бы Король. Этого он ждал и от меня. Второй жене не пригодится команда медсестер с цепкими пальцами, чтобы те держали ее под флуоресцентными лампами, как когда-то держали меня. *Чтобы вы себе не навредили*, сказали они потом, когда увидели, как я осматриваю оставленные ими синяки.

Я представила новую жену в тихой, мягко освещенной палате; вот ей вручают малыша, туго спеленатого, похожего на пчелу. Я понадеялась, что новая жена сразу узнает его маленькое личико, как я когда-то узнала Долли. Сразу поймет: *это же ты! И где ты был все это время? Я ждала тебя целую вечность*. Я понадеялась, что Король будет часто брать малыша на руки, ведь Долли он совсем не брал, и теплая доверчивая тяжесть второго ребенка разбудит в нем такую нежность, что молодой жене тоже хватит. Я пожелала ей узнать того Короля, в существование которого я сама когда-то истово верила, но каким он никогда не был.

Ролло и Король увлеклись обсуждением каких-то специфических сельскохозяйственных методов. Ролло говорил что-то вроде: «Ну разумеется, лошадей нельзя подпускать к пашне». На что Король отвечал цитатой из своего дяди, опровергавшей эту теорию, а затем рекомендовал другой подход к возделыванию земли. Ролло же в деталях расписывал, почему европейские фермеры не одобрили бы этот метод. Со стороны они казались школьниками, спорившими, чей папа лучше. Может, все богатые люди так спорят, подумала я; выступают от имени других людей, чтобы не приходилось признаваться в своих отличиях.

Вита рассказывала жене Короля о своей подруге, у которой родился ребенок.

— ...несколько лет, да, — уловила я. — Ее звали Аннабел, — я напряглась, услышав это имя. — Милая девушка, хорошая подруга, но... — она угрюмо покачала головой, замолчала и глубоко вдохнула через нос. Протяжно выдохнув, снова заговорила, уже тише: — Случившееся изменило ее до неузнаваемости, — она склонила набок голову и округлила глаза, словно поверяла жене Короля самый сокровенный секрет. — Она о-о-о-чень изменилась, — прошептала она.

Она о-о-о-щень изменилась, тихим убаюкивающим тоном прошептала я.

Жена Короля наклонилась к Вите и внимательно прислушалась, словно та ее о чем-то предостерегала. Но Вита уже опять улыбалась и продолжала более веселым громким голосом:

— Разумеется, после родов она несколько недель не могла ходить! И у нее до сих пор маленькое недержание, когда она смеется... впрочем, теперь она редко смеется, все время ходит уставшая. У младенца колики. Он все время вопит. А что поделать — дети! Но ты, — она замолчала и одарила жену Короля своей самой обезоруживающей улыбкой, — ты прирожденная мать. И ребенок — такое счастье! — она снова замолчала и насупилась. — Счастье ведь? — ответом на ее вопрос было молчание. Затем жена открыла было рот, но Вита похлопала ее по руке. — Знаю, знаю, — очень ласково проговорила она голосом, не похожим на свой собственный. Затем улыбнулась мне, как диктор новостей, закончивший зачитывать трагичную новость и переходящий к приятной. — Пойдем напьемся, Сандей, — она бросила взгляд на жену Короля. — Ах, прости. Пригласила бы с нами, но... — она сделала очень грустное лицо и указала на живот жены, обрисовав рукой круг гораздо больше его реальных размеров. Мы двинулись к бару, а Вита крикнула через плечо: — Но все равно поздравляю! Удачи!

Жена Короля неуверенно улыбалась, растворяясь вдали; она часто моргала, точно ее слепило солнце. Издалека ее фигура казалась бесформенной; вблизи этого впечатления не было. Постепенно она превратилась в кружок, в планету с тоненькими и невесомыми ручками и ножками. Король взял ее затянутую в перчатку руку своей рукой, словно боялся, что она улетит в небо, а я представила, что внутри нее на самом деле воздух, а не братик или сестричка моей дочери, и она норовит взлететь, как воздушный шарик, а Король удерживает ее внизу, и его красивое лицо искажено тревогой.

У бара Вита взяла меня за руку, и наши пальцы переплелись.

— Какая жуткая кошелка! Господи! О чем он только думал, дорогая?

Вита пошла за напитками, а я села за один из столиков, на которых стояли букеты, словно сделанные из воска. Я дотронулась до роз; те оказались настоящими, а выглядели пластиковыми, совсем не пахли и были все одинакового размера и цвета, что убивало весь смысл использования живых цветов. Я предлагала украсить столы цветами в горшках, которые потом можно было бы раздать гостям в подарок или высадить в саду после вечеринки и сделать новую клумбу в память о празднике. Но Банни отказалась; если бы она разрешила мне заняться украшением столов, то обидела бы нашу местную флористку, которую тоже пригласили на вечеринку. Подняв голову от непахнущих цветов, я узнала сидевшую напротив женщину. Это была Кэрол, еще одна гостья, которую моя дочь, скорее всего, не знала; ее пригласили лишь потому, что регулярно захаживала в лавку и тратила там кучу денег.

— Какие красивые цветы. И Долли выглядит чудесно,— прощебетала она, глядя на мою дочь, которая в отдалении позировала для фото с бабушкой и дедушкой, стоявших по обе стороны от нее.

— Да,— ответила я.

— Как моя Иви. Иви — водная душа,— произнесла она таким доверительным тоном, будто другие гости вечеринки мечтали узнать эту информацию о ее дочери, но она решила сообщить ее именно мне.

У Кэрол было две дочери подросткового возраста, и больше ни о чем она говорить не умела. При этом вид у нее был как у старой вдовы, вспоминающей о давнишней утрате. Рассказывая о дочерях, она словно терялась в спутанных воспоминаниях и сообщала о них обрывочные ностальгические сведения. Бывало, в лавке она говорила о дочерях таким трагическим и растерянным тоном, что мне начинало казаться, будто одна из них недавно умерла или с ней случилось какое-то несчастье. При этом в их жизни не было ничего увлекательного, ничего, что представляло бы хоть малейший интерес.

— Иви — водная душа? — переспросила я, словно в уточнение, но на самом деле тянула время, чтобы придумать подходящий ответ.

Чего хотела от меня эта женщина — чтобы я в ответ рассказала ей, что любит Долли? Другим матерям, как правило, хотелось, чтобы я проявляла интерес к их детям, а не просто перечисляла факты о своем ребенке. Но их рассказы об отпрысках были более продуманными как с точки зрения структуры, так и с точки зрения темы, а Кэрол просто сказала, что ее ребенок любит воду. Это было настолько непримечательно, что я не знала, как реагировать.

— Да! Она так любит плавать; Долли, наверно, тебе рассказывала, — она перестала смотреть вдаль и уставилась на меня. Мне стало не по себе. Я не понимала, зачем Долли рассказывать мне о какой-то незнакомой девушке, которая умела плавать. Долли вообще никогда не рассказывала мне об увлечениях своих сверстников. Да и о своих увлечениях тоже. Да, она плавала. А я больше не плавала. И говорить об этом было не к чему. Простые факты; что там обсуждать? Кэрол повторила, по-прежнему глядя на меня: — Я говорю, Долли же ходит плавать с моими девочками? Наверняка она рассказывала про Иви, — в конце концов я решительно покачала головой: нет, не рассказывала. *У меня и так голова полна. Моя голова заполнена разными сведениями, фактами и словами, их очень много, даже слишком*, подумала я. *Зачем мне помнить еще и о фрагментах твоей жизни?* Вот что я хотела ответить, но промолчала. Кэрол вскинула брови, и на лбу залегли полукруглые морщины, подчеркивая, сколько усилий она прикладывала, чтобы до меня достучаться. —

Про ее занятия плаванием? Про состязания? — она подсказывала, желая услышать ответ.

— Нет, нет, Долли никогда не рассказывала про твоих девочек, — честно ответила я и обрадовалась, что мы наконец прояснили ситуацию.

— Ну разумеется, — ответила Кэрол, — у всех разные отношения со своими детьми. Правда?

Она улыбалась, но на глаза улыбка не распространялась. Я молчала, улыбалась нарочно широко и думала, как ей отомстить. Мать всегда говорила, что моя мимика слишком невыразительна, слишком незаметна. *Улыбайся шире, старайся лучше! Всегда лучше старайся! Почему ты не стараешься?* Лишь Долорес считала, что я делала достаточно и хорошо старалась. Одно время Вита тоже так считала. Я решила сообщить Кэрол истинную причину, почему неохотно отпускала Долли плавать в озере с подругами. По моим наблюдениям, матери постоянно делились друг с другом случайными фактами из своей жизни. Но было трудно понять, что они хотели услышать в ответ.

— Моя сестра утонула в этом озере, — сказала я. — А потом и родители тоже умерли. То есть они не утонули, но все умерли из-за озера.

Когда я договорила, мои собственные слова вдруг причинили мне боль. Мой голос стал очень тихим; я как будто бормотала себе под нос и повторила сказанное еще раз, громко, однако Кэрол по-прежнему молчала. Тогда я решила, что я, пожалуй, более умелый собеседник и вежливее Кэрол, ведь та даже не пыталась ответить на мои слова, стоившие мне таких усилий. Я заметила ее волосы под мягкой шляпкой — они были уныло-коричневые, как толстый детский восковой мелок. Она завила их, подвернула концы и заколола на шее, сделав что-то вроде корзиночки. Прическа выглядела ужасно неудобной, но текстура ее волос меня завораживала. Мне захотелось взвесить на ладони эту аккуратную корзиночку.

— У тебя очень красивая прическа, Кэрол, — сказала я. Сняв перчатки, я прикоснулась к небрежному пучку своих волос под шляпкой, пытаясь вообразить, что трогаю ее завитки. — Очень-очень красивая.

— Вы такие серьезные, — сказала Вита и положила ладонь мне на плечо, возвестив о своем появлении. Я часто видела, как Ролло делал то же самое. Она села и поставила на стол два стакана. — Что я пропустила? — она взглянула на Кэрол и вытянула руку: — Как поживаете? *Я* — Вита, — она всегда произносила эту фразу одинаково торжественно, всегда акцентировала «я».

Кэрол пожала ее вытянутую руку.

— Кэрол, — ответила она, — рада знакомству.

А надо было ответить «как поживаете», злорадно подумала я. И еще на ней не было белых перчаток, и в руках она их тоже не держала. Я представила Эдит Огилви в бриллиантах и бальном платье; та неприязненно поморщилась бы при виде такого нарушения этикета.

— Вита. Рада знакомству, — ответила Вита. Ее лицо выражало несвойственную ей сдержанность, и я поняла, что она мне подыгрывает, повторяя слова Кэрол и тем самым показывая, что та все сделала неправильно. — Откуда вы знаете Сандей и Долли?

Мне было приятно, что Вита отозвалась о нас как о паре. Они с Долли так часто говорили о своих общих планах и предпочтениях, что я тоже начала думать о них как о паре; я была отдельно, а они — отдельно.

— Мы... мы с мужем — друзья семьи. Форрестеров, — Кэрол, видимо, научилась произносить эту фамилию как Банни: подчеркивала первый слог, затем делала короткую паузу и быстро выговаривала оставшиеся звуки. — А вы, Вита?

— Я и муж, — Вита замолчала, поискала взглядом Ролло и указала на него, — друзья Долли и Сандей, — она подчеркнула это «и», показывая, как гордится нашей тесной дружбой, и моя маленькая семья вдруг показалась более важной и внушительной, чем все семейство Форрестеров. — Мы их *о-о-очень* любим, — мы улыбнулись друг другу, и я почувствовала себя невестой, чего не случалось со мной даже на моей свадьбе.

— Мы с Сандей как раз говорили... — Кэрол выдержала паузу для драматического эффекта. — ...О моей дочери Иви. Иви — водная душа, — она произнесла это очень четко и официально, словно сообщая полное имя дочери записывающему его чиновнику. — Больше всего на свете Иви любит плавать, а еще рисовать. С малых лет она рисовала лисьи мордочки так: кружок и два треугольника.

Очень искусная стилизация. Очень художественно. Так все говорят, — она снова посмотрела вдаль, и на лице опять застыло это странное выражение, словно ее захлестнули далекие болезненные воспоминания.

Я так и не отреагировала на ненужную мне информацию о ребенке, которого лично не знала. Все подруги моей дочери увлекались плаванием и рисованием, мне бы даже в голову не пришло сообщать об этом малознакомым людям. Может, сказать «это интересно»? Такой ответ обычно нравился всем.

Я взглянула на Виту; та стояла и терпеливо кивала Кэрол, словно надеялась, что та наконец объяснит ей, зачем начала рассказывать про Иви — водную душу. Но я в кои-то веки опередила Виту; я ведь знала, что Кэрол больше ничего не добавит.

— Это очень интересно, Кэрол, — сказала я.

— Интересно, правда? — тут же подхватила Вита. — Просто захватывающе! С ума сойти. Только представь.

Она взглянула на меня, кивая и картинно прищуриваясь, точно поглощенная серьезными раздумьями. Со мной Вита нарочно утрировала мимику, чтобы мы могли общаться без слов, как другие люди. Кэрол, явно пораженная столь бурной реакцией Виты, медленно кивнула в ответ на признание художественных талантов своей дочери. Она, кажется, порадовалась, что в разговор вступил кто-то, кто понимал всю серьезность обсуждения.

Вита демонстративно взяла меня за руку.

— Простите… Кэтрин? Там наша соседка, нам надо с ней поговорить. С вашего позволения, — и она увела меня к Филлис, которая сидела одна и смотрела в свой стакан.

Филлис подняла голову и радостно улыбнулась; она нас узнала. На ней была ярко-розовая шляпа с коричневыми перьями за лентой. Когда мы подошли, я увидела, что перья куриные; видимо, она у своих кур их и надергала. Вита звонко чмокнула ее в обе щеки, а я неуклюже похлопала по руке.

— Привет, — сказала я, — славная шляпка, Филлис.

Она покраснела, но улыбнулась и потрогала шляпу, словно проверяя, на месте ли перья.

— Правда, милочка? Это моя любимая. Правда, пришлось ее немного обновить, но я всегда рада возможности ее выгулять.

— Филлис, ты прекрасно выглядишь, — сказала Вита. — Шляпка очень красивая. Как ловко ты ее украсила.

«Ловко» она произнесла нарочито медленно, будто это слово было трудным для понимания. Затем наклонилась вперед и погладила что-то, лежавшее на коленях у Филлис; они принялись умиляться маленькому зверьку. Сперва я решила, что Филлис притащила с собой одну из своих куриц, но потом увидела кота, одного из наших фермерских, которые все были одинаково тощие и коричневые. Я не понимала, дружелюбно ли они настроены или враждебно, поэтому на всякий случай обходила их стороной.

— Я люблю кошек, — сказала Вита, — но Зверь абсолютно асоциален, — она улыбнулась Филлис. — Зверь — моя маленькая собачка. Когда его не станет, обязательно заведем котенка.

— А я не видела у вас собачки. Где вы ее выгуливаете?

— Нигде, — ответила Вита. — Зверь слишком маленький, он не гуляет.

Филлис пристально смотрела на Виту. Та встала, прикрыла глаза ладонью от солнца и оглядывалась; видимо, высматривала Ролло или Долли.

— А Сандей рассказывала вам про свою кошку, Вита? — спросила Филлис и улыбнулась мне.

— Филлис, у меня же нет никакой кошки, — ответила я.

— Именно, — торжествующе проговорила Филлис. — Нет у тебя никакой кошки! И никогда не было!

За что мне нравилась Вита — тогда она все еще мне нравилась, — так это за то, что она не ушла, как ушел бы Король. Король отправился бы говорить с более шикарными гостями, бросив меня растерянно хмуриться рядом с Филлис. Но я знала, что Вита захочет разгадать загадку деликатно и со свойственной ей легкостью в общении — легкостью, которую даже я от нее переняла.

Вита села на стул рядом с Филлис и ободряюще на нее посмотрела.

— Вы тут давно живете, да, Филлис? Вы, наверно, все про Сандей знаете?

Я никогда не рассказывала Вите, что Филлис была моей опекуншей. Я старательно об этом молчала как раз из деликатности, хотя знала, что Вита могла и обидеться. Но даже зная об этом, предпочитала не распространяться. Одним из качеств, которые мне нравились в Вите больше всего, было отсутствие пытливости; в отличие от других людей, она ничего не требовала от окружающих и не обижалась, узнав, что от нее что-то утаили, хотя должны были рассказать в соответствии с какими-то ее собственными понятиями. Вита нетерпеливо запрыгала на стуле, как ребенок:

— Расскажите про кошку! Расскажите всю историю от начала до конца. Ох, как я люблю истории! — на слове «истории» она широко развела руками, показывая, с каким огромным интересом будет слушать Филлис.

Довольная Филлис повернулась к Вите, и они обе погладили лежавшую на коленях кошку.

— Что ж, — начала она и развернула вверх обе ладони, словно открывая книгу. — Сандей было лет шесть, и она зачитывалась книжкой про семью, которая жила в доме на колесах. Она повсюду носила с собой эту книжку и читала всем, кто соглашался слушать. Она даже спала с ней. И вечно спрашивала мать: «А где наш дом на колесах?» А мы твердили, что она жила в обычном доме, и в конце концов ей пришлось с этим смириться. В книге было двое детей, мальчик и девочка. И Сандей все спрашивала, где ее брат, а мы отвечали, что все семьи разные, и в этом нет ничего такого. А еще в книге у семьи была кошка. Тут-то и возникли проблемы.

Она драматично подчеркнула эту последнюю фразу, как диктор, ведущий репортаж с места происшествия; за его спиной вспыхивает полицейская мигалка, и вот он говорит: *причиной трагедии стало...*

Вита коснулась ее руки.

— Филлис, продолжайте.

— Она все время спрашивала: а где наша кошка? Давно смирилась, что у нее нет дома на колесах и нет братика, но всех и каждого на улице спрашивала, где кошка. Бегала с таким видом, будто только что ее потеряла.

— Как мило! — беззаботно прощебетала Вита. — И ей купили кошку?

— О боже, конечно нет. Вы не знали маму Сандей. Она была очень строгая, — Филлис коротко взглянула на меня. — Но тогда детей воспитывали по-другому. Их не баловали, как сейчас. Видели бы вы дочек Фрейзеров и их папашу... Ох, они...

— Она выбросила книгу, — сказала я. — Потом долго смотрела, как я ее везде искала, и наконец велела не искать, сообщив, что выбросила ее, потому что я надоела ей своими расспросами.

Вита подняла руки.

— Я знаю, что делать! Идея! — воскликнула она, словно мы внезапно оказались в беде, но она знала, как нам помочь. Она встала и нетерпеливо велела мне сесть на свой стул рядом с Филлис. Затем уселась ко мне на колени, свесив ноги набок.

Ее хрупкое маленькое тельце грело мне ноги. — Мы добудем тебе кошку, Сандей. Скажите, Филлис? Вы знаете кого-нибудь, у кого есть котята? У меня в городе есть знакомая заводчица сиамских кошек. Красивые кошки, только в доме такую держать себе дороже...

И она принялась рассказывать нам с Филлис про сиамскую кошку, которая жила в доме ее друзей как королева, сидела во главе обеденного стола на званых ужинах и шипела на каждого, кто пытался ее пересадить. На всех застольях эта кошка спокойно расхаживала по длинному столу, переступая через роскошные яства и обходя хрустальные бокалы. Мы с Филлис слушали и смеялись; мы уже думать забыли о моей книге, моей матери и этой печальной истории. В этом заключалось еще одно чудесное свойство Виты. Меня не заботила правдивость ее истории, я не думала о том, существовала ли эта сиамская кошка на самом деле. Ходила ли эта высокомерная тонконогая кошка на самом деле по столу чьего-то роскошного дома во время званых ужинов. Мы с Филлис слушали Виту, переглядывались и улыбались. Вита отвлекла нас этой историей, потому что мы были ей небезразличны. А существовала ли кошка на самом деле, было не так уж важно.

Официанты лавировали среди гостей и разносили подносы с шампанским; я заметила, как один из них вручил жене Короля бокал для шампанского с апельсиновым соком. Та взяла его, даже не взглянув на юношу; она не обратила на него ни малейшего внимания, словно взяла бокал с удобно расположенного столика. Ее лицо ничего не выражало, но я могла понять, что творилось в ее душе, не глядя на изменчивую мимику; я научилась чувствовать устойчивый ритм их сердец. Ритм, с которым в детстве они резко пробуждались ото сна; внезапное осознание собственного «я», резко выделявшее их из толпы, осознание себя отдельным человеком, которое одновременно ужасает и приводит в восторг. Для маленького птичьего сердца Короля существовал лишь его собственный прекрасный лик, а сердце его жены кричало: *я смогу, я смогу, я смогу!* Одного я себе до сих пор не позволяю — представлять, чем живет птичье сердце Виты; я не готова вслушиваться в его механическое тиканье и решать, часы это или бомба.

— Кажется, сейчас будут тосты, — сказал Ролло мне на ухо и указал на круживших по саду официантов. Движения их были выверенными, как у танцоров, спины — прямыми.

Он сел рядом со мной и подмигнул Вите; та снова взглянула на нас и не пошевелилась. В свете вечернего солнца на ее лицо падала резкая тень от сетчатой вуали, и каждый увеличенный квадратик очерчивал кусочек красоты — глаз, скулу, ноздрю.

— Не совсем, — поправила его я. — Банни расскажет семейные новости. И немного про ферму. В этом году главная новость — Долли и ее экзамены.

Банни свирепо шикала на собравшихся; сколько я ее знала, она председательствовала в местном

Женском институте, и было легко представить ее в этой роли. Наверно, в детстве она была одной из тех девочек, которые делают одноклассникам замечания, если у тех грязные ботинки, и отчитывают их, если те меняются именами, путая учителей замены. Она становилась застенчивой, лишь когда говорила о деньгах, которые появились у нее благодаря замужеству. Наконец в саду воцарилась тишина, и Банни встала за плечом мужа, картинно изображая послушную жену. Король встал с другой стороны от Ричарда. Он был выше отца; внушительные квадратные плечи, широкая улыбка и красивое, но лишенное индивидуальности лицо делали его похожим на актера, которому заплатили, чтобы он пришел на вечеринку и изображал одного из Форрестеров. Обычно Ричард благодарил гостей и передавал слово Банни; та произносила речь, перечисляя все успехи Форрестеров за год, минувший с последней вечеринки.

— Спасибо, что пришли и празднуете с нами, — начал Ричард, но не повернулся к Банни, как обычно, а продолжил говорить. — В этом году у нас много поводов для праздника. Во-первых, мы очень гордимся нашей прелестной внучкой. Как многим из вас, наверно, уже известно, Долли недавно узнала результаты выпускных экзаменов. Она получила восемь пятерок. Восемь! — к моему удивлению, он ничего не сказал про девятую оценку, четверку. — В школе, конечно, хотят, чтобы она продолжила обучение. Но этим летом Долли нашла работу в сфере недвижимости! — я заметила, что Ричард говорил не как обычно, слегка развязным тоном с обилием риторических вопросов. Он говорил как Банни — краткими хвастливыми возгласами, и мне стало неловко его слушать, как будто его жена вещала его голосом. Должно быть, эту речь написала для него она. За каждой фразой следовала пауза, видимо, для того, чтобы новость об очередном успехе улеглась у присутствующих в голове. Лишь когда гости забеспокоились и начали переговариваться, он продолжил: — Долли решила не возвращаться в школу, а посвятить себя карьере.

Это же работа на лето, раздраженно подумала я, на пару месяцев, да и то они с Витой только ходят по магазинам и обедают — разве это карьера? Через месяц ей снова в школу, снова готовиться к экзаменам на аттестат, а потом Кембридж, она до сих пор надеялась поступить. Может, Ричард все это просто придумал, чтобы было чем прихвастнуть перед гостями в этом году? Надо было все-таки Банни произнести речь, она ни разу не соврала за предыдущие годы. Результаты экзаменов и так хорошая новость. И ребенок. Наверняка Ричард скажет еще и о ребенке. Неужели ему этого мало?

Он, видимо, решил, что выдержал достаточно длинную паузу, и снова заговорил.

— А если Долли наскучит Лондон, тут для нее тоже найдется работа, — он обвел жестом раскинувшиеся вокруг поля и картинно нахмурился.

Шутка была несмешная, но кое-кто из гостей вяло усмехнулся; остальные отреагировали на его попытки шутить, заерзав на стульях или глотнув из бокалов.

Вита и Ролло пили шампанское и смотрели на Ричарда безо всякого интереса. Они сидели, откинувшись на стульях с полузакрытыми глазами, но истинную причину их усталости определить было невозможно — то ли их утомило солнце, то ли речь, то ли долгая вечеринка. Ричард восхищенно взглянул на Долли, которая встала рядом с отцом и бабушкой.

— Мы очень рады за Долли и очень ей гордимся, хотя будем ужасно по ней скучать. Выпьем же за Долли!

Толпа одобрительно загудела, а Долли выступила вперед и встала рядом с Ричардом.

— Спасибо, дедушка. Спасибо всем гостям,— она обращалась к гостям как радушная невеста, спокойная и доброжелательная, какой я ее и представляла.— Хочу сказать тост. Если позволите, — она сделала почтительную паузу и взглянула на Ричарда, прося его разрешения; тот улыбнулся и ободряюще закивал. Она закусила губу и подняла бокал: — За моего папу и его прелестную жену,— она замолчала и обменялась многозначительными взглядами с женщиной с круглым животом, стоявшей рядом с Королем, — и, разумеется, за главную новость сегодняшнего вечера — малыша! За моего братика или сестренку и пополнение в нашем славном семействе Форрестеров!

Гости встали и подняли бокалы, а Король, который обычно всегда молчал во время ежегодных речей, выступил вперед.

— За мою дочь и ее новую работу! — громко и зычно произнес он. Тогда я поняла, почему прежде он всегда молчал. Банни и Ричард, разумеется, понимали, что их сын слишком обаятелен и они всегда будут теряться на его фоне. Король продолжал, глядя на дочь и не глядя на завороженную толпу: — За Долли и ее новую жизнь в Лондоне!

Я вдруг почувствовала себя очень маленькой и словно съежилась на узком и жестком стуле; я ощутила все свои кости, локти, упиравшиеся в ребра, и торчащие щиколотки, прижавшиеся к ножкам стула. Форрестеры сбились в кучку у шатра; в центре лучезарно улыбалась Долли, и все их семейство, казалось, разрасталось и заполняло собой сад, ликующе расширяясь, в то время как я сжималась и становилась все менее заметной.

На некоторое время я лишилась дара речи. Ролло вышел из-за стола и присоединился к группе подвыпивших мужчин средних лет, игравших в крокет в углу сада; Вита тоже смешалась с толпой. Наконец я встала и отправилась искать Виту. Та хихикала с проходившим мимо официантом.

— Вита, — сказала я, — когда Долли решила не возвращаться в школу? Почему ты мне не сказала? Вы забираете ее к себе в Лондон? Даже не поговорив со мной?

Я думала, что заплачу, когда договорю, но тело, казалось, пересохло, окаменело и было не в состоянии выдавить из себя ни слезинки. Казалось, внутри меня кружат пылинки, а не течет кровь и жидкость. Как будто в тот самый момент, когда Долли произнесла свою речь, я обратилась в кожаный мешок, набитый деревом, пылью, песком, волосами и костями. Меня слепили заново из всего, что застревает в горле. Теперь эта высохшая мумия пыталась заговорить.

С губ Виты свисала сигарета, ее глаза были закрыты, словно она погрузилась в глубокие раздумья. Она курила, как другие пьют чай — получая от этого почти эротическое наслаждение, закрыв глаза и коротко и тихо вздыхая от удовольствия. Я прервала ее приятное занятие; она резко вынула сигарету изо рта и отмахнулась от дыма. Помада чуть стерлась, но губы по-прежнему были красными.

Она открыла один глаз и посмотрела на меня из-под красной сетчатой вуали.

— Ты очень сердишься, дорогая? Мы только вчера все решили. Это была идея Долли; я, между прочим, удивилась. А ты меня знаешь, я не вникаю в ваши домашние дела, — она глубоко затянулась и медленно открыла второй глаз; поморгала, словно пробуждаясь от приятного сна. Помолчав немного, выдохнула и снова закрыла оба глаза; ее лицо окутал белый дым. Я невольно залюбовалась тенью от ее ресниц на скулах. Она открыла глаза, выбросила окурок на безупречную лужайку Банни и, прищурившись, наблюдала, как тот затухает на траве. Затем поднялась со стула и резко отряхнула красное платье. Она не улыбалась. — Мне это совсем не интересно.

— Это не ответ, — сказала я. — Ты! Отвечай! Зачем увозишь ее в Лондон? Даже не поговорив со мной!

Вита подошла ко мне так близко, что на меня пахнуло дымом еще до того, как она заговорила, и сладкая гарь заставила меня прищуриться и отступить назад. Но она снова приблизилась.

— Послушай, дорогая, — тихо проговорила она. — Мы обе знаем, что ты не можешь дать Долли то, что могу дать я. Ты просто не… — она замолчала и коротко улыбнулась: — …не приспособлена для этого, понимаешь? Лучше с достоинством смириться. Улыбнись, помаши нам ручкой и порадуйся, что у нее будут шансы, каких ты никогда бы ей не смогла дать.

Я снова попятилась.

— Она не может уехать. Вы должны были поговорить со мн…

Тут подошел Ролло, тихонько коснулся спины Виты и спросил:

— Все в порядке?

Вита прильнула к нему и вдруг обмякла, будто очень устала.

— Сандей расстроилась, что Долли решила уехать.

— А как же. Естественно, она расстроилась. Ужасно, когда дети уезжают, да, Сандей? Помню, мама плакала целыми днями, когда мы приезжали на каникулы...

— Ролло, — прервала его я, — это другое. Долли не уезжает в интернат. Или в университет. Ей шестнадцать лет, а вы все спланировали, даже не поговорив со мной!

— Он ничего не планировал, — возразила Вита. — Это я все спланировала. Мы с Долли. И, как видишь, она очень рада. Как я уже говорила, дорогая, тебе лучше просто смириться. Приезжай к нам погостить, когда устроимся на новом месте, — она улыбнулась и беспечно добавила: — И как скоро ты ее увидишь, зависит только от тебя. Только от тебя. Мы можем решить все просто и легко, а можем... — она сморщила свой красивый носик и печально вздохнула. — ...Не договориться.

— Я этого не хочу, — ответила я.

А потом поняла, что формулировка моего возражения подразумевала, что все это — их с Долли план — уже свершилось, и дым незаметно охватил прекрасный сад. В то же время я почувствовала, как способность говорить снова от меня ускользает, и слова, что я хотела произнести, стираются из памяти, словно я разучилась говорить.

Ролло убрал руку и поправил очки.

— Ви, может, еще обсудим? Может...

Вита взяла его за руку.

— Можем обсуждать сколько угодно. Но сначала принеси нам еще выпить, Ролс, — она махнула в сторону бара, и Ролло послушно ушел. Секунду она молча провожала его взглядом. Наконец глубоко вздохнула и заговорила. — Я все сказала, Сандей. Можешь и дальше усложнять; дело твое, — она беспечно улыбалась, по-прежнему глядя в спину Ролло и не глядя на меня. — А я предлагаю все сделать по-дружески. Иначе как ты будешь приезжать к нам в гости?

И она ушла, зашагала по траве к Ролло и обняла его за талию. Что-то сказала, и он рассмеялся и с притворным неодобрением погрозил ей пальцем. Она произнесла тост, кокетливо наклонив бокал; Ролло тоже поднял бокал и улыбнулся. И я смотрела на них глазами Долли и видела, почему они ей так нравились; даже мне они по-прежнему нравились, и я поняла, что проиграла, хотя, наверно, и раньше это понимала.

К половине седьмого гости стали собираться, что вполне соответствовало этикету. Каждый год я сверялась с заветами Эдит Огилви, которая писала, что *«это самое подходящее время для ухода с вечеринки в саду, если та началась в три часа». Если вечеринка началась в четыре, она должна закончиться в половине восьмого.* Долли, Король и его родители выстроились у боковой калитки и прощались с гостями. Жена Короля ушла в дом, картинно придерживая живот. Я представила, как она снимает туфли и укладывается на диван, красиво подвернув ножки, а Король, вернувшись, находит ее в этой позе. Сад опустел, а я отвела взгляд от Виты и Ролло, которые сидели, расслабившись и прищурившись в свете низкого солнца. Мне было неприятно смотреть на людей, которые щурились на солнце без очков. Как будто я сама смотрела на солнце.

Наконец Вита встала, и Ролло тут же вскочил и зазвенел ключами в кармане. Она подошла и протянула мне руку; я ее не взяла, но она не ушла, а так и осталась стоять как ни в чем не бывало. Если бы мне не надо было ехать домой, где меня ждала темнота после целого дня слепящего света, я нашла бы другую машину.

— Пойдем, Жена. Я отвезу тебя домой. Долли же здесь переночует? — мы направились к калитке, и она спросила: — Придешь в пятницу на прощальный ужин?

Я ничего не ответила. Но мне впервые совсем не хотелось ужинать с Витой, Ролло и Долли. Я предпочла бы остаться дома в пижаме; побродить по саду, проверить, как там мои растения. Я больше не хотела проводить вечера у соседей, наряжаться и есть их изысканную еду.

Мы прошли через сад и остановились поблагодарить Банни и Ричарда и попрощаться с Долли. Они так и стояли, выстроившись в шеренгу у калитки, и благодарили уходящих гостей. Я засомневалась и встала в очередь. *Я стою в очереди! Чтобы поговорить с собственной дочерью!* Ролло, должно быть, почувствовал мои колебания и вышел вперед, обогнав нас с Витой, чего раньше никогда бы себе не позволил. Он строго следовал этикету и обычно топтался позади — закрывал за нами двери, провожал до места, пас нас как непослушных детей. Но сейчас я последовала за ним и наклонилась к Банни и Ричарду; те вежливо поцеловали меня в щеку. Даже Король поцеловал меня, видимо, увлекшись чередой прощаний; едва ли этот поцелуй был проявлением привязанности.

Когда я отошла, он кивнул и произнес: «Сандей». Он сказал это резко, словно хотел прогнать меня, а не окликнуть.

Но я все равно остановилась.

— Да. Что?

Чуть раньше я удивилась, услышав, что его жена сказала «пардон?», обращаясь к официанту; интересно, что Король об этом подумал? Поправил ли ее, как часто поправлял меня за время нашего недолгого брака? Король, его мать, да и Эдит тоже, не раз твердили, что в качестве уточнения необходимо говорить «что?», но никак не «пардон?»; «пардон» входило в список запрещенных слов наряду со словами «туалет», «кушать», «типа» и еще несколькими. Я попробовала сама произнести это слово — громко, радуясь своей небольшой шалости:

— Пардон? Пардон?

— Я просто попрощался. Когда прощаются, обращаются по имени. *Сандей*. Так принято. Разве этого нет в твоей книге?

Он глубоко вздохнул, отвернулся и просиял, увидев Виту в ее прелестной красной шляпке — та стояла следующей в очереди за поцелуями и благодарностями. Я заметила, как он бессознательно сжимал и разжимал кулаки, будто ему не терпелось скорее ее обнять.

— Арриведерчи, — сказала я. — Это значит «до свидания».

Когда я подошла к дочери, мы обе заговорили одновременно, и я тут же замолчала, дав ей слово. Ее глаза сияли, на щеках расцвели два красных пятнышка, как будто у нее была высокая температура.

— Что скажешь, мамочка? — спросила она. — Как тебе мои новости?

— Я беспокоюсь за тебя. Когда ты это решила? Что случилось, Долли?

Но Долли уже смотрела мне за спину; она смотрела на Виту, которая должна была подойти к ней следующей, и ответила что-то невнятное. *Я уже давно об этом думала... такой хороший опыт... нравится работать... хотела сделать сюрприз... знала, что ты порадуешься...*

Я вспомнила, как Вита часто касалась моей руки и как успокаивала тяжесть ее уверенного прикосновения. Потянулась, чтобы так же похлопать дочь по руке, но та неуверенно посмотрела на мою руку, словно не понимала, чья она.

— Долли, ты решила окончательно? — спросила я. — Бросить школу. Переехать в Лондон.

— Да, уже давно. Мы ничего тебе не говорили, потому что ты стала бы снова и снова обсуждать это со мной и тебе было бы тяжело. Вита много думала. Хотела, чтобы тебе было легче, — она легонько поцеловала меня в обе щеки. — Большое спасибо, что пришла, мама, — добавила она, а когда я ее обняла, прижала руки к бокам, что придало ей нехарактерно неуклюжий вид. Она снова смотрела мимо меня; ее взгляд был устремлен на Виту.

Ролло подошел ко мне и протянул руку, обтянутую бежевым льном.

— Проводить тебя до машины, Сандей? — он указал на Долли и свою жену; те были уже увлечены разговором. Долли отвернулась и наклонилась к Вите; я не слышала, о чем они разговаривали. Ролло же улыбнулся мне, в его глазах было искреннее сочувствие. — Боюсь, это надолго. Вита любит долгие прощания.

Он проводил меня к машине под взглядами Форрестеров и их друзей, как конвой провожает буйного больного. На меня смотрели с тревогой, как на малыша, выбранного идти перед невестой на великосветской свадьбе, — не дай бог что учудит.

Когда Вита наконец села на переднее сиденье, я сказала им обоим, что устала, и добавила, что не хочу, чтобы Вита больше являлась ко мне без приглашения. В ответ они промолчали и всю недолгую дорогу домой сидели тихо. Когда Ролло свернул на дорожку, ведущую к их дому, Вита тут же зашла в дом, не говоря нам обоим ни слова. Ее нарядное платье, высокая шляпка с вуалью, босые маленькие ножки и тишина на улице вместе складывались в ощущение тревожности; она выглядела как человек, сбежавший с места аварии или спасающийся от внезапной опасности. Ролло обошел автомобиль и открыл мне дверцу, не отрывая взгляда от Виты. Он тоже смотрел, как она уходила. Возможно, у него возникло такое же странное ощущение, как у меня, и так же, как мне, ему стало не по себе, потому что он не попрощался, как обычно, запечатлев на моих щеках короткие, как щипки, поцелуи. Вместо этого он обнял меня, прижался щекой к моему виску, слегка сдвинул мою шляпу и тихо произнес:

— Ненавижу конец лета,— он произнес эти слова в пространство рядом со мной, словно обращаясь к кому-то, кто стоял сбоку от меня между нами. — Это гнетущее ощущение, что скоро в школу,— потом он посмотрел мне в глаза и произнес: — Ты тут ни при чем, дорогая. Это все Ви. Она не думает, что делает. Возможно, завтра все изменится.

Он снова выпрямился, а я похлопала его по руке. Тонкая льняная ткань была влажной и горячей; наверно, ему было очень неудобно в этом костюме. Я почти дошла до двери своего дома, когда он что-то прокричал, и я обернулась. Он так и стоял у машины, словно слишком устал и не находил в себе сил дойти до дома; он выглядел каким-то съежившимся и помятым, я еще никогда его таким не видела. Он снял очки и стал протирать их краем рубашки, глядя на меня. В тот момент очки уже не казались мне очаровательной деталью его облика, как совсем недавно; они казались зловещей частью его маскировки, уловкой, благодаря которой он выглядел уязвимым и по-мальчишески милым, хотя не являлся ни тем, ни другим.

Я никогда не видела Ролло в расстройстве — это казалось неестественным и почти пугающим. Однажды, давным-давно, Филлис ограбили; грабители проникли в дом, пока она спала себе наверху и ни о чем не подозревала. Потом она рассказала, что сложнее всего было проснуться и увидеть, что в ее маленьком опрятном кабинете, которым она раньше так гордилась и содержала в образцовом порядке, царил непривычный хаос. Ей казалось, будто она — привидение и ходит по дому после своей смерти. Несколько недель она дрожащими руками наводила порядок в документах. Руки тряслись то ли от страха, то ли от ярости. Видимо, Ролло сейчас смотрел на себя и видел такую же неразбериху, какую обнаружила Филлис в своем кабинете, и принялся срочно приводить себя в порядок — разглаживать складки на костюме и на лбу, касаться своего печального осунувшегося лица. Я знала, что процесс восстановления не пройдет для него бесследно, как не прошел для Филлис. Маленький, но отчетливый след останется навсегда, и избавиться от него будет невозможно.

— Что? — крикнула я.

На этот раз он повторил громче:

— Я сказал «спокойной ночи, Сандей!».

— Спокойной ночи, Ролло, — что-то подсказывало мне, что больше я его не увижу.

Вечеринка в саду у Форрестеров стала началом конца. По крайней мере, для меня. Долли, Вита и Ролло наверняка уже некоторое время слышали медленное и громкое тиканье часового механизма, предвещавшего скорый конец лета. На следующий день я проснулась с острой болью в зубе мудрости. В понедельник взяла отгул, так как знала, что Дэвид справится и без меня. Все равно по понедельникам мне не платили. Я записалась к зубному на после обеда. Позавтракав, занялась стиркой и кое-что поделала по дому, по-прежнему одетая в пижаму. Зазвонил телефон, но подойти я не успела — повесили трубку. Резкий звук нарушил тишину моего дома, и я еще не успела отойти от этого вторжения в мое пространство, как примерно через полчаса позвонили в дверь. Я открыла дверь и увидела на пороге бабушку и дедушку Долли; те, как всегда, были бодры и стояли прямо, как лом проглотили. Банни сжимала в руке ключи: я узнала их по брелоку в виде маленького тролля с розовыми волосами. Ключи принадлежали дочери.

— Ой! Ты дома! Давай обойдемся без конфликта, — предупредила Банни, словно ее неожиданно окружили бандиты. — Мы просто приехали за вещами Долли и сразу уедем.

— Привет, Банни. Привет, Ричард, — я за ними не поспевала. Ричард кивнул, но Банни по-прежнему настороженно смотрела на меня, как на любопытное, но совершенно непредсказуемое существо. — Хотите кофе или чаю? А зачем вам вещи Долли? — я вежливо отошла в сторону. — Хотите зайти? — они молчали. — Где Долли? — спросила я.

Я совершенно ничего не понимала, но это чувство было мне знакомо, и я подождала, пока до меня дойдет, о чем речь, — обычно рано или поздно доходило.

— Ричард, иди наверх и собери вещи из ее комнаты, – Ричард послушно взбежал по нашей узкой лестнице с двумя большими, на вид тяжелыми чемоданами, громко ударявшимися о ступеньки с каждым шагом. — Сандей, прошу, без фокусов, — Банни картинно выставила перед собой ладони, словно в шутку отражала легкие удары ребенка. Говорила она медленно и осторожно: — Пойду помогу Ричарду. А ты пока собери все, что еще может понадобиться Долли.

— Где она? — я не понимала, что происходит. Она в больнице, она пострадала? Что от меня скрывают? — Вы отведете меня к ней? — я потянулась к Банни и машинально попыталась ухватиться за ее голую руку, будто падала.

Банни тихо попятилась, и моя рука схватилась за воздух; я потеряла равновесие и уперлась ладонью в стену, чтобы не упасть. Банни не пошевелилась, но закричала: «Ричард!» При этом она продолжала смотреть на меня пристально, не моргая. Потом снова закричала, громче и истеричнее. Ричард вышел на лестничную площадку и начал медленно спускаться вниз.

— Послушай, Банни, я даже не начал собираться. Может, ты этим займешься? Там одни... женские вещи, — он говорил сердито, будто пол Долли неожиданно осложнил ему задачу.

— Ричард, — сказала я, по-прежнему упираясь рукой в стену. Ладонь словно к ней прилипла. Банни таращилась на меня, словно боялась отвести взгляд. — Прошу, объясни, что происходит. С Долли что-то случилось? Она у вас?

Наконец он ответил, но не как обычно весело, с легкой вопросительной интонацией, а нарочито медленно, как будто разговаривал с животным с фермы, которое упрямилось или пережило сильный стресс.

— Долли не вернется, Сандей. Ты понимаешь? Она будет жить с нами, а потом уедет в Лондон.

Он тоже выставил перед собой ладони, словно показывая, что не вооружен и не собирается со мной драться. Будь мы на Сицилии и в другое время, я имела бы полное право устроить драку, если бы мы спорили сидя, а потом он вдруг вскочил бы. Он провел меня на кухню и усадил на стул. Я села, а он поставил передо мной стакан воды, как будто единственной причиной моего поведения была жажда. Банни наблюдала за нами из коридора; Ричард подошел к ней, и она взволнованно зашептала ему на ухо. Я ничего не разобрала.

А ведь я могла бы ее убить, подумала я. Она была такой тщедушной; это было бы несложно. Решив все-таки этого не делать, я встрепенулась и услышала их шаги наверху, в комнате Долли. Через некоторое время они снова спустились в прихожую. Я с подозрением смотрела на них из-за стола на кухне; Банни нервно возилась с замком, как актриса, изображающая, что спасается из плена. Ричард крепко держал в руках чемоданы, точно думал, что я попытаюсь их украсть, а его утрированно-несчастный вид напомнил мне вид актера, игравшего коллектора в одном плохом фильме. Увидев меня, Банни снова разволновалась.

— Так, Сандей. Помнишь, что я сказала? Никаких фокусов, — ее голос срывался на визг, щеки раскраснелись, кажется, от удовольствия. Все тело дрожало от предвкушения; она была как натянутая струна, только тронь — и раздастся музыка.

Я подошла к ним и занесла руку над ее рукой. Банни громко ахнула, отпрянула, а я одним легким движением отперла дверь. Ричард попытался встать между мной и Банни, но в руках он держал тяжелые чемоданы, а коридор был очень узкий, поэтому у него ничего не получилось. Банни, по-прежнему вся волнение, выбежала из дома, а Ричард медленно пошел за ней, неся по чемодану в обеих руках. Я ничего больше не сказала, решила не доставлять Банни удовольствия своими расспросами. Мне не хотелось, чтобы они уезжали и видели, как я стою на пороге. Я поднялась наверх и села на кровать Долли. Страшно болел зуб мудрости; я обязательно должна была пойти сегодня к стоматологу, где отзывчивая девушка в приемной наверняка решит, что я плачу от невыносимой боли, и пропустит меня раньше назначенного времени и вперед других пациентов.

Тем вечером я позвонила Ричарду и Банни, хотя язык еще плохо ворочался после анестезии. Долли ответила после пары гудков. Ее голос прозвучал беззаботно, но, услышав меня, она тут же повесила трубку. Я перезванивала несколько раз, и каждый раз к телефону подходил Ричард, говорил, что

Долли не хочет со мной разговаривать, и просил меня больше не звонить. В пятый раз я услышала короткие гудки, и так продолжалось весь вечер. В очередной раз набирая номер, я мельком взглянула на себя в зеркало в прихожей и ненадолго засмотрелась на собственное отражение: опухшие глаза, струйки крови, засохшие вокруг рта и подбородка зловещей коркой, черно-фиолетовые синяки, появившиеся там, где меня даже не касались мягкие и деликатные руки врача. Я выглядела так, будто подверглась жестокому нападению, но мой вид настолько соответствовал моему внутреннему состоянию, что я не испугалась, а, напротив, успокоилась. Ведь со мной действительно обращались жестоко, и это случилось не сегодня, а продолжалось уже много лет, и нападавшими были те, кого я любила больше всего на свете.

Когда я наконец уснула, под действием послеоперационных обезболивающих мне снились странные сны. В них Ричард и Банни танцевали в костюмах с вечеринки и, прогарцевав мимо меня, произнесли: «Только не устраивай сцен, Сандей. Форрестеры не любят сцены». Моя сестра тоже была там; на ней был купальный костюм, и она смотрела на происходящее с крайним интересом. Кожа у нее посинела, волосы высохли, и она рассматривала что-то, что Вита держала в вытянутой руке. Ролло без очков благосклонно смотрел на них и курил сигарету. На ладони у Виты лежал синий медальон от сглаза; я почувствовала прикосновение холодной стекляшки и тут же проснулась. Проснувшись, сразу подумала о Долли — неужели я сделала ее такой? Может, я недоглядела или, наоборот, плохо за ней смотрела? Я всегда доверяла дочери даже больше, чем себе; наверно, так я ее и потеряла.

Поскольку Долли теперь вечерами домой не приходила, я стала дольше задерживаться в теплицах. Мои руки все время были чем-то заняты. Я постоянно жадно ощупывала приятные текстуры, гладкие листья, маслянистую землю, прохладный металл садовых столов. Прикосновения насыщали, как пища. В земле мои руки успокаивались, я становилась сама безмятежность; радостный гул земли в моих пальцах был единственным звуком, раздающимся в окружающей тишине. Я не замечала, как проходили часы, не уходила на перерыв или обед, если Дэвид не напоминал мне об этом. Я работала как слаженный механизм. За эту возможность погрузиться в другой мир, за этот высший дар я с радостью отдам все то, что не в состоянии сделать, все лица, которые не могу прочесть. Если мне придется выбирать, я не раздумывая пожертвую умением взаимодействовать с окружающими и вести легкую светскую беседу ради этого чувственного экстаза. Я представила, как безупречный человек вроде Ролло, благоразумный и убедительный, делает мне такое предложение. Для моего превращения понадобится сложная схема лечения; таблетки приглушат мои странности, но ухудшат концентрацию; терапия сделает меня нормальной, но лишит индивидуальности.

Я исчезну внутри себя, моя истинная природа окажется запертой в ловушке кажущейся обыкновенности.

Однако блаженство сенсорного опыта, не слишком яркого, не слишком блеклого,— редкий дар, и за него я готова платить любую цену. Когда окружающая среда нарезается на удобоваримые кусочки, я обретаю целостность. Теплица открывается мне деликатно, по крупицам сообщая информацию о себе. Я живу ради этого морфиноподобного покоя, ради знания, что он доступен мне каждый день. Если громкий шум или искусственное освещение не причиняют вам боль, вы не поймете, какое высшее облегчение приносит тишина и темнота. Мне хорошо знакомы оба состояния; я научилась жить в хаосе и ждать наступления благословенной тишины, зная, что рано или поздно она придет.

Через несколько недель после вечеринки в саду я вернулась с работы и обнаружила два ключа от входной двери на пустом кухонном столе. Ее комната поначалу показалась нетронутой, но, заглянув в пустой шкаф и ящики, я поняла, что она приходила и забрала одежду, которую не взяли бабушка с дедушкой в тот первый раз. Пропал и мой единственный чемодан, свадебный подарок, которым я почти не пользовалась. Она не тронула никаких памятных вещей — ни подарков, ни фотографий, хотя мне казалось, она захочет их взять. У меня вновь возникла надежда, что, возможно, скоро она вернется и снова станет жить дома.

Но на следующий день в теплицу зашла Банни. Я не видела ее с тех пор, как она приходила за вещами Долли, а когда звонила и спрашивала, как там дочь, она отказывалась говорить на эту тему. Дэвид вышел и работал на улице, я одна доедала обед и думала, куда лучше пересадить ряд саженцев, которые плохо приживались. Я спокойно решала эту приятную маленькую задачу, словно погрузившись в теплую ванну, из которой не желала выбираться. Но тут вошла Банни и с любопытством огляделась, будто удивившись, что очутилась здесь, будто случайно зашла не туда. Не говоря ни слова, я смотрела на нее и продолжала есть бутерброд. Вода в моей воображаемой ванне остыла и уже не казалась такой приятной.

— Сандей. Привет,— она говорила медленно и отчетливо, словно осторожно заводила двигатель, а потом вдруг затараторила, будто потеряв терпение.— Ты с Долли давно разговаривала?

Я встала.

— Где она? Я думала, она с вами,— нелепо пролепетала я, будто Долли была книгой или вазой и куда ее положили, там она и должна была остаться, будто мы с Банни спорили о хранении обычной вещи, которую легко заменить.

— Два дня назад она сказала, что поедет к Вите. Не в Лондон, а в тот дом, что рядом с твоим. Отправилась на обед. После обеда я записала ее к своей парикмахерше, но она не пришла. И где она сейчас, не знаю. Может, у тебя?

— У нее нет ключей, — ответила я, вспомнив два блестящих одинаковых ключа на столе.

— Я дважды стучалась к ним в дом; никто не открыл. Ты не видела на улице их машину?

Я задумалась; я постоянно высматривала машину Виты и Ролло, но ее давно не было видно. Я решила — это потому, что мы приходили и уходили в разное время.

Я покачала головой.

— Кажется, не видела.

— Подруга звонила Тому, и тот сказал, что два дня назад Вита с Ролсом съехали, — имя Виты она произнесла коротко и пренебрежительно, зато имя Ролса — мягко и задумчиво, и я поняла, что Вита ей не нравилась. Ничего удивительного, что мать Короля поддалась на легкое обаяние Ролло, но то же качество в женщине ее отпугивало. — Они съехали насовсем. Том подтвердил. И вернулись в Лондон. Но Долли с нами даже не попрощалась, — она замолчала и снова заговорила: — А ведь мы предлагали ей остаться. Не ехать в Лондон, а остаться и поработать на ферме... И я думала, она останется. Но вот так взять и уехать... это... У тебя дома осталось много ее вещей? — спросила она.

— Только то, что ей не нужно. А у вас? Она забрала вещи? Всю свою одежду?

Банни задумалась.

— Да. Но...

— Так это и есть прощание, — ответила я.

Но оттого, что Банни оказалась на моем месте, легче мне не стало.

Я села на следующий автобус и поехала домой. Тридцать минут спустя я шла по дорожке к дому Виты, не зная, что искала или надеялась найти. Я постучала в дверь, толкнула открытую боковую калитку и зашла в сад. Дом снова стал прежним. Никаких признаков того, что в нем жили Вита и Ролло. Я заглянула в окна и стеклянные двери и увидела, что все большие картины исчезли, а со стен, где они висели, мне снова жизнерадостно улыбались маленькие дети. Тут кто-то заскребся в маленьком сарайчике за домом. Я решила, что одна из местных бродячих кошек забралась туда и застряла, но, открыв дверь, увидела Зверя. Его красивая шерстка запачкалась и теперь отливала желто-серым; он заметно похудел. Еды в сарае я не нашла, но увидела большую миску, в которой осталось немного воды. Я не знала, бросили ли его сознательно или же он просто заблудился и его не нашли.

Я вспомнила, как Вита носила его по дому и саду: беспечно, словно забыв о его существовании. Он сидел у нее на руках с довольным и беззаботным видом; его коротенькие лапки и круглая голова расслабленно болтались в такт ее шагам. Я вспомнила, как она бережно пересаживала собачку мне на руки, как ласково смеялась над ней в пятницу вечером в саду, когда та сидела у нее на коленях и неотрывно на нее смотрела. Она не стесняясь кормила Зверя кусочками со стола, хотя других за это строго отчитывала. Из всего, что Вита сделала тем летом, лишь решение бросить собаку свидетельствовало о ее очевидной жестокости. Этот поступок никак не объяснялся банальным эгоизмом. Я взяла собаку и убедила себя, что именно этого Вита и хотела, когда в день отъезда посадила его в сарай и закрыла дверь.

Я без труда представила, как Вита и Ролло легко начинают новую жизнь. Эта жизнь, несомненно, будет комфортной и даже роскошной. Уязвимость есть у большинства из нас; уязвимыми нас делает то, что мы любим. Но Вита с Ролло отличались от большинства. Впрочем, я не завидую этой их неуязвимости.

Думая о Ролло, я вспоминаю не его ослепительную улыбку, нарядные костюмы и забавные истории. Я вспоминаю, как он стоял на дорожке около машины после вечеринки в саду — уставший, потный, в помятом и обвисшем льняном костюме. Он знал, что скоро уедет из дома Тома, знал, что они заберут с собой Долли и та никогда ко мне не вернется. Я понимала, что он заключил с женой какую-то сделку, чтобы задобрить ее, и смысл этой сделки заключался в том, что Долли будет жить у них и они будут содержать ее, не жалея средств. Ему снова пришлось пойти на уступки, как при вынужденном отъезде из Лондона после того, как Вита забрала ребенка Аннабел; возможно, ему регулярно приходилось обустраивать жизнь заново на новом месте для себя и жены. На его блестевшем от пота лице читалось разочарование; костюм был неудобным и слишком нарядным. Таким мне запомнился Ролло.

Я все еще легко могу представить Виту — та смеется и танцует в желтом платье, стоя босиком на начищенных ботинках Ролло, или щурится на солнце из-под красной вуали, надув накрашенные красной помадой губки. Я вспоминаю, как летними вечерами Ролло заходил в сад, нагруженный коробками из «Хэрродз», как светилось от предвкушения его лицо. Они всегда улыбались, хотя теперь я понимаю, что их глаза не улыбались никогда. Я не такая, как Вита и Ролло, не такая, как Форрестеры, которые считают, что любовь — это спектакль на публику, что-то, что нужно демонстрировать напоказ. И я не такая, как Долли; я не верю, что показная любовь между Королем и его женой — доказательство истинных чувств.

С того самого дня, как моя дочь появилась на свет, я засыпала и просыпалась с одной лишь мыслью — *Долли!* — и видела перед собой ее лицо. Лишь это держит меня на плаву и сейчас, ведь моя любовь к ней неизменна, упитанна, как любимая собачка, и удостаивается столь же частого внимания. Моя любовь, безусловно, сильнее красивой пыли в глаза.

Безрассудство моей сестры и ее бесконечные секреты не повлияли на мою к ней любовь, что остается такой же сильной через много лет после ее смерти. Часы моей любви со смертью не остановились. Смерть Долорес никак не повлияла на интерес матери к озеру. Та по-прежнему смотрела на него каждый день издалека, хотя ей явно было не по себе. Она смирилась с этой неразрывной связью с озером, пусть его вид и причинял ей боль. Величайшей любовью Уолтера была мать, а величайшей любовью матери — озеро, и каждый продолжал одиноко любить предмет своего обожания, не требуя ничего взамен. А я, их дочь, оказалась не так уж на них непохожа.

Я поняла, что в каждом маленьком птичьем сердце теплится пламя и терпеливо ждет своего часа. Пламя манит, как свет, но обжигает, стоит подойти ближе. Оно может сжечь тебя даже под водой, даже в собственном доме. Эти пожары не случаются раз в год после сбора урожая, хотя манят так же настойчиво, как костры в полях. Это не *brucca la terra*, не горящая земля сицилийских крестьян, чей пламенный путь через посевное поле приводит к его трансформации. Эти пожары устраивают наши самые любимые люди, когда хотят того, чего мы не хотим. Они добиваются своего, а сгораем мы. И боль не становится меньше оттого, что они делают это не нарочно и не часто. Боль обжигает, как пламя, и оставляет ожоги. Однако я решила смириться с болью; смириться лучше, чем забыть. Смирившись, я не стыжусь, как стыдилась моя мать, продолжая любить свое озеро. Смирившись, я могу по-прежнему любить их всех.

ЭПИЛОГ. 1991

Я сразу понимаю, что сохраню письмо от Долли, хотя та пишет кратко и деловито. Ее письмо — не просьба и не приглашение. На нем нет ни адреса, ни телефона, по которому можно перезвонить. Она пишет, что в одном кафе в Ланкастере — городе рядом с фермой ее отца — вкусные бранчи, и сообщает, что будет там в субботу через две недели. Она не то чтобы меня приглашает, а просто говорит, где будет находиться в определенный день. Я несколько раз перечитываю письмо и решаю, что она будет не против меня видеть. Встретив Банни и Ричарда на работе, не говорю, что Долли мне написала, ведь когда они ее навещают, то тоже ничего мне не рассказывают. Раньше мы играли в молчанку по поводу Короля и никогда не упоминали ни его, ни причину его отсутствия; теперь играем в ту же игру, только не упоминаем его дочь. Но я всегда угадываю, что они к ней ездили; мне не нужно об этом рассказывать, потому что, вернувшись, они всегда улыбаются, становятся благодушными, их так и распирает от приятных новостей, которые они вынуждены хранить в секрете. Я же по их молчанию понимаю, что с дочерью все в порядке. Вернувшись, они сияют и веселеют, не обмениваются тревожными взглядами и не перешептываются украдкой, как делали бы, если бы с ней что-то случилось. А я просто люблю свою дочь; мне не нужен список ее достижений и побед, чтобы кичиться им перед друзьями, как кичатся они. Чтобы понять, счастлива ли она, мне достаточно просто на нее посмотреть. Я сразу все пойму по ее лицу. Мне страшно хочется ее увидеть, хотя это желание вряд ли взаимно; она мне не принадлежит, но я связана с ней неразрывной болезненной нитью.

Я вижу дочь через окно кафе; она идет по противоположной стороне улицы. Заметив ее, я тут же невольно всплескиваю руками. Счастье и восторг рождаются внутри и направляют мои руки; кулаки несколько раз ударяют по воздуху. Я больше не пытаюсь угодить матери, мужу, даже Эдит Огилви; больше не сопротивляюсь желанию отстукивать ритм, дотрагиваться до предметов или размахивать руками, вопреки всему, чему учили меня эти люди. Я дала своим желаниям волю. И, как ни странно, эта свобода меня успокоила, ведь подобные тики лишь усиливаются, когда их пытаешься сдержать.

Долли встряхивает зонтик, и я завороженно смотрю, как она скручивает его и убирает в чехол. Я любуюсь ее идеальными женскими руками, как любовалась маленькими пухлыми ручками младенца, довольными и суетливыми, хватающими воздух. Она — чудо. При виде кафе она прищуривается, как от яркого солнца, но сегодня облачно с переменными осадками; сильный ливень то обрушивается с неба, то внезапно затихает, как младенец, впадающий в истерику от усталости. Я не знаю, видит ли она меня за другими посетителями, сидящими у окна. Я — женщина с бледными глазами и бледными волосами, одетая в серое; она вполне могла меня и не заметить, несмотря на бурную жестикуляцию, которая, я знаю, не прошла незамеченной для посетителей за соседними столиками. Она стоит на улице, смотрит на кафе, и я встаю, словно меня тянут за невидимую нить, как вежливо вставал Ролло за нашими пятничными ужинами.

Ее светло-коричневое пальто, светло-коричневые сапоги и сумка выглядят стильно и тщательно подобраны по цвету. Блестящие волосы аккуратно подстрижены чуть выше плеч; лицо спокойное и безмятежное. Воротник пальто красиво подвязан пестрым шелковым платком. Я представляю, как выглядит дом женщины, которая так одета: квартира, обставленная изысканной, но удобной мебелью, стены спокойных цветов и одна-две картины современных художников или большие скульптуры, чтобы квартира совсем уж не выглядела копией соседской, куда она часто заглядывает на кофе или бокал вина. Может, у нее даже есть парень и он заходит к ней регулярно и приносит завтрак в постель в субботу утром. Его не смущают ее маленькие странности, ее интересы и поведение; напротив, он их ценит. Он не против, чтобы она встречалась с друзьями и ходила на рабочие встречи во внерабочее время, если это нужно для будущей карьеры, даже если из-за них она пропустит день рождения его сестры или премьеру фильма. Ничего, он подождет; потом посмотрят фильм вместе. Он будет слушать ее и никогда не прервет, если она начнет говорить что-то неожиданное или выражать нетипичное мнение. Если в компании друзей она заговорит невпопад, его это не покоробит. Он не станет незаметно пинать ее под столом, напоминая, кто тут главный. И не попытается переделать ее, просто не захочет, даже будь у него такая возможность.

Она поворачивается и уходит прочь, но идет медленно, не торопясь, словно слишком рано явилась на встречу и решила прогуляться туда-сюда и подождать положенного времени. Ее походка напоминает мне походку младшей из сестер Фрейзер, что жили напротив нашего дома, — ту, что ходила вприпрыжку и отвлекалась на все подряд. Но она никогда не станет этой девочкой, которая выросла и продолжала жить дома, ухаживая за больной матерью. Если она остановится, думаю я, если остановится или оглянется, то подойдет ко мне. Я не дышу, когда она разворачивается на тротуаре и смотрит прямо на меня. Ее взгляд спокоен и невозмутим, будто все это время она знала, где я, просто у нее возникло дело и сейчас она решила вернуться ко мне. Будто мы провели порознь несколько секунд, а не лет.

Каково это — быть любимой? Каково это — быть Долли, которая не сомневается, что ее всегда и повсюду встретят с любовью и благодарностью? Каково это — быть Витой? Если бы Вите встретился человек с раненым сердцем, который не стал бы ей восхищаться, она бы равнодушно прошла мимо, глядя перед собой и одаряя своей красивой улыбкой кого-то другого. За лето, проведенное с Витой и Ролло, я кое-чему у них научилась. Я это знаю, хотя другие могли и не заметить. Их шумливость, их смех, их незримое присутствие отчасти остались со мной, но я так и не смогла перенять легкомысленность их чувств. Сейчас я рада, что упорствовала в своих чувствах, что моя любовь восторжествовала и осталась неизменной, хотя никто не ответил мне взаимностью. Это полная противоположность их выученному безразличию, и это счастье.

Я разочарована, что Долли не хочет, чтобы я угощала ее кофе или обедом. Она как будто отказывается не только от еды, а от чего-то еще, и, вероятно, не хочет оставаться надолго. Впрочем, уже через секунду она берет мой стакан с желтым молочным коктейлем и подвигает к себе.

Она пьет коктейль через соломинку и смотрит на меня.

— Вкусно,— говорит она.— Возьму такой же. И горячие бутерброды с сыром. Тут их очень вкусно делают. Не знаю, что они туда добавляют, но получается вкусно.

Она подходит к стойке и говорит с официанткой, девушкой примерно ее возраста, а я не могу отвести от нее взгляд. Они смеются, девушка показывает на меня и вопросительно поднимает брови.

— Туда, — отвечает Долли. Девушка задает вопрос; Долли улыбается и отвечает: — Да, это моя мама, — девушка что-то говорит. Долли слушает, задумчиво смотрит на меня и медленно произносит: — Ага, похожи.

— Твоя знакомая? — спрашиваю я, когда она возвращается за столик.

— Можно и так сказать. Я тут рядом живу и часто здесь бываю, — она опускает голову, притворившись смущенной, и смотрит на меня. — Я так и не научилась готовить. Даже как ты.

Меня успокаивает напоминание о нашем общем недостатке и общем прошлом. Значит, мы можем признать, кем являлись друг для друга, кем она является для меня до сих пор.

Мне хочется расспросить ее обо всем и узнать, как прошел каждый миг с момента ее отъезда и до появления в кафе, но вопросов слишком много, поэтому я просто смотрю на нее и изучаю ее лицо.

— Как дела в теплице? — спрашивает она. — Бабушка рассказывала, что ты вывела какие-то новые... — она подбирает слово, которым назвать растения, с которыми я работаю, и решает сказать просто «штуки».

— Да. Все в порядке. Дэвид все еще работает со мной. Он скоро женится, слышала?

Долли качает головой.

— Нет. Бабушка не говорила.

— Свадьба в следующие выходные. Я занимаюсь цветочным оформлением, а он...

Долли смотрит за стойку; официантка ставит тарелки на поднос.

— Это наш заказ? — громко произносит Долли и ободряюще мне улыбается, будто я жаловалась на задержку в обслуживании. — Наверняка наш. Обычно тут заказы приносят очень быстро, — официантка подходит к столу, и Долли произносит: — Вот! Я же говорила, — девушка ставит поднос на стол, а Долли берет стакан и две тарелки и аккуратно расставляет их на столе. Она заказала воду и ставит один стакан передо мной, а другой — рядом с собой. — Вот, — говорит она, — чудесно, правда?

— Да, — отвечаю я.

На Долли это совсем непохоже — чтобы она радовалась простой еде, да тому, что мы вместе сидим в обычном кафе? Это так странно, что я начинаю смеяться.

— В чем дело? — улыбается она.

— Ты меня удивляешь, — отвечаю я. — И я счастлива. Очень счастлива видеть твое лицо. Твое чудесное лицо.

Долли съедает свой тост с сыром и почти весь мой, снова подходит к стойке и заказывает нам по чашке кофе, а потом возвращается и отменяет половину заказа, вспомнив, что я не пью горячее.

— Две чашки я не выпью,— весело сообщает она и садится, словно это я велела ей заказать две. У нее квартира и парень; она принимается их описывать, и они идеальные, точно такие, какими я представляла их всего пару минут назад. Она работает агентом по недвижимости и специализируется на продаже сельскохозяйственной земли и загородных поместий.— Клиенты удивляются, откуда я так много знаю о сельском хозяйстве; всем нравятся рассказы о дедушкиной ферме. А если мне что-то непонятно, спрашиваю у папы. Знаешь, я очень хороший продавец. Ролс всегда говорил, что у меня получится.

— Не сомневаюсь. И давно ты работаешь на этой должности? — говорю я. — Или недавно?

— Почти полтора года, — отвечает она. — Я поехала в Лондон, когда... уехала из дома. Было очень весело... сначала, но потом Ви и Ролс подружились с супружеской парой с нашей улицы. Уж не знаю, что они в них нашли. И вскоре у них возникла... ситуация, и я от них уехала. Приехала сюда, к папе на ферму. Владелец агентства недвижимости — его знакомый, он принял меня на работу...

— Что за ситуация? — спрашиваю я.

— Ты правда хочешь знать? — она внимательно на меня смотрит. — Я не знала, рассказывать тебе или нет. Вита сказала, что ты устроила ей бойкот. После вечеринки. А потом она тебе звонила, и ты отказалась разговаривать.

— Я ни разу не видела ее после вечеринки. И она не звонила. Я хочу знать обо всем, что с тобой произошло, — отвечаю я. — Почему уехала от них? Что случилось?

— У соседки, Кэйти, было трое детей, три маленькие девочки, погодки — близнецы и малышка, которая родилась как раз перед самым нашим переездом. Кэйти была ненамного меня старше и часто заходила к нам с детьми. И поначалу Ви нравилось, что малыши возились в доме, а потом, через несколько месяцев, ей надоело. Весь этот бардак, крики и... быт, — Долли вздыхает и доверительно наклоняется ко мне, словно мы — две учительницы и обсуждаем непослушного, но безобидного маленького ученика. — Ты же знаешь Виту, — она делает глоток и ставит чашку на блюдце с таким видом, будто разговор окончен.

— Но ты-то почему уехала? Эта женщина так и продолжала приходить?

— Ну... нет. О! — она вздрагивает, будто вспоминая, что я не знаю, чем все закончилось. — Ви сказала Кэйти, чтобы та так часто не приходила, и сказала очень резко. Но мы с Витой часто возвращались домой вместе, и Кэйти все равно была там, с Ролсом. А потом у нее родился еще один ребенок... Еще один! — она вскидывает брови и изумленно улыбается. — А ведь уже было трое, и все младше трех лет! Представляешь, она даже не...

— И все-таки, почему ты уехала? — не унимаюсь я.

— Потому что он был от Ролло, — терпеливо произносит Долли как нечто само собой разумеющееся.

— Кто?

— Ребенок. Ребенок был от Ролло. Я же сказала.

— И он ушел от Виты? — я не могла представить их порознь.

— Не сразу. Он не хотел уходить, и Вита пыталась... Но это было невозможно. Потом он съехался с Кэйти и детьми.

— Бедная Вита,— говорю я.— И они живут на одной улице? С ребенком? — даже Вита с ее невозмутимым достоинством едва ли справилась бы с таким соседством.

— Нет, уже нет. Муж Кэйти рассвирепел. Рассвирепел! — Долли повторяет это слово, словно реакция мужа была направлена на нее лично.— Он согласился развестись при условии, что дом останется за ним, а алименты будут минимальными. На том и сошлись. Сама знаешь, как Ролс не любит *неприятности*,— последнее слово она произнесла медленно, словно насмехаясь над его иносказательностью, будто это было словечко Ролса, а не ее собственное.— Он отдал Вите дом, да, в общем, и все остальное имущество. Оказалось, он был не так уж богат. Думаю, он надеялся искупить вину. Но, разумеется, это невозможно. Они с Кэйти тихо уехали. Ви говорила, что они живут в крошечном домике очень далеко от Лондона,— она тянет «о» в слове «крошечный», и губы вытягиваются в трубочку.— С четырьмя детьми.

Я представила Ролло и другую женщину — не Виту — вдали от Лондона с кучей маленьких детей и значительно уменьшившимися доходами.

Представила, с каким несчастным лицом он ходит на бесконечные школьные концерты и еженедельные детские праздники, сколько неуправляемого шума и цвета теперь в его жизни, из которой исчезла вся роскошь и изысканные удовольствия, которыми он когда-то имел счастье наслаждаться. Тяжелый родительский быт и неопрятность маленьких дочек заставили его снять красивые костюмы и туфли из мягкой полированной кожи и начать одеваться как обычный человек. А эти костюмы и туфли, которые он некогда носил каждый день с таким непринужденным достоинством, постепенно превратились в приметы его прежней роскошной жизни.

— А как же Вита? — спросила я.

— Все говорят разное, — Долли пожимает плечами, убирает руку, которую я сжимала в своей, и снова берет свою чашку. — Она сошлась со своим бракоразводным адвокатом, — она допивает кофе и отодвигает чашку подальше от себя. — Насколько я знаю. Но на прошлое Рождество до дедушки дошел слух, что его очень богатый приятель из Шотландии женится на какой-то Вите. Очень красивой разведенке из Лондона без детей. Дед пока ее не видел, но много ли на свете Вит?

— Немного, — соглашаюсь я.

Долли записывает свой номер телефона и адрес, старательно выводя буквы. Зачитывает вслух, прелестно хмурясь, и отдает бумажку мне. Я складываю ее и аккуратно убираю в бумажник под ее одобрительным взглядом.

После ее ухода я еще некоторое время сижу за столиком. Потом иду на площадь, где толпа людей — семьи, парочки и одиночки вроде меня — стоят и завороженно смотрят в одну сторону. Их взгляды прикованы к уличной танцовщице, миниатюрной женщине в золотом наряде. Он облегает ее тело как вторая кожа, а кожа окрашена в тот же золотой цвет, что и ткань, и невозможно понять, где она одета, а где раздета. С застывшей улыбкой на маленьком золотом лице она исполняет балетные па. Танцуя, она то приближается к толпе, то сурово отодвигается. Я подхожу ближе; мне хочется как следует ее рассмотреть. Другие тоже подходят и пятятся, когда она устремляется в их сторону. Их коллективные движения естественны, как бег разбивающихся о берег волн. Когда я наконец пробиваюсь в первый ряд, танцовщица решительно бросается на нас, подняв золоченые руки и сжав золоченые кулаки. И остальные синхронно отходят назад, будто следуя указаниям невидимого хореографа; они могут предсказать, что будет дальше, и эта способность подсказывает им, как себя вести. Я же одна остаюсь на месте, не шевелясь и не стыдясь своего изумления.

С тех пор, как я начала понимать природу птичьих сердец, с тех пор, как встретила Виту, я знаю, что внезапное и прекрасное, настигая, ранит не всегда. Бывает, что-то горит ярко, как пожар, но не обжигает. Руки танцовщицы описывают круг и замирают над головой. Она раскрывает ладони, и их невесомое содержимое просыпается вниз и не попадает на толпу, отступившую назад и оставшуюся нетронутой и безупречной. Тайное содержимое ее ладоней осыпает лишь меня и падает на мою одежду и кожу легко и бесшумно, как снег. Это блестки, а я — золото.

ОБ АВТОРЕ

Виктория Ллойд-Барлоу выросла в графстве Кент (Великобритания) в многодетной семье, где помимо нее было еще пятеро детей. Родители постоянно брали под опеку детей из неблагополучных семей — через дом их прошло столько, что, по ее словам «и не сосчитать».

Виктория закончила школу без аттестата: хотя и проявила выдающиеся способности к языкам и литературе, но с другими предметами справлялась с трудом. Однако позже, когда сама стала мамой и ее младшие дети пошли в школу, она начала учиться вместе с ними и в итоге получила степени бакалавра, магистра, а затем и докторскую степень в области философии и литературного творчества. Ее докторская работа в Гарварде была посвящена исследованию связи литературного творчества и аутизма.

Как и Сандэй, главная героиня ее романа «Маленькие птичьи сердца», Виктория всегда была аутична, и для нее большой сложностью было общение с людьми. И, так же как ее героиня, автор увлечена культурой южной Италии.

Живет в графстве Кент с мужем и детьми.

СОДЕРЖАНИЕ

16+

Виктория Ллойд-Барлоу

МАЛЕНЬКИЕ ПТИЧЬИ СЕРДЦА

Роман

Перевод с английского Юлии Змеевой
Редактор Дарья Ивановская
Корректор Инна Тимохина
Верстка Светланы Зорькиной

Подписано в печать 27.04.2023
Печать офсетная. Бумага «Книжная кремовая Mondi».
Кремовый оттенок обеспечивает удобство чтения.
Формат 84×108/32. Объем 20,16 усл. п. л.
Тираж 3000 экз. Заказ № 23К0542.

ООО «Издательство «Лайвбук»
117105, Москва, Варшавское шоссе, д. 1, стр. 1–2

По вопросам оптовых закупок
обращайтесь по электронному адресу
tatiana@livebooks.ru и тел. +7 (495)114-52-45

Все книги издательства
можно приобрести в магазине редакции:
Москва, ул. Большая Ордынка, д. 13/9, стр. 1, под. 2, оф. 9.
Тел. +7 (495)114-52-45
и на сайте livebooks.ru

Ищите нас в социальных сетях:
www.vk.com/livebookph
https://t.me/livebooks
и др.

Отпечатано в АО «ИПК «Чувашия»,
428019, г. Чебоксары, пр. И. Яковлева, 13